SILÊNCIO DO JUIZ NO PROCESSO CIVIL

(inércia, omissão *stricto sensu* e inobservância) e seus mecanismos de impugnação

Marcelo Mazzola

SILÊNCIO DO JUIZ NO PROCESSO CIVIL

(inércia, omissão *stricto sensu* e inobservância) e seus mecanismos de impugnação

3ª edição
revista e atualizada

2025

EDITORA JusPODIVM
www.editorajuspodivm.com.br

EDITORA *Jus*PODIVM
www.editorajuspodivm.com.br

Rua Canuto Saraiva, 131 – Mooca – CEP: 03113-010 – São Paulo – São Paulo
Tel: (11) 3582.5757
• Contato: https://www.editorajuspodivm.com.br/central-de-relacionamento

Diagramação: Equipe *Jus*PODIVM

Capa: Ana Caquetti

M478s Mazzola, Marcelo Leite da Silva
Silêncio do Juiz no Processo Civil (Inércia, Omissão *Stricto Sensu* e Inobservância) e Seus Mecanismos de Impugnação / Marcelo Leite da Silva Mazzola – 3.ed., rev. e atual. – São Paulo: Editora JusPodivm, 2025.
216 p.

ISBN: 978-85-442-5950-4

1. Direito Processual Civil. I. Mazzola, Marcelo Leite da Silva. II. Título.

CDD 341.46

BIBLIOTECÁRIA RESPONSÁVEL

Ana Carolina Ribeiro Mois – CRB7 – RJ 007348/0

3.ª ed., *2.ª tir.:* ago./2025; *3.ª tir.:* out./2025.

Ao meu querido pai, Mazzolão, e à minha estimada mãe, Marta, por serem minha rede de proteção. Vocês são a base de tudo!

À minha esposa, Fabiana Cardinot ("Fabizita"), por ser minha parceira de vida. Te amo, meu amor.

Ao meu avô Wilson (*in memoriam*), por todos os conselhos e alertas. Que saudade de você!

À minha irmã Dany, pelo apoio e pelas constantes palavras de carinho.

Aos meus sobrinhos "Thomico" e "Larita", por toda a alegria que transmitem.

Aos meus sogros Elias e Lidice, por vibrarem com minhas vitórias.

Nota do Autor à 3ª Edição

A segunda edição da obra permitiu uma projeção ainda maior do trabalho, que passou a ser citado em muitas decisões judiciais. A repercussão do livro também gerou diversos convites para aulas, palestras, congressos, além de participações em grupos de pesquisa.

Cada vez mais a obra passa a ser referenciada em vários trabalhos sobre a temática, incrementando o debate e gerando novas reflexões, algumas delas exploradas nesta nova edição.

Boa leitura!

Nota do Autor à 2ª Edição

A receptividade da primeira edição da obra foi impressionante. Várias tiragens da obra esgotaram em pouco tempo, culminando com o convite da editora para o lançamento da segunda edição. A obra ganhou recentemente resenha assinada pela Professora Teresa Arruda Alvim.

A repercussão do livro resultou em convites para palestras, aulas, gravação de podcast, eventos, bem como em participações em grupos dc pesquisa.

Nada obstante, a obra abriu espaço para debates acadêmicos, tendo sido referenciada em vários trabalhos sobre a temática.

Boa leitura!

Nota do Autor e Agradecimentos

Em qualquer trabalho acadêmico, dois ingredientes são fundamentais: pesquisa e interlocução. A pesquisa fornece o estado de arte, permitindo que o pesquisador avance em terreno minimamente pavimentado. Já o diálogo viabiliza interação e intercâmbio de ideias, evitando a chamada visão de túnel. Quem vê de fora sempre enxerga por outro ângulo.

Nesse particular, foram muitas as pessoas que contribuíram e participaram da construção deste trabalho.

Em primeiro lugar, agradeço ao estimado Humberto Dalla, que me acompanha na vida acadêmica desde o mestrado e sempre incentiva a pesquisa e o estudo do direito processual.

Agradeço também ao querido amigo Alexandre Freitas Câmara, grande ícone do processo civil, a quem sempre recorro para desatar os nós, especialmente durante a construção das teses.

Ao estimado Fredie Didier Jr., outro gigante do direito processual, que é uma espécie de farol acadêmico, agradeço toda a generosidade. Obrigado por me abrir tantas portas, rei!

Um agradecimento especial ao Gustavo Osna, grande amigo que o processo civil me deu e com quem tenho impressionante "afinidade acadêmica". Durante a elaboração deste trabalho, dialogamos semanalmente.

Aos que leram as primeiras versões do trabalho, apontando inconsistências e sugerindo alterações, especialmente Felipe

Marçal, Humberto Santarosa, Luis Vale, Mauricio Antunes, Osmar Paixão e Paulo Mendes, a minha gratidão.

Aos colegas de escritório que ajudaram nas pesquisas, especialmente Nathalia Ribeiro (minha querida amiga e sócia) e Vitor Galveas, os mais sinceros agradecimentos.

Não poderia deixar de agradecer ainda a Alberto Trigo, Alexandre Flexa, Antonio do Passo Cabral, Antônio Pereira Gaio Jr., Marcos Youji Minami, Pedro Henrique Nogueira, Rafael Calmon, Rafael Carvalho Rezende Oliveira, Renato Beneduzi, Rodrigo Becker, Rodrigo Fux, Rodrigo Gomes de Mendonça Pinheiro, Rodrigo Salomão e Thiago Andrade pelos *insights*.

Apresentação

Fredie Didier Jr.

Mazzola é um processualista que gosta de debruçar-se sobre temas pouco explorados. Sua tese de doutorado sobre as sanções premiais no processo civil é um emblema disso. Agora, em seu (primeiro) pós-doutorado, apresenta um esboço de sistematização do que designou, como rubrica de um gênero de comportamentos, de *silêncio judicial* e dos respectivos mecanismos de impugnação.

Além do afeto que nos une pessoalmente, há uma razão especial para que Mazzola me convidasse para escrever este texto de apresentação: em 2002, esse foi o tema que escolhi como objeto do projeto de pesquisa para o curso de doutorado que viria a fazer, a partir de 2003, na Pontifícia Universidade Católica de São Paulo. Pelas mais variadas razões, não concretizei esse projeto, tendo desviado o objeto da tese para tema bem diverso (o juízo de admissibilidade do processo)[1]. Considero o convite de Mazzola uma homenagem, portanto.

Identifico algumas contribuições deste novo livro de Mazzola: a) estimular, ainda que sob outra abordagem, o estudo do tema da "não decisão", que recentemente vem sendo investigado por processualistas como Antonio do Passo Cabral, Luiz Guilherme Marinoni e Juliana Mellazzi, por exemplo; b) propor um começo de sistematização dos tipos de silêncio judicial e de seus correlatos

1. Contei essa história em DIDIER JR., Fredie. *Sobre academia, memória e imaginação: uma vida em processo.* Salvador: s/ed., 2021, p. 102-103.

meios de controle/impugnação; c) toda a abordagem é feita a partir do repertório dogmático atual (muitíssimo diferente, por exemplo, daquele que eu utilizaria, caso vingasse o projeto que apresentei em 2002) e sempre atenta ao uso prático das ideias apresentadas. O texto de Mazzola ajuda a "arrumar a casa", enfim, o que é sempre muito bom para futuras investigações doutrinárias.

Mais uma vez, parabéns, Mazzola.

Salvador, em junho de 2023.

Apresentação

Alexandre Freitas Câmara
Professor adjunto da Escola de Direito do Rio de Janeiro da Fundação Getulio Vargas. Vice-Presidente do Instituto Brasileiro de Direito Processual. Doutor em Direito (PUC-MG) e Desembargador no Tribunal de Justiça do Rio de Janeiro.

Marcelo Mazzola uma vez mais presenteia a comunidade jurídica brasileira com uma obra absolutamente original. E agora para tratar do silêncio dos órgãos jurisdicionais no processo civil, um tema absolutamente inexplorado.

Na presente obra, que é uma extensão da pesquisa de pós-doutoramento junto à Faculdade de Direito da Universidade do Estado do Rio de Janeiro, mesma instituição perante a qual concluiu anteriormente, também sob a segura supervisão do Professor Titular Humberto Dalla Bernardina de Pinho, meu colega de Tribunal de Justiça, seus cursos de mestrado e de doutorado (este com uma tese absolutamente brilhante e inovadora, sobre sanções premiais, de cuja banca examinadora tive a honra de participar, e que se transformou no grande marco teórico brasileiro sobre o tema), Mazzola enfrenta, agora, o árduo tema do silêncio do juiz. O tema é analisado a partir dos princípios constitucionais do processo, o que leva Mazzola a dialogar com a ideia de que existe um *modelo constitucional de processo civil*, o que conta com apoio da mais autorizada doutrina estrangeira e brasileira, e que venho sustentando há algumas décadas.

Na sequência, propõe o autor uma original classificação do silêncio do órgão jurisdicional, falando em inércia, omissão *stricto sensu* e inobservância. E mostra que há, então, diferentes tipos de silêncio, todos eles relevantes e que merecem ser objeto de estudo.

Depois de responder à árdua questão referente a saber se todo silêncio do juiz é sancionável, analisa as possíveis consequências processuais do silêncio. E passa à parte mais prática do seu trabalho, mostrando como o silêncio se relaciona com fenômenos processuais do dia a dia, como o prequestionamento, o pedido de vista e a preclusão.

Na sequência, vem a parte de que eu, que tive a sorte de ler o texto ainda no prelo, mais gosto: o exame dos meios de impugnação do silêncio do juiz. Mazzola analisa tanto os remédios administrativos, como a correição parcial, quanto os jurisdicionais, tenham natureza recursal ou não. A contribuição de Mazzola ao direito processual civil brasileiro neste ponto é inestimável.

Evidentemente, não vou aqui dar qualquer *spoiler* do texto. Espero que as pessoas que leiam o novo livro de Mazzola tenham a mesma sorte que eu, e se surpreendam com a sofisticação teórica de uma obra destinada a se tornar um clássico da literatura processual civil brasileira.

Isso era o que eu podia dizer sobre este grande livro que ora nos é apresentado. E, lembrando as últimas palavras que Shakespeare pôs nos lábios de Hamlet, *the rest is silence.*

Prefácio

Manifestação honrosa recebi do Professor Doutor Marcelo Mazzola com o fidalgo convite para prefaciar a Obra que é a versão comercial de sua pesquisa de pós-doutoramento realizada perante a Faculdade de Direito da Universidade do Estado do Rio de Janeiro – UERJ, intitulada *"Silêncio do Juiz no Processo Civil (Inércia, Omissão* Stricto Sensu *e Inobservância) e Seus Mecanismos de Impugnação"*, sob a supervisão do ilustre Professor Doutor Humberto Dalla Bernardina de Pinho.

A pesquisa é inédita e aborda tema um tanto negligenciado pela doutrina até a publicação da presente Obra. Não havia, até então, doutrina, estudo ou pesquisa com essa densidade teórica e detalhamento, que tivesse examinado o ato de não julgar, com fundamentos, sistematizações e formas de impugnação. Asseguro ao Leitor que porta nas mãos uma Obra que é verdadeiro referencial!

Os holofotes doutrinários até esse momento direcionados para a decisão – ato comissivo – voltam-se, na primorosa pesquisa, agora para a não decisão – ato omissivo que, segundo atesta o autor, é um fenômeno potencialmente nocivo e relativamente comum, mais do que nos seria permitido supor, antes da enriquecedora leitura.

Há, como bem demonstrado, uma simbiose entre o silêncio judicial e várias normas fundamentais. O juiz que não decide a tempo e modo adequados, por exemplo, flerta com a negativa de acesso à justiça, contribui para a irrazoável duração do processo e fere o dever e compromisso de entrega da prestação jurisdicional de maneira justa e efetiva, ainda que se reconheça, evidentemente, que a quantidade e diversidade de processos judiciais em tramitação, no Brasil, é um fator relevante a ser considerado nessa complexa equação.

Nesse contexto, a pesquisa, de maneira bastante singular, classifica o silêncio a partir de três diferentes características. A inércia, representada pela absoluta inatividade do juiz que não age, não impulsiona o processo e, consequentemente, não decide. A omissão *stricto sensu*, que se caracteriza pelo ato judicial que não examina tudo aquilo que deveria ser objeto de sua apreciação. E a inobservância que, conquanto se pareça com a omissão, dela difere porque, nessa hipótese, constata-se o descumprimento de uma regra procedimental (uma espécie de *error in procedendo*) sem que haja uma razão ou justificativa para tanto.

Destaca o Autor, ainda, que não bastaria a presença de algum desses três vícios para que se pudesse cogitar de acionar o controle do silêncio judicial, devendo ser agregados outros elementos: a relevância jurídica, pois nem todo silêncio é relevante, e a potencialidade de esse silêncio causar efetivo prejuízo às partes, no que a pesquisa dialoga diretamente com a teoria das nulidades.

Esse ponto é particularmente relevante porque não se pode retirar do juiz algo que é fundamental para o desempenho adequado de sua missão – os poderes de gerir o acervo judicial e de organizar as rotinas de trabalho, questões para as quais, aliás, os juízes estão sendo mais bem preparados pelas Escolas Judiciais – e que, logicamente, devem ser compatibilizados com as normas fundamentais, mas que não podem ser solapados por elas.

Finalmente, o Autor adentra na seara das possíveis consequências e das formas de controle do silêncio judicial, mediante a análise do arcabouço normativo (e não apenas do CPC) para considerar serem cabíveis medidas de natureza administrativa ou judicial, seja no mesmo processo, seja em ações autônomas de impugnação, que estariam à disposição das partes como forma de provocar o rompimento da inércia, de suprir a omissão ou de gerar a observância do procedimento previsto em lei.

O Autor é arrojado nas teses e conclusões que doutrina. Por se tratar de matéria sensível a Obra se destaca e adquire um brilhantismo ímpar, afastando-se do lugar comum, estimulando a todos, mesmo que eventualmente possam ou venham a destoar da compreensão, a continuadamente refletir e repensar o sistema de justiça civil.

Com essa singeleza, parabenizo o Professor Doutor Marcelo Mazzola pela pesquisa e o tão merecido título de Pós-Doutor! A Universidade do Estado do Rio de Janeiro pelo fomento às pesquisas de qualidade, que é tônica da instituição. E a JusPodivm pela publicação da Obra.

Recomendo vivamente a leitura!

Brasília, Outono, florada dos ipês-roxos!

Nancy Andrighi

Prefácio à 2ª edição

Publicado recentemente pela Editora Juspodivm, o livro de Marcelo Mazzola, ora resenhado, sobre o silêncio do juiz no processo civil, com certeza, e digo isso apesar de esse ser um lugar-comum, veio suprir uma lacuna na bibliografia brasileira. É, de fato, muito mais comum que os autores se interessem por decisões judiciais, por despachos, pela atividade probatória do juiz, enfim, de um modo geral, pela atividade jurisdicional e não pela ausência dela!

Trata-se de um tema bastante original a que não se tem dado muita importância. Isso, sem falar na sua relevância prática. O pano de fundo desta primorosa monografia é a ideia do processo civil constitucional. Afirma o autor que as omissões do juiz devem ser interpretadas à luz das normas fundamentais do processo, e sob esta ótica deve-se-lhes atribuir, ou não, alguma relevância. Então, são importantes, por exemplo, as omissões que significam desprezo ao princípio do devido processo legal, como, por exemplo, a que não aprecia o pedido de tutela de urgência; violam o contraditório omissões que, por exemplo, não citam o sócio no incidente de desconsideração da personalidade jurídica; juízes que postergam indefinidamente designação de audiência afrontam o princípio da duração razoável do processo e assim por diante. Mazzola aborda este tema, tão difícil quanto relevante, chegando mesmo a classificar os tipos de omissão do juiz. Fala em inércia, em omissão, no sentido estrito da expressão, e em inobservância.

A inércia consiste na absoluta ausência de atividade do juiz, que não age, não impulsiona o processo nem decide. A omissão no sentido estrito se caracteriza por ser ausência do exame, por parte do juiz, de tudo aquilo que deveria ser objeto de sua apreciação. E a inobservância, que, de rigor, não é exatamente uma omissão já que consiste no descumprimento de uma regra procedimental modo infundado, ou seja, sem nenhuma razão jurídica.

E o livro trata de uma verdadeira provocação que é a possibilidade de se interpretar o silêncio do juiz como uma espécie de deferimento daquilo que tenha sido pedido.

O autor observa, com razão, que nem todos os silêncios do juiz são controláveis pelas partes, já que nem todos eles geram prejuízo. Portanto, careceria de sentido, como acontece no contexto das nulidades, permitir que a parte se insurgisse contra estas situações. Se houvesse, de fato, controle rigoroso por parte de autor e do réu dos silêncios do juiz, esse ficaria impedido de controlar o próprio acervo, organizando suas rotinas de trabalho. Por outro lado, não se pode privar as partes, de maneira integral, de manifestar o seu inconformismo com o silêncio do juiz em determinadas circunstâncias. E deste tema complexo não se furta o autor de tratar.

O viés pragmático do trabalho chama atenção. Abordam-se, com coragem, as formas de controle do silêncio judicial, a partir do ordenamento jurídico brasileiro, não apenas do Código de Processo Civil, já que se alude a meios de controle também de natureza administrativa.

O texto se baseia em rica bibliografia nacional e estrangeira. Conta com duas apresentações, de Fredie Didier Jr. e Alexandre Freitas Câmara, um prefácio da Nancy Andrighi e um posfácio de Humberto Dalla Bernardina de Pinho, figuras ilustres que não pouparam elogios tanto ao autor quanto à obra. Elogios dos quais comungo inteiramente! Trata-se de um trabalho curto, bem escrito, cuja leitura é extremamente agradável. Com certeza, merece o seu destaque na estante do teórico, do professor de processo, bem como deve figurar dentre os trabalhos de que muitas vezes o advogado precisa urgentemente!

Teresa Arruda Alvim

Livre-docente, Doutora e Mestre em Direito pela PUC-SP. Professora Titular nos cursos de graduação, especialização, mestrado e doutorado da mesma instituição. Professora Visitante na Universidade de Cambridge – Inglaterra. Professora Visitante na Universidade de Lisboa. Diretora de Relações Internacionais do IBDP. *Honorary Executive Secretary General* da *International Association of Procedural Law*. Membro Honorário da *Associazione italiana fra gli studiosi del processo civile*, Membro da *Accademia delle Scienze dell'Istituto di Bologna* e de outras academias. Coordenadora da Revista de Processo – RePro, publicação mensal da Editora Thomson Reuters Brasil/Revista dos Tribunais.

teresaarrudaalvim@aalvim.com.br

Sumário

Lista de Abreviaturas e Siglas

Abr. – abril
AED – Análise Econômica do Direito
AI – Agravo de Instrumento
AgInt – Agravo Interno
ago. – agosto
AgRg – Agravo Regimental
APL – Apelação Cível
art. – artigo
arts. – artigos
CC – Código Civil
CNJ – Conselho Nacional de Justiça
CF/88 – Constituição da República Federativa do Brasil de 1988
Coord. – coordenador
CPC/39 – Código de Processo Civil brasileiro de 1939
CPC/73 – Código de Processo Civil brasileiro de 1973
CPC ou CPC/15 – Código de Processo Civil brasileiro de 2015
Des. – Desembargador
DJe – Diário da Justiça Eletrônico
Ed. – edição
EDcl – Embargos de Declaração
ENFAM – Escola Nacional de Formação e Aperfeiçoamento de Magistrados
FPPC – Fórum Permanente de Processualistas Civis
HC – Habeas Corpus
Min. – Ministro
MPF – Ministério Público Federal

Nº.	–	número
Org.	–	organizador
Orgs.	–	organizadores
P.	–	página
RE	–	Recurso Extraordinário
Rel.	–	Relator
REsp	–	Recurso Especial
STJ	–	Superior Tribunal de Justiça
STF	–	Supremo Tribunal Federal
TJ	–	Tribunal de Justiça
TJ/DF	–	Tribunal de Justiça do Distrito Federal e dos Territórios
TJ/MG	–	Tribunal de Justiça do Estado de Minas Gerais
TJ/PR	–	Tribunal de Justiça do Estado do Paraná
TJ/RJ	–	Tribunal de Justiça do Estado do Rio de Janeiro
TJ/RS	–	Tribunal de Justiça do Estado do Rio Grande do Sul
TJ/SP	–	Tribunal de Justiça do Estado de São Paulo
TJ/TO	–	Tribunal de Justiça do Estado de Tocantins
TRF-2	–	Tribunal Regional Federal da 2ª Região
TRF-3	–	Tribunal Regional Federal da 3ª Região
v.	–	volume

Introdução

No exercício da função jurisdicional, o juiz pratica atos comissivos e atos omissivos.

Dentro do universo de atos comissivos, destacam-se alguns pronunciamentos judiciais, como as sentenças (ou acórdãos quando se tratar de julgamento colegiado no âmbito dos tribunais), as decisões interlocutórias e os despachos (arts. 203 e 204 do CPC/15).[1]

De acordo com o diploma processual, a) sentença é o pronunciamento judicial que, com base nos arts. 485 e 487 do CPC/15, encerra a fase cognitiva do procedimento comum, bem como extingue a execução; b) decisões interlocutórias são todos

1. Antonio do Passo Cabral menciona a existência de uma subcategoria dos atos judiciais, que englobaria as manifestações ou pronunciamentos (nem sempre decisórios). De acordo com o doutrinador, "os pronunciamentos compreendem atos de fala, pois comunicam, anunciam. Mas, ao contrário do que se costuma professar, os pronunciamentos judiciais nem sempre são decisórios. Às vezes o magistrado limita-se a enunciar, instruir, esclarecer. (...) Há ainda atos inquisitórios, constatativos ou investigativos, úteis para a coleta de prova, e outros atos judiciais de direção ou orientação, instrutivos para indicar as partes o que pretende o juízo (...). Existem ainda atos judiciais de incentivo, no sentido de alertar, fomentar ou induzir as partes a um certo comportamento". Segundo o autor, dentre essas manifestações, há aquelas que se limitam a manifestar opiniões, isto é, "pronunciamentos valorativos, consistentes de uma avaliação subsequente ao exercício da atividade intelectiva (cognição e interpretação). CABRAL, Antonio do Passo. *Jurisdição sem decisão: non liquet* e consulta jurisdicional no direito processual civil. Tese apresentada para promoção ao posto de Professor Titular da Faculdade de Direito da Universidade do Estado do Rio de Janeiro, 2022 (versão comercial, JusPodivm, 1. ed., 2023, p. 37 ss. e 86 ss.).

os pronunciamentos judiciais com carga decisória, mas que não se enquadram no conceito de sentença; e c) despachos são os demais pronunciamentos judiciais, que podem ser prolatados de ofício ou a requerimento da parte.

O CPC/15 também elenca os atos meramente ordinatórios, que independem de despacho e podem ser praticados de ofício pelo servidor, mas devem ser revistos pelo juiz quando necessário.[2]

Interessante observar que a própria estruturação do sistema recursal é desenvolvida a partir da noção de alguns atos comissivos (ex: art. 1.015 – Cabe agravo de instrumento contra as *decisões interlocutórias* que versarem sobre; art. 1.009 – Da *sentença* cabe apelação; art. 1.001 – Dos *despachos* não cabe recurso).

O código indica, ainda, alguns prazos para a realização de atos comissivos (ex: o juiz proferirá os despachos no prazo de 5 dias; as decisões interlocutórias serão proferidas no prazo de 10 dias; e as sentenças no prazo de 30 dias – art. 226 do CPC/15).

Como se vê, há uma sistematização legal bem definida em relação a alguns atos judiciais comissivos (conceito, recorribilidade e prazo para a sua realização).

Por outro lado, em relação aos atos judiciais omissivos, a temática parece estar em uma zona de penumbra na processualística civil. Isso porque, não se costuma dar ao "silêncio" do juiz[3] o mesmo tratamento destinado aos atos comissivos, sobretudo no contexto da atividade jurisdicional.[4] Por exemplo,

---

2. O juiz também pratica uma série de atos comissivos de natureza administrativa (ex: organização de pauta, habilitação no sistema eletrônico, entre outros), cuja análise, porém, foge ao objeto da pesquisa.
3. Não serão examinados neste trabalho eventuais atos omissivos praticados por árbitros ou tribunais arbitrais.
4. Escapa ao propósito da pesquisa analisar a figura do silêncio sob a ótica das partes e dos demais sujeitos processuais, bem como seus reflexos no campo das provas, dos recursos, dos negócios jurídicos processuais, entre outros institutos. De qualquer modo, cabe registrar que a doutrina costuma analisar o "silêncio" das partes sob duas perspectivas: o não falar ou o não agir. Em relevante artigo com foco no comportamento das partes, Fredie Didier Jr. e

não há maior preocupação em diferenciar as situações de inércia do juiz daquelas em que há uma omissão propriamente dita e, ainda, dos casos em que o juiz não observa norma processual cogente ligada ao procedimento. Não raro, confunde-se a inércia do juiz (não agir) com o ato comissivo que posterga o exame do pedido.[5] Também não há uma sistematização estruturada dos meios de impugnação do silêncio do juiz.[6] Tais questões serão delineadas no capítulo 1.

De um modo geral, o silêncio do juiz é capaz de acarretar prejuízos às partes e vulnerar normas fundamentais do processo

---

Daniela Bomfim destacam: "Etimologicamente, 'silêncio' significa calar. Nesse contexto, o silêncio, em si considerado, seria um ato negativo em relação ao falar, sendo, consequentemente, a abstenção de falar. Em verdade, o silêncio – no sentido que aqui se pretende referir – vai além da sua etimologia: mais do que um não falar, significa um não se manifestar, um não agir". DIDIER JR., Fredie; BOMFIM, Daniela. Exercício tardio de situações jurídicas ativas. O silêncio como fato jurídico extintivo: renúncia tácita e *suppressio*. *Revista Brasileira de Direito Processual – RBDPro*, ano 18, nº 71, jul./set./2010, p. 198. Vide também SERPA LOPES, Miguel Maria de. *O silêncio como manifestação de vontade*. 3. ed. rev. e aum. Rio de Janeiro: Freitas Bastos, 1961.

5. "Juízo *a quo* que não analisou a petição há mais de 03 meses (...) Juízo *a quo* permanece inerte em analisar o pleito (...). *Mutatis mutandis*, a postergação da análise da decisão pelo juízo singular de igual modo se equipara ao indeferimento tácito da medida, na medida em que de igual modo repercute concretamente sobre o direito processual da parte prejudicada, restando clara a lesão aos efeitos na relação processual, que pode ser corrigido pelo relator em sede de agravo". TJ/PI, AI 0756362-37.2022.8.18.0000, Des. Rel. José James Gomes Pereira, Segunda Câmara Especializada Cível, julgado em 17.02.23.

6. Em âmbito doutrinário, existem obras relevantes abordando alguns meios de impugnação do silêncio do julgador, especialmente o recurso de embargos de declaração, à luz do dever de fundamentação. Vide, por exemplo, CRUZ E TUCCI, José Rogério. *A motivação da sentença no processo civil*. São Paulo: Saraiva, 1987; OLIVEIRA, Vallisney de Souza. *Nulidade da sentença e o princípio da congruência*. São Paulo: Saraiva, 2004; BONDIOLI, Luis Guilherme Aidar. *Embargos de Declaração*: São Paulo: Saraiva, 2005; ARRUDA ALVIM, Teresa. *Embargos de Declaração* – como se motiva uma decisão judicial? 5. ed. São Paulo: Thomson Reuters Brasil, 2020; MAZZEI, Rodrigo. *Embargos de Declaração* – recurso de saneamento com função constitucional. Londrina: Thoth, 2021; ALVIM, Teresa Arruda. A fundamentação das sentenças e dos acórdãos. Curitiba: Editora Direito Contemporâneo, 2023.

civil, como o contraditório, a duração razoável do processo, o acesso à justiça, a eficiência, entre outras. Essa interface entre o silêncio do juiz e as normas fundamentais será explorada no capítulo 2.

Como será detalhado no capítulo 3, o silêncio do juiz é o gênero, do qual são espécies a inércia (não agir, não fazer), a omissão *stricto sensu* (não fundamentar, não apreciar) e a inobservância (não observar normas processuais cogentes ligadas ao procedimento). Em muitas situações, o silêncio do juiz gera consequências para o próprio julgador, seja na esfera processual (ex: afastamento ou substituição), seja na seara correcional (sanções disciplinares), podendo ensejar, ainda, a responsabilidade civil do Estado[7]. Mas será que todas as facetas do silêncio do juiz

7. Não será abordado nesta pesquisa o tema da responsabilidade civil do Estado por atos omissivos do juiz (situação que pode ensejar a condenação do julgador ao pagamento de perdas e danos, em eventual ação regressiva). Sobre o tema, ver AGUIAR JÚNIOR, Ruy Rosado de. A responsabilidade civil do Estado pelo exercício da função jurisdicional no Brasil. *Revista da AJURIS*, v. 20, nº 59, pp. 5-48, nov. 1993; PORTO, Mário Moacyr. Responsabilidade do Estado pelos atos dos seus juízes. *Doutrinas Essenciais de Processo Civil.* Revista dos Tribunais, v. 1, out/2011, p. 679-688. Também foge ao perímetro do trabalho o chamado *non liquet*, que, nas palavras de Antonio do Passo Cabral, seria a "pronúncia judicial na qual o magistrado abstém-se de manifestar-se sobre o objeto do processo (pedido), deixando de julgá-lo por estar em dúvida sobre a ocorrência dos fatos alegados ou sobre a aplicação das normas jurídicas". Em razão de suas peculiaridades e controvérsias (sobretudo à luz do art. 140 do CPC/15), o exame do *non liquet* exigiria um estudo em apartado. Nesse sentido, ver CABRAL, Antonio do Passo. *Jurisdição sem decisão*: *non liquet* e consulta jurisdicional no direito processual civil. 2. ed. São Paulo: JusPodivm, 2024.

   Por fim, também está fora do recorte do trabalho a discussão sobre a possibilidade de as cortes superiores (STF, STJ e TST) não decidirem determinados temas, o que perpassaria pela análise dos princípios da inafastabilidade da jurisdição e da indeclinabilidade, além dos efeitos sistêmicos de eventual negativa de repercussão geral, da ausência de relevância da questão federal ou da transcendência apenas para o caso concreto. Para Marinoni, em algumas situações, as cortes superiores podem optar por não decidir: "(...) O Supremo Tribunal Federal, para tutelar a Constituição sem desrespeitar os valores da democracia, está proibido de se adiantar ao Poder Legislativo e não pode

são juridicamente relevantes a ponto de serem "sancionáveis"? Todos esses aspectos serão esmiuçados no terceiro capítulo.

Nesse percurso investigativo, cabe examinar também a relação entre o silêncio do juiz e alguns fenômenos processuais (repercussão geral, prequestionamento, preclusão, pedido de vista etc.). A propósito, lançam-se desde logo algumas provocações: quando o juiz reiteradamente deixa de decidir algum requerimento, é possível sustentar um "deferimento tácito"? Uma omissão sistemática em decidir pode gerar expectativas na parte, ensejando uma limitação ao exercício da atividade decisória? Tudo isso será explorado no capítulo 4.

Já no capítulo final, será feito um levantamento dos mecanismos de impugnação do silêncio do juiz.[8] Essa catalogação é

---

ignorar a vontade da população e das demais instituições públicas mesmo depois de editada a lei. Por isso, entre os vários fundamentos que podem justificar a não decisão da Corte, talvez o mais relevante esteja na atenção à necessidade de deixar a discussão popular fluir e o processo democrático frutificar". MARINONI, Luiz Guilherme. A não decisão como opção democrática. *Revista de Processo*. São Paulo: Revista dos Tribunais, nº 324, fev./2022, p. 201-229. Em sentido semelhante, LEITÃO, Cristina Bichels. Repercussão geral e autocontenção na Suprema Corte Brasileira. *Revista de Processo*. São Paulo: Revista dos Tribunais, nº 323, jan./2022, p. 179-198.

8. Ao longo da elaboração deste trabalho, descobriu-se que Fredie Didier Jr., há mais de duas décadas, já havia percebido a ausência de sistematização quanto aos meios de controle do silêncio do juiz. O doutrinador chegou a apresentar um projeto de tese de doutorado, mas posteriormente alterou seu tema, não avançando sobre o assunto. "Basicamente, pretendia identificar se há instrumentos que sirvam às partes para combater o silêncio do juiz, compreendido como o fato de ele não se pronunciar quando deve fazê-lo (para além da situação, razoavelmente comum, de ele proferir pronunciamentos lacunosos ou vagos). O esboço de arrumação que propusera trazia um pequeno rol de instrumentos, como a reclamação por usurpação de competência (até hoje bem usada com esse propósito), a representação por excesso de prazo (art. 198, CPC-1973; art. 235, CPC-2015), os recursos (embargos de declaração por omissão em relação a um pedido e a discussão sobre o cabimento ou não do agravo de instrumento em alguns casos) e, até mesmo, o mandado de segurança contra o não-pronunciamento judicial". DIDIER JR., Fredie. *Sobre academia, memória e imaginação* – uma vida em processo. Memorial apresentado como pressuposto para a promoção, da classe "D" (Professor Associado), nível IV, à

relevante porque, embora o sistema processual contemple instrumentos específicos (representação, recursos, ações judiciais etc.), nem todos os comportamentos judiciais omissivos se encaixam perfeitamente nos tradicionais mecanismos de impugnação, o que leva o jurisdicionado a buscar outras formas de controle (ex: correição parcial, reclamação, mandado de segurança).

classe "E", Professor Titular da Faculdade de Direito da Universidade Federal da Bahia, 2021, p. 102-104. Disponível em file:///C:/Users/MSM/Downloads/Sobre_academia_memoria_e_imaginacao_uma.pdf. Acesso em: 10.03.2023.

1. Atividade jurisdicional no Estado Democrático de Direito

1.1. A FUNÇÃO JURISDICIONAL DO ESTADO-JUIZ

Para dirimir conflitos sociais e proteger direitos e garantias fundamentais, o Estado tem o poder de "realizar o Direito de modo imperativo (...) reconhecendo/efetivando/protegendo situações jurídicas concretamente deduzidas, em decisão insuscetível de controle externo, com aptidão para tornar-se indiscutível".[1]

É pelo exercício da jurisdição[2] – verdadeira técnica de tutela de direitos – que o Estado, por meio de um terceiro imparcial e estranho ao conflito (no caso, o juiz), resolve as situações jurídicas que lhe são apresentadas.

---

1. DIDIER JR., Fredie. *Curso de Direito Processual Civil*. v. I. 24. ed. Salvador: JusPodivm, 2022, p. 207.
2. Sobre o tema da jurisdição, incluindo os conceitos desenvolvidos ao longo do tempo e suas bases contemporâneas (características, princípios e funções), ver GONÇALVES, Marcelo Barbi. *Teoria Geral da Jurisdição*. Salvador: JusPodivm, 2020. Para um compilado histórico, com o apontamento de diferentes definições de jurisdição, incluindo autores nacionais e estrangeiros, ver PINHO, Humberto Dalla Bernardina de. *Manual de Direito Processual Civil Contemporâneo*. 5. ed. São Paulo: Saraivajur, 2023, p. 85-87.

Como destacam Edilson Vitorelli e Gustavo Osna, "jurisdição é a função estatal encarregada da concretização do direito de ação, em toda a sua plenitude".[3]

Vale observar que, embora o Estado tenha o monopólio da função jurisdicional[4], esta não precisa ser necessariamente exercida pelo órgão público. Isso porque, o Estado pode autorizar o exercício da jurisdição por agentes privados, como acontece, por exemplo, na arbitragem.

A propósito, vale mencionar a diferença redacional entre o art. 5º, XXXV, da CF ("a lei não excluirá da apreciação do Poder Judiciário lesão ou ameaça a direito") e o art. 3º do CPC/15 ("Não se excluirá da apreciação jurisdicional ameaça ou lesão a direito"). Embora os textos normativos sejam semelhantes, o comando infraconstitucional busca oferecer uma garantia mais ampla, extrapolando os limites do Poder Judiciário, uma vez que engloba a arbitragem e outros equivalentes jurisdicionais (mediação, conciliação etc.).[5]

Importante ter em mente que, diante da impossibilidade de autotutela[6], a jurisdição – como poder e função – não pode

3. VITORELLI, Edilson; OSNA, Gustavo. *Introdução ao Processo Civil e à Resolução de Conflitos*. São Paulo: JusPodivm, 2022, p. 381.
4. "É o Estado que administra a justiça e detém o monopólio da jurisdição (...) o monopólio da jurisdição é o resultado natural da formação do Estado, que traz consigo consequências tanto para os indivíduos como para o próprio Estado. Para os primeiros, afastou definitivamente a possibilidade de reações imediatas por parte de qualquer titular, consequentemente eles se encontram impedidos de atuar privadamente para a realização de seus interesses. Para o segundo, o monopólio criou o dever de prestar a tutela jurisdicional efetiva, a qualquer pessoa que o solicite. A soma destas duas consequências gera, indistintamente, para todas as pessoas da comunidade, uma promessa de proteção a todos aqueles que necessitam de justiça". RIBEIRO, Darci Guimarães. *Da Tutela jurisdicional às formas de tutela*. Porto Alegre: Livraria do Advogado, 2010, p. 36-37.
5. PINHO, Humberto Dalla Bernardina de; MAZZOLA, Marcelo. *Manual de Mediação e Arbitragem*. São Paulo: Saraiva Educação, 2019, p. 62.
6. Salvo algumas situações admitidas pelo ordenamento jurídico, como a defesa da posse (art. 1.210, §1º, do Código Civil), a legítima defesa, o direito de

ignorar garantias fundamentais processuais, como o acesso à justiça (ex: o juiz não pode deixar de apreciar lesão ou ameaça a direito), a duração razoável do processo (ex: o juiz não pode retardar injustificadamente o andamento dos feitos[7]), o devido processo legal (ex: o juiz não pode ignorar o contraditório), a eficiência (ex: o juiz não pode proferir decisões incompletas, ensejando recursos desnecessários – até porque, a fundamentação é uma condicionante do exercício da jurisdição[8]), entre outros cânones constitucionais.

Nesse contexto, "surpresas, omissões, contradições, ocultamentos, obscuridades, arroubos e atropelos não se incluem na receita de uma prestação jurisdicional afinada aos ditames da Constituição de 1988".[9]

1.2. PROCESSO E JURISDIÇÃO

No Direito Processual, processo é considerado "método de exercício da jurisdição", o qual deve observar o "modelo traçado

---

retenção de determinados bens (ex: art. 1.470 do Código Civil), o direito de greve, a autoexecutoriedade de alguns atos administrativos, entre outras.

7. Há muito, Rui Barbosa já vaticinava: "Mas justiça atrasada não é justiça, senão injustiça qualificada e manifesta. Porque a dilação ilegal nas mãos do julgador contraria o direito das partes, e, assim, as lesa no patrimônio, honra e liberdade. Os juízes tardinheiros são culpados, que a lassidão comum vai tolerando. Mas a sua culpa tresdobra com a terrível agravante de que o lesado não tem meio de reagir contra o delinquente poderoso, em cujas mãos jaz a sorte do litígio pendente. BARBOSA, Rui. *Oração aos Moços*. Disponível em https://www2.senado.leg.br/bdsf/bitstream/handle/id/564558/Oracao_aos_mocos_Rui_Barbosa.pdf, p. 58. Acesso em: 10.03.2023.
8. MARINONI, Luiz Guilherme; ARENHART, Sérgio Cruz; MITIDIERO, Daniel. *Novo curso de processo civil*: tutela dos direitos mediante procedimento comum. v. 2. São Paulo: Revista dos Tribunais, 2015, p. 414-415.
9. PEGINI, Adriana Regina Barcellos. Reflexões acerca do processo como garantia das garantias e dos seus papéis fundamentais de preservação das liberdades e contenção do arbítrio judicial. In: PEGINI, Adriana Regina Barcellos et. al. (Orgs.). *Processo e Liberdade* – estudos em homenagem a Eduardo José da Fonseca Costa. Londrina: Thoth, 2019, p. 74.

na Constituição, que consagra o direito fundamental ao processo devido, com todos os seus corolários".[10]

Em essência, o processo jurisdicional compreende um encadeamento de atos praticados pelos diferentes sujeitos processuais, que se protrai no tempo, de modo dinâmico, com a finalidade de declarar ou satisfazer um direito.

Em termos simples, o processo é considerado um procedimento que se desenvolve em contraditório.[11]

Nesse contexto, o processo não pode ser visto apenas como ferramenta de solução de conflitos, mas também como instrumento de garantia contra desvios, abusos e toda sorte de excessos por parte do Estado.

De fato, o exercício do poder jurisdicional não é absoluto e o jurisdicionado não pode ser considerado um mero súdito do Estado.[12]

Entre as indesejáveis mazelas do processo judicial, está, sem dúvida, o silêncio do juiz (representante do Estado) capaz de causar prejuízos aos jurisdicionados e ao próprio processo.

---

10. DIDIER JR., Fredie. *Curso de Direito Processual Civil*. v. I. 24. ed. Salvador: JusPodivm, 2022, p. 39.
11. FAZZALARI, Elio. *Istituzioni di diritto processuale*. Padova: CEDAM, 1994, p. 85-86.
12. "(...) é possível visualizar o processo como direito fundamental em pelo menos três perspectivas: (i) o processo é um direito fundamental de resistência que se interpõe entre o Estado e os direitos do indivíduo, na medida em que é condição necessária para a intervenção estatal na esfera jurídica de qualquer pessoa tal qual prescreve o art. 5º, LIV, da Constituição Federal; (ii) o processo é uma garantia do modo como os direitos serão tutelados, interpondo-se entre o direito à tutela jurisdicional e o poder jurisdicional exercido em regra pelo Estado; e (iii) o processo, em si mesmo, é uma garantia contrajurisdicional, na medida em que, no seu âmago, é comportamento por uma série de direitos (complexos de garantias contrajurisdicionais) que restringem e limitam o poder jurisdicional". RAATZ, Igor; ANCHIETA, Natascha. O garantismo processual como condição de possibilidade para uma teoria unitária do processo. In: PEGINI, Adriana Regina Barcellos et. al. (Orgs.). *Processo e Liberdade* – estudos em homenagem a Eduardo José da Fonseca Costa. Londrina: Thoth, 2019, p. 484.

1.3. O SILÊNCIO DO JUIZ NA PRESTAÇÃO JURISDICIONAL

Como já salientado, no exercício da atividade jurisdicional, o juiz pratica atos comissivos e atos omissivos. Importante lembrar que o foco deste trabalho é apenas o silêncio do juiz, mais especificamente no campo do processo civil, que tenha relação ou, ao menos, referebilidade a um processo judicial.

Nessa toada, a pesquisa não investigará comportamentos judiciais omissivos ligados a deveres funcionais, que podem configurar práticas delituosas[13] e outras consequências que se projetam essencialmente na seara disciplinar-administrativa. Isso não impede, porém, eventuais referências pontuais ao longo do trabalho.

Assentada tal premissa, pode-se dizer que o silêncio do juiz engloba diferentes situações.

Em alguns casos, há uma inércia do juiz, que simplesmente deixa de praticar um ato que dele se espera. Essa inação ilegítima tem o condão de causar prejuízos aos jurisdicionados e ao processo (podendo, eventualmente, gerar a responsabilidade civil do Estado).[14]

Em outras situações, o que existe é uma omissão do juiz na apreciação de determinado pedido ou na fundamentação do

---

13. Como, por exemplo, alguns ilícitos listados na Lei nº 13.869/2019 (que dispõe sobre os crimes de abuso de autoridade): Art. 36. Decretar, em processo judicial, a indisponibilidade de ativos financeiros em quantia que extrapole exacerbadamente o valor estimado para a satisfação da dívida da parte *e, ante a demonstração, pela parte, da excessividade da medida, deixar de corrigi-la*: Pena - detenção, de 1 (um) a 4 (quatro) anos, e multa. Art. 37. Demorar demasiada e injustificadamente no exame de processo de que tenha requerido vista em órgão colegiado, com o intuito de procrastinar seu andamento ou retardar o julgamento: Pena - detenção, de 6 (seis) meses a 2 (dois) anos, e multa.
14. Como já ressalvado, foge ao espectro da pesquisa analisar a responsabilidade civil do Estado por atos omissivos do juiz (e a possibilidade de o julgador responder por perdas e danos em eventual ação regressiva).

respectivo pronunciamento judicial.[15] Embora nociva, a omissão não grita. Ela corrói, taciturnamente, direitos e garantias fundamentais, criando um ambiente de insegurança jurídica e interferindo no encadeamento dos atos processuais.

Note-se que, apesar de a omissão judicial não ser algo desejado, o próprio CPC/15 reconhece a possibilidade de sua ocorrência, prevendo algumas soluções para a correção do vício (ex: serão objeto de julgamento pelo tribunal "todas as questões suscitadas e discutidas no processo, *ainda que não tenham sido solucionadas*, desde que relativas ao capítulo impugnado" – art. 1.013, § 1º; é cabível ação autônoma para a definição e cobrança dos honorários, "*caso a decisão transitada em julgada seja omissa quanto ao direito aos honorários ou ao seu valor*" - art. 85, § 18). Ademais, o código elenca um rol de situações em que se considera não fundamentada (e, portanto, omissa) a decisão judicial (ex: arts. 489, §1º e 1.022, parágrafo único, I e II), indicando, inclusive, o respectivo mecanismo de impugnação (embargos de declaração).

Da mesma forma, há situações em que normas processuais cogentes ligadas ao procedimento são ignoradas pelo juiz, materializando violações e retrocessos na prestação jurisdicional. Trata-se de mais uma faceta do silêncio do juiz, que precisa ser investigada (a inobservância).

Pode-se consignar, então, que a inércia, a omissão *stricto sensu* e a inobservância são espécies do gênero silêncio do juiz (o detalhamento será feito no capítulo 3). Como tais condutas pressupõem, em regra, a transgressão de deveres do juiz, vale a pena analisá-los, ainda que de forma panorâmica.

---

15. Concordamos com Robson Godinho quando afirma que "pode haver abuso na ação e na omissão". GODINHO, Robson Renault. Reflexões sobre os poderes instrutórios do juiz: o processo não cabe no "Leito de Procusto". *Revista de Processo*. São Paulo: Revista dos Tribunais, nº 235, 2014. p. 107-108.

1.4. GARANTIAS E DEVERES JUDICIAIS

Antes de analisar efetivamente os deveres judiciais, cabe mencionar algumas garantias do julgador, já que, sem elas, poderia haver comprometimento da proteção e da liberdade no exercício da atividade jurisdicional, prejudicando o cumprimento dos próprios deveres inerentes ao cargo.

Por força da investidura ("investido de jurisdição" significa que o juiz tenha sido nomeado, tomado posse e esteja no exercício da magistratura"[16]), a Constituição Federal (art. 95, I, II e III) garante ao juiz a) vitaliciedade, que é adquirida em primeiro grau pelo exercício do cargo após dois anos; e no tribunal a partir da posse; b) inamovibilidade, que compreende a impossibilidade de o juiz ser removido de forma discricionária, sem a sua concordância, salvo algumas exceções[17]; e c) irredutibilidade de subsídios.

Ao lado das garantias, o texto constitucional prevê deveres do magistrado.[18] Como se sabe, deveres significam um vínculo de sujeição, seja para atender ao interesse público[19], seja para

16. VITORELLI, Edilson; OSNA, Gustavo. *Introdução ao Processo Civil e à Resolução de Conflitos*. São Paulo: JusPodivm, 2022, p. 227.
17. Quando por exemplo, "o ato de remoção, disponibilidade e aposentadoria do magistrado seja por interesse público e se fundar em decisão da maioria absoluta do respectivo tribunal ou do Conselho Nacional de Justiça, assegurada ampla defesa". FUX, Luiz. *Curso de Direito Processual Civil*. 5. ed. Rio de Janeiro: Forense, 2022, p. 132.
18. (...) Se não forem [os juízes] também governados por um conjunto de regras, teremos, em verdade, a pretexto de eliminar tiranias, apenas institucionalizado novos déspotas, o que é preocupante, se recordarmos que os novos dominadores se pretendem legitimados sem o respaldo da vontade popular e a cavaleiro de qualquer controle social." CALMON DE PASSOS. José Joaquim. *Direito, poder, justiça e processo*: julgando os que nos julgam. Rio de Janeiro: Forense, 2000, p. 105-106.
19. (...) "o dever jurídico se diferencia do ônus porque no primeiro atende-se ao interesse público ou de terceiro, e no ônus a um interesse próprio (...) quanto ao dever, o inadimplemento implica imediatamente uma reação do sistema, que não aceita aquele comportamento omissivo". SICA, Heitor Vitor Mendonça. *Preclusão processual civil*. 2. ed. São Paulo: Atlas, 2008, p. 103.

dar concretude a determinado comando normativo. Na prática, o inadimplemento de um dever gera uma reação do sistema, ensejando uma consequência negativa para aquele que violou a norma.

Alguns deveres do juiz decorrem do próprio cargo administrativo que ocupa, como, por exemplo, a necessidade de residência da comarca, salvo autorização do tribunal (art. 93, VII).[20]

Outros deveres estão diretamente ligados à função jurisdicional, como, por exemplo, a) agir com imparcialidade (dever que, embora não esteja expresso na Constituição Federal, se projeta em vários dispositivos – como a garantia do juiz natural, art. 5º, XXXVII e LIII); b) garantir o acesso à justiça (art. 5º, XXXV); c) fundamentar as decisões judiciais (art. 93, IX); d) assegurar o devido processo legal e a ampla defesa (art. 5º, LIV e LV); e) velar pela duração razoável do processo (art. 5º, LXXVIII); e f) impedir a obtenção de prova por meios ilícitos (art. 5º, LVI); g) observar os padrões decisórios de observância obrigatória (art. 927 do CPC/15).

Por sua vez, a Lei Orgânica da Magistratura Nacional (Lei Complementar nº 35/79) estabelece alguns deveres do magistrado, destacando-se a obrigação de não exceder injustificadamente os prazos para sentenciar ou despachar; e de determinar as providências necessárias para que os atos processuais se realizem nos prazos legais (art. 35, II, III).[21]

---

20. A Constituição Federal impõe também algumas vedações ao magistrado. Cite-se, por exemplo, a vedação de exercer outra função concomitante com a judicatura, exceto de magistério; de receber custas ou participação em processo, bem como auxílios ou contribuições de pessoas físicas, entidades públicas ou privadas, ressalvadas as exceções previstas em lei; de dedicar-se à atividade político-partidária; e de exercer a advocacia no juízo ou tribunal do qual se afastou, antes de decorridos três anos do afastamento do cargo por aposentadoria ou exoneração (art. 93, parágrafo único, I a V).
21. Nada obstante, o artigo 36 da referida lei veda ao magistrado a) exercer o comércio ou participar de sociedade comercial, inclusive de economia mista, exceto como acionista ou quotista; b) exercer cargo de direção ou técnico de

Na mesma toada, o Código de Ética da Magistratura[22] elenca alguns princípios norteadores do exercício da magistratura (dentre eles, o princípio da prudência – art. 1º), que, na prática, reforçam a obrigação do juiz de velar para que os atos processuais sejam celebrados "com a máxima pontualidade e para que os processos a seu cargo sejam solucionados em um prazo razoável, reprimindo toda e qualquer iniciativa dilatória ou atentatória à boa-fé processual" (art. 20).

Muitos desses deveres judiciais estão estampados no CPC/15, especialmente no capítulo das normas fundamentais do processo civil (apreciar qualquer ameaça ou lesão a direito; promover a solução consensual dos conflitos; zelar pelo efetivo contraditório; agir de modo cooperativo; fundamentar as decisões etc.). Na verdade, o próprio processo civil deve ser lido a partir de lentes constitucionais (art. 1º do CPC/15).

Outros deveres do juiz estão espraiados ao longo do CPC/15[23], valendo citar, por exemplo, o rol do artigo 139 ("Dos Poderes, dos Deveres e da Reponsabilidade do Juiz"). Tal dispositivo estabelece que o juiz dirigirá o processo, incumbindo-lhe assegurar às partes igualdade de tratamento; velar pela duração razoável do processo; prevenir ou reprimir qualquer ato contrário à dignidade da justiça e indeferir postulações meramente protelatórias; determinar as medidas executivas atípicas; pro-

---

sociedade civil, associação ou fundação, de qualquer natureza ou finalidade, salvo de associação de classe, e sem remuneração; e c) manifestar, por qualquer meio de comunicação, opinião sobre processo pendente de julgamento, seu ou de outrem, ou juízo depreciativo sobre despachos, votos ou sentenças, de órgãos judiciais, ressalvada a crítica nos autos e em obras técnicas ou no exercício do magistério.

22. Disponível em https://atos.cnj.jus.br/atos/detalhar/127. Acesso em: 10.03.2023.

23. O artigo 67 do CPC, por exemplo, prevê que aos órgãos do Poder Judiciário, estadual ou federal, especializado ou comum, em todas as instâncias e graus de jurisdição, inclusive aos tribunais superiores, *incumbe o dever de recíproca cooperação*, por meio de seus magistrados e servidores. Já o artigo 927 estabelece que os juízes devem observar os padrões decisórios de observância obrigatória.

mover, a qualquer tempo, a autocomposição; dilatar os prazos processuais e alterar a ordem de produção dos meios de prova, adequando-os às necessidades do conflito; exercer o poder de polícia, requisitando, quando necessário, força policial, além da segurança interna dos fóruns e tribunais; determinar o suprimento de pressupostos processuais e o saneamento de outros vícios processuais; entre outras previsões.

Como se vê, independentemente da visão que se tenha do processo, não se pode negar que os deveres do juiz têm expressa previsão constitucional/infraconstitucional, devendo ser observados pelos julgadores durante toda a atividade jurisdicional.

1.5. PODERES-DEVERES DO JUIZ

Esse feixe de deveres traz a reboque alguns poderes, que são concedidos ao juiz justamente para que ele possa cumprir os deveres que lhe são inerentes.

Há quem sustente que o dever vem antes do poder, preferindo a expressão dever-poder ao invés de poder-dever. Nesse particular, Celso Antônio Bandeira de Mello afirma que, quando alguém está investido no dever de satisfazer dadas finalidades em prol do interesse de outrem, necessita manejar os poderes requeridos para supri-las. Em sua visão, "tais poderes são instrumentais ao alcance das sobreditas finalidades. Sem eles, o sujeito investido na função não teria como desincumbir-se do dever posto a seu cargo. Donde, quem os titulariza maneja, na verdade, 'deveres-poderes', no interesse público."[24]

Se o juiz possui poderes-deveres ou deveres-poderes, isso não importa tanto. O relevante no ponto é compreender que os poderes do juiz (ex: poderes instrutórios[25], poderes decisórios,

24. BANDEIRA DE MELLO, Celso Antônio. *Curso de direito administrativo*. São Paulo: Malheiros, 2007, p. 68.

25. A doutrina destaca que novos pilares como "garantismo processual, valorização da autonomia privada no processo e o modelo cooperativo de estruturação do

poderes executórios) estão diretamente ligados aos deveres que lhe são atribuídos por força do cargo que ocupa (ex: dever de indeferir provas inúteis para garantir a duração razoável do processo, dever de fundamentar as decisões, dever de assegurar o cumprimento da ordem judicial).

Importante destacar que o juiz não defende direito material próprio e tampouco gere interesses pessoais nos processos em que atua (salvo quando for parte em determinados incidentes processuais).

Nesse particular, Heitor Sica assinala que o juiz "assume na relação jurídica processual um único tipo de posição jurídica, qual seja, o poder-dever: o juiz sujeita as partes a seus poderes, e deve utilizá-los para conduzir o processo a seu resultado final".[26]

Na mesma linha, Alexandre Câmara entende que "não é possível admitir que o juiz que atua em um processo tenha, nele, interesses seus e, portanto, não se pode reconhecer a existência no processo de direitos subjetivos ou faculdades do juiz".[27] Na visão do doutrinador, a única conclusão a que se pode chegar é que o uso do verbo poder em dispositivos legais referentes à atuação do juiz "não confere a este nem uma faculdade nem a possibilidade de um agir discricionário. O que se tem, ali, é a atribuição, ao juiz, de um poder-dever (vinculado à legalidade,

---

processo exigem uma revisitação do tema relativo aos poderes instrutórios do magistrado". Nesse sentido, sustenta-se que, por força do art. 370 do CPC, "a atividade probatória é atribuída, em linha de princípio às partes; ao juiz cabe, se for o caso, apenas uma atividade complementar – uma vez produzidas as provas requeridas pelas partes, se ainda subsistir dúvida quanto à determinada questão de fato relevante para o julgamento, o juiz estaria autorizado a tomar a iniciativa probatória para saná-la". DIDIER JR., Fredie; BRAGA, Paula Sarno; OLIVEIRA, Rafael de Alexandria. *Curso de Direito Processual Civil*. v. 2. 17. ed. São Paulo: JusPodivm, 2022, p. 109-112.

26. SICA, Heitor Vitor Mendonça. *Preclusão processual civil*. 2. ed. São Paulo: Atlas, 2008, p. 105.

27. TJRJ, Agravo de Instrumento nº 0001610-18.2011.8.19.0000, Des. Rel. Alexandre Freitas Câmara, julgamento em 30.03.2011.

empregado este vocábulo em sentido amplo)", razão pela qual o juiz não pode deixar de dar cumprimento à norma, se presentes os seus pressupostos.

Em sentido semelhante, Cândido Rangel Dinamarco[28] assinala que o juiz não tem faculdades processuais (cuja premissa seria a liberdade de conduta), o que, em essência, confirma o pensamento de Francesco Carnelutti no sentido de que o juiz não tem liberdade para exercer o próprio interesse.[29]

Nesse contexto, o juiz não pode escolher, de forma arbitrária, não apreciar determinado pedido ou requerimento, ou mesmo ignorar norma processual cogente ligada ao procedimento[30], ainda mais sem a devida fundamentação.

---

28. "A ordem jurídico-processual não outorga faculdades nem ônus ao juiz. Aquelas têm por premissa a disponibilidade de bens ou de situações jurídicas e, daí, serem conceituadas como liberdade de conduta: cada qual age ou omite-se segundo sua vontade e sua própria escolha, tendo em vista o resultado que mais lhe agrade. Mas o juiz não está no processo para gestão de seus próprios interesses, senão para regular os de outrem, ou seja, das partes. Não tem disponibilidade alguma sobre esses interesses, que não são seus, nem sobre as situações jurídico-processuais ocupadas por elas. Todos os poderes que a lei lhe outorga são acompanhados do dever de exercê-los. Quando o juiz defere a produção da prova, ele não o faz porque optou por isso, mas porque a parte que a requereu tem direito a ela; nem há opção pessoal do juiz, ou mesmo do Estado jurisdição, com referência ao processamento de uma causa, de um recurso etc." DINAMARCO, Cândido Rangel. *Instituições de direito processual civil*. v. II. 6. ed. São Paulo: Malheiros, 2009, p. 213.
29. "(...) Facoltà non è altro, secondo lo stesso significato della parola, ehe potenza di agire e perciò di svolgere il proprio interesse". CARNELUTTI, Francesco. *Teoria generale del diritto*. Terza edizione emendata e ampliata. Roma: Foro Italiano, 1951, p. 166.
30. Antonio do Passo Cabral pondera que, "embora realmente sejam numericamente mais presentes os poderes-deveres, pensamos que o processo moderno não pode prescindir de espaços de avaliação discricionária dos sujeitos estatais. O juiz, o membro do Ministério Público ou da Defensoria Pública e outros órgãos administrativos, quando exercem posições processuais, podem, em maior ou menor medida, atuar com certa margem de liberdade, a depender de suas funções e dos objetivos a serem atingidos com cada ato". CABRAL, Antonio do Passo. *Nulidades no processo moderno* – contraditório, proteção da confiança e validade *prima facie* dos atos processuais. Rio de Janeiro: Forense, 2009, p. 334.

Aliás, a fundamentação é a ferramenta que revela ao público as justificativas racionais das escolhas judiciais[31] e tem o condão de minimizar desvios e arbitrariedades. Há quem afirme, inclusive, que fundamentar é um ato de limitação de poder[32], que envolve responsabilidade[33].

Ainda quanto aos poderes-deveres, cabe recordar que, ao aplicar o ordenamento jurídico, o juiz atenderá aos fins sociais e às exigências do bem comum, devendo observar a proporcionalidade, a razoabilidade, a legalidade, a publicidade e a eficiência (art. 8º do CPC/15).

Como consequência dos poderes-deveres, não se pode admitir que o juiz postergue de maneira indevida o exercício das atividades inerentes à função jurisdicional, o que, de algum modo, traz a reboque o debate sobre a pertinência ou impertinência de serem fixados prazos para o julgador.

1.6. PRAZOS PRÓPRIOS X PRAZOS IMPRÓPRIOS

No Direito Processual, prazos são intervalos de tempo que, na prática, têm como objetivo assegurar a duração razoável do processo.

Como destaca Alexandre Câmara, a preocupação com o tempo de duração do processo não significa que o ato tenha que ser necessariamente praticado dentro do processo, mas

---

31. BRANDÃO, Antonio Augusto Pires. O reforço do dever de fundamentação das decisões como fator de legitimação da atividade judicial. *Revista de Processo*. São Paulo: Revista dos Tribunais, nº 258, ago./2016, p. 25. No mesmo sentido SCHMITZ, Leonardo Ziesemer. *Fundamentação das decisões judiciais*: a crise na construção de respostas no processo civil. São Paulo: Revista dos Tribunais, 2015.
32. SILVA, Geocarlos Augusto Cavalcante da. Fundamentação como forma democrática de controle das decisões judiciais. *Revista de Processo*. São Paulo: Revista dos Tribunais, nº 276, fev./2018, p. 22. Em sentido semelhante, OLIVEIRA, Humberto Santarosa de. *Motivação e discricionariedade*: as razões de decidir e o contraditório como elementos legitimadores da atuação judicial. Rio de Janeiro: Lumen Juris, 2020.
33. TARUFFO, Michele. *La motivazione della sentenza civile*. Madri: Trotta, 2011.

"que o prazo tenha de ser observado para que o processo tenha duração razoável".[34]

Entre as várias classificações dos prazos (legais, negociais ou judiciais; dilatórios ou peremptórios; particulares ou comuns; materiais ou processuais), está aquela que permite diferenciar os prazos processuais em próprios e impróprios.

Os prazos próprios são aqueles cuja inobservância acarreta a perda da possibilidade de praticar o respectivo ato (art. 223 do CPC/15 – "Decorrido o prazo, extingue-se o direito de praticar ou de emendar o ato processual, independentemente de declaração judicial, ficando assegurado, porém, à parte provar que não o realizou por justa causa").[35] Como se sabe, é vedado ao juiz reduzir o prazo peremptório, salvo com anuência das partes (art. 222, § 1º, do CPC/15), podendo, porém, ampliá-lo (art. 139, VI, do CPC/15), a fim de ajustá-lo às especificidades do caso concreto, desde que essa ampliação se dê no curso do próprio prazo previsto em lei. É o caso, por exemplo, do prazo para a parte apresentar contestação.

Já os prazos impróprios são aqueles cujo decurso não enseja a perda da possibilidade de praticar o respectivo ato. Costuma-se fazer referência aos prazos do juiz para proferir despachos, sentenças (e acórdãos no tribunal), conforme disposto no artigo 226 do CPC/15.[36] Mesmo praticados pelo julgador fora do prazo legal, são considerados válidos.

---

34. CÂMARA, Alexandre Freitas. *Manual de Direito Processual Civil*. Barueri: Atlas, 2022, p. 240.

35. Quando a lei for omissa, o juiz determinará os prazos em consideração à complexidade do ato. Inexistindo preceito legal ou prazo determinado pelo juiz, será de 5 (cinco) dias o prazo para a prática de ato processual a cargo da parte (art. 218, §§ 1º e 3º, do CPC/15).

36. O CPC/15 prevê vários outros prazos para os magistrados. Ex: prazo de trinta dias para o relator elaborar o relatório e seu voto (art. 931); prazo de vista de dez dias (+ dez) para o julgador no tribunal (art. 940); prazo de um mês, a partir da intimação do agravado, para o relator solicitar dia para julgamento

Via de regra, o termo inicial dos prazos para o magistrado será contado a partir da conclusão dos autos, mas existem exceções (ex: art. 1.020 do CPC/15 – O relator solicitará dia para julgamento em prazo não superior a 1 (um) mês *da intimação do agravado*).

Como assinala Heitor Sica, "os juízes não estão sujeitos a prazos próprios, mas apenas impróprios, ou seja, o seu descumprimento não acarreta consequências para o exercício de seus poderes-deveres no processo", podendo eventualmente gerar consequências endoprocessuais, como a responsabilização de caráter administrativo ou disciplinar do magistrado.[37]

Nesse sentido, é comum a afirmação de que não existe preclusão temporal para o juiz, ou seja, "mesmo excedido o prazo, o julgador continua com o poder de praticar os atos que lhe cabem e as decisões por ele proferidas não serão invalidadas".[38] A exceção seria nas situações em que o próprio juiz é parte no procedimento (ex: prazo para se manifestar na reclamação apresentada perante a corregedoria do tribunal; em eventual incidente de suspeição ou impedimento etc.).

Em tom crítico, Fredie Didier Jr. pondera que os "prazos para o juiz não podem ser anódinos"[39], ou seja, precisam ter algum significado.

Na mesma toada, Antonio do Passo Cabral destaca que a tese de que a inobservância dos prazos impróprios "não gera efeitos para o órgão jurisdicional é reflexo de uma visão auto-

---

(art. 1.020); prazo de cinco dias para julgamento dos embargos de declaração (art. 1.024).

37. SICA, Heitor Vitor Mendonça. *Preclusão processual civil*. 2. ed. São Paulo: Atlas, 2008, p. 106.

38. GAJARDONI, Fernando da Fonseca; DELLORE, Luiz; ROQUE, Andre Vasconcelos; OLIVEIRA JR., Zulmar Duarte de. *Comentários ao Código de Processo Civil*. 4. ed. Rio de Janeiro, Forense, 2021, p. 339.

39. DIDIER JR., Fredie. *Curso de Direito Processual Civil*. 18. ed. Salvador: JusPodivm, 2016, p. 437.

ritária do Estado, típica do absolutismo, onde o monarca, de origem divina, era o senhor da lei e não se submetia à força normativa do ordenamento jurídico". Em sua visão, a distinção de prazos próprios e impróprios somente pode ser admitida hoje em dia "para afirmar que aqueles, mas não estes, geram preclusão temporal. A classificação não pode, no entanto, ser invocada para excluir a responsabilidade dos magistrados na condução do processo" ou, ainda, para isentá-los de eventuais consequências decorrentes dessa ilegalidade.[40]

De fato, não se pode conceber a ideia de que os juízes podem ignorar os prazos fixados pela própria lei, de forma injustificada. Isso vai de encontro a diversos princípios constitucionais, como duração razoável do processo, eficiência, entre outros. Ainda que o juiz possa praticar os atos fora do prazo legal (inexistência, a rigor, de preclusão temporal), isso não significa que possa ignorar solenemente os marcos temporais definidos pelo legislador, sem qualquer consequência.

Tanto é verdade que, em casos de retenção injustificada dos autos "além do prazo legal", a própria Constituição Federal prevê a perda do direito do juiz de concorrer à promoção e de acesso aos tribunais de segundo grau por merecimento[41], podendo,

---

40. CABRAL, Antonio do Passo. A duração razoável do processo e a gestão do tempo no Projeto de novo Código de Processo Civil. In. FREIRE, Alexandre et al. (Coords). *Novas tendências do processo civil*. Salvador: JusPodivm, 2013, p. 73 e seguintes.

41. Art. 93, II, "e", da CF. Vide também o art. 7º, VI e parágrafo único, da Lei nº 4.717/65 (Lei da Ação Popular): Art. 7º. A ação obedecerá ao procedimento ordinário, previsto no Código de Processo Civil, observadas as seguintes normas modificativas: VI - A sentença, quando não prolatada em audiência de instrução e julgamento, deverá ser proferida dentro de 15 (quinze) dias do recebimento dos autos pelo juiz. Parágrafo único. O proferimento da sentença além do prazo estabelecido privará o juiz da inclusão em lista de merecimento para promoção, durante 2 (dois) anos, e acarretará a perda, para efeito de promoção por antiguidade, de tantos dias quantos forem os do retardamento, salvo motivo justo, declinado nos autos e comprovado perante o órgão disciplinar competente.

ainda, ser condenado a reparar os danos causados decorrentes de sua postura, em eventual ação regressiva proposta pela União ou pelo Estado.

Da mesma forma, a Lei Complementar nº 35/79 (LOMAN), o CPC/15 e algumas Resoluções do Conselho Nacional de Justiça preveem sanções disciplinares e consequências processuais ao próprio juiz.[42] Voltaremos ao ponto no capítulo 3.

42. Ex: arts. 43 e seguintes da LOMAM; art. 235 do CPC/15; art. 3º, III e IV, da Resolução nº 106/10 do CNJ; e art. 7º da Resolução nº 135/11 do CNJ.

2. A interface entre o silêncio do juiz e as normas fundamentais do processo civil

Normas fundamentais são aquelas que estruturam o modelo do processo civil brasileiro. Boa parte dessas normas estão contempladas na Constituição Federal (ex: devido processo legal, juiz natural, proibição de prova ilícita). Outras estão disciplinadas no primeiro capítulo do CPC/15 (arts. 1º a 12[1]). E ainda há normas espalhadas pelo código (ex: dever de observância dos padrões decisórios de observância obrigatória – art. 927).[2]

De um modo geral, as normas fundamentais são "eixos normativos a partir dos quais o processo civil deve ser interpretado, aplicado e estruturado"[3]. Por meio delas, "o legislador

1. Enunciado 369 do FPPC: "O rol de normas fundamentais previsto no Capítulo I do Título Único do Livro I da Parte Geral do CPC não é exaustivo".
2. De acordo com o Enunciado 370 do FPPC, "norma processual fundamental pode ser regra ou princípio". Por sua vez, Daniel Mitidiero entende que as normas fundamentais podem ser princípios, regras e postulados. MITIDIERO, Daniel. *Processo Civil*. 1. ed. São Paulo: Thomson Reuters Brasil, 2021, p. 108.
3. MARINONI, Luiz Guilherme; ARENHART, Sérgio Cruz; MITIDIERO, Daniel. *O novo processo civil*. 2. ed. São Paulo: Revista dos Tribunais, 2016, p. 165. Para um estudo detalhado das normas fundamentais e seus reflexos, ver a coleção: DIDIER JR., Fredie; NUNES, Dierle; FREIRE, Alexandre (Coords.). *Normas fundamentais* – coleção Grandes Temas do novo CPC. Salvador: JusPodivm, 2016.

pretende deixar muito claro quais são os seus compromissos fundamentais”[4].

Como garantias fundamentais, tais normas “devem iluminar todo o sistema jurídico, impondo às regras processuais interpretação que ofereça a esses valores a sua maior densidade e mais ampla aplicabilidade”[5].

Diferentemente do artigo inicial do CPC/73, que travava da jurisdição, o art. 1º do CPC/15 estabelece que o processo civil será ordenado, disciplinado e interpretado conforme os valores e as normas fundamentais estabelecidos na Constituição Federal. Significa dizer que “todos os princípios constitucionais devem ser utilizados para a correta interpretação e aplicação das normas processuais. Estas devem ser lidas e compreendidas a partir daqueles”[6].

Procura-se, dessa forma, “conceber um processo civil compatível com o ideal de protetividade dos direitos inerentes à cláusula do Estado Democrático de Direito (art. 1º, CRFB)”[7].

Feitas essas considerações iniciais, analisar-se-á a interface entre o silêncio do juiz e algumas normas fundamentais do processo civil.

---

4. MITIDIERO, Daniel. *Processo Civil*. 1. ed. São Paulo: Thomson Reuters Brasil, 2021, p. 108.
5. ARENHART, Sérgio Cruz; OSNA, Gustavo; JOBIM, Marco Félix. *Curso de Processo Estrutural*. São Paulo: Thomson Reuters Brasil, 2021, p. 13.
6. CAMBI, Eduardo; DOTTI, Rogéria; PINHEIRO, Paulo Eduardo d’Arce; MARTINS, Sandro Gilbert; KOZIKOSKI, Sandro Marcelo. *Curso de processo civil completo*. 1. ed. São Paulo: Revista dos Tribunais, 2017, p. 61.
7. MARINONI, Luiz Guilherme. *Comentários ao Código de Processo Civil*: artigos 1º ao 69. 1. ed. São Paulo: Revista dos Tribunais, 2016, p. 95. No mesmo sentido, mas com ênfase no paradigma filosófico, ver RIBEIRO, Marcelo. Levando a sério as normas fundamentais. In: MAZZOLA, Marcelo; RIBEIRO, Nathalia. *Impactos do Código de Processo Civil de 2015 na advocacia*. Londrina: Thoth, 2021, p. 305-320.

2.1. ACESSO À JUSTIÇA

O princípio do acesso à justiça ou da inafastabilidade da jurisdição tem assento constitucional (art. 5º, XXXV) e foi positivado no CPC/15 ("Não se excluirá da apreciação jurisdicional ameaça ou lesão a direito" – art. 3º).[8]

Como explica Paulo Cezar Pinheiro Carneiro, a noção de acesso à justiça perpassa essencialmente por quadro grandes princípios: acessibilidade (direto à informação, adequação do legitimado escolhido para propor as demandas; e inexistência de barreiras financeiras); operosidade (extrair o máximo de rendimento da atividade jurisdicional, pressupondo uma atuação ética dos sujeitos processuais e a utilização de instrumentos eficazes pelas partes); utilidade (o processo deve assegurar tudo aquilo que lhe é de direito, do modo mais rápido e proveitoso possível) e proporcionalidade (diante das soluções possíveis, deve ser prestigiada a que esteja mais de acordo com os princípios informadores do direito".[9]

Há quem afirme que o acesso à justiça tem como "pedra de toque a universidade, conformando o próprio Estado Democrático de Direito", uma vez que o Estado, "ao afirmar-se como instituição, absorveu como função própria a resolução dos conflitos de interesses".[10]

---

8. Embora a redação dos dispositivos constitucional e infraconstitucional seja parecida, uma leitura mais atenta revela que o comando infraconstitucional busca oferecer uma garantia mais ampla, extrapolando os limites do Poder Judiciário, a quem incumbe prestar a jurisdição, mas não sob a forma de monopólio. PINHO, Humberto Dalla Bernardina de; MAZZOLA, Marcelo; *Manual de Mediação e Arbitragem*. São Paulo: Saraiva Educação, 2019, p. 62.
9. CARNEIRO, Paulo Cezar Pinheiro. *Acesso à justiça*: Juizados Especiais Cíveis e ação civil pública. Tese de cátedra em Teoria Geral do Processo. Rio de Janeiro: Universidade do Estado do Rio de Janeiro, 1999, p. 54 e seguintes.
10. GAJARDONI, Fernando da Fonseca; DELLORE, Luiz; ROQUE, Andre Vasconcelos; OLIVEIRA JR., Zulmar Duarte de. *Comentários ao Código de Processo Civil*. 4. ed. Rio de Janeiro, Forense, 2021, p. 6.

Na prática, a garantia do acesso à justiça assegura a tutela jurisdicional adequada para frear ataques e ofensas a direitos fundamentais e, ao mesmo tempo, fazer prevalecer esses últimos, à luz do devido processo legal.

Nesse sentido, viola o acesso à justiça o juiz que a) deixa de examinar pedido de tutela provisória, colocando em risco o direito ou o bem em discussão; b) não analisa pedido de desbloqueio de valor penhorado indevidamente, deixando o prejudicado sem o devido respaldo jurisdicional, entre muitas outras situações.

2.2. DEVIDO PROCESSO LEGAL

Como se sabe, ninguém pode ser privado da liberdade ou de seus bens, sem a tramitação de um processo desenvolvido sob a moldura da lei (art. 5º, LIV, da CF). Uma observação: a expressão devido processo legal é a tradução da expressão inglesa "*due process of law*" (law não significa lei, mas Direito), razão pela qual o processo deve estar em conformidade não apenas com a lei, mas com o Direito.

Fredie Didier Jr. pontua que a noção de devido processo legal remonta ao Édito de Conrado II (Decreto Feudal alemão de 1.037 d.C., no qual, pela primeira vez, é positivada a ideia de que até mesmo o Imperador deveria ser submetido às leis do Império).[11] A doutrina também faz referência à Magna Carta Inglesa de 1215.[12]

Em linhas gerais, a garantia ao devido processo legal pressupõe um processo adequado, leal e efetivo, o que, em essência, compreende viabilizar o próprio acesso à justiça, respeitar o

11. DIDIER JR., Fredie. *Curso de direito processual civil*. v. 1. 17. ed. Salvador: JusPodivm, 2015, p. 64.
12. SILVA, Ticiano Alves e. O devido processo convencional: levando a sério os direitos humanos processuais. *Revista de Processo*. São Paulo: Revista dos Tribunais, nº. 259, set./2016, p. 57.

contraditório, assegurar a duração razoável do processo, não permitir a produção de provas ilícitas, dar tratamento paritário às partes, motivar as decisões judiciais etc.[13]

Nesse sentido, afirma-se, com razão, que o devido processo legal é um direito fundamental dotado de "conteúdo complexo"[14].

A doutrina costuma examinar o devido processo legal sob duas dimensões: formal ou substancial. Sob o aspecto formal, a noção de devido processo legal está atrelada ao conjunto de garantias fundamentais (contraditório, juiz natural etc.). Já sob o prisma substancial, a preocupação é que o processo assegure a prolação de decisões devidas, observando-se a proporcionalidade e a razoabilidade.[15]

A bem da verdade, o devido processo legal é a garantia de que a marcha processual e a construção do pronunciamento judicial serão realizadas em observância às regras previamente definidas, assegurando-se previsibilidade, cognoscibilidade e efetiva participação dos sujeitos processuais, de forma leal e equânime.[16]

Cabe registrar, ainda, que as garantias do devido processo legal se conectam perfeitamente ao modelo cooperativo de processo (art. 6º do CPC/15), incluindo a celebração de negócios jurídicos processuais (art. 190 do CPC/15[17]), já que a ética, a

---

13. SILVA, José Afonso. *Curso de Direito Constitucional Positivo*. 18. ed. Malheiros, 2000, p. 435; GRECO, Leonardo. Garantias Fundamentais do Processo: o processo justo. In: *Estudos de direito processual*. Campo dos Goytacazes: Faculdade de Direito de Campos, 2005, p. 225.

14. GUERRA, Marcelo Lima. *Direitos fundamentais e a proteção do credor na execução civil*. São Paulo: Revista dos Tribunais, 2003, p. 100.

15. DIDIER JR., Fredie. *Curso de Direito Processual Civil*. v. I. 24. ed. Salvador: JusPodivm, 2022, p. 107. Vale lembrar que, ao aplicar o ordenamento jurídico, o juiz deve observar a proporcionalidade e razoabilidade (art. 8º do CPC/15).

16. LIMA, Maria Rosinete Oliveira. *Devido processo legal*. Porto Alegre: Sérgio Antônio Fabris, 1999, p. 214-237.

17. CABRAL, Antonio do Passo. *Convenções Processuais*. Salvador: JusPodivm, 2016, p. 317.

boa-fé[18] e lealdade devem ser entendidas como *standards* de conduta em busca de uma solução de mérito mais justa[19] e efetiva.

Feitos esses breves apontamentos, viola o princípio do devido processo legal o juiz que a) não assegura o acesso à justiça (ex: deixa de examinar pedido urgente); b) não garante o contraditório (ex: decide com base em fundamento sobre o qual não deu a oportunidade para as partes se manifestarem a respeito); c) não vela pela duração razoável do processo (ex: juiz da execução que ordena a expedição de carta precatória, ao invés de realizar, quando possível, a penhora por termo nos próprios autos - art. 845, § 1º, do CPC/15[20]); não respeita os negócios jurídicos processuais (ex: juiz que determina o regular prosseguimento do feito ignorando o pedido de suspensão convencional da demanda - art. 313, II, do CPC/15); d) não garante a paridade de tratamento às partes (ex: juiz que deixa de examinar o pedido de gratuidade de justiça de uma das partes, só examinando o requerimento da outra); entre outras situações.

2.3. CONTRADITÓRIO

A noção de contraditório pode ser extraída de diferentes passagens bíblicas. No livro do Gênesis (3:9), por exemplo, antes de julgar Adão pelo fato de ter comido o fruto proibido oferecido por Eva, Deus indagou "Onde estás?" para, então, depois de sua explicação, mandar-lhe embora do Jardim do Éden. A mesma preocupação foi adotada por Deus ao ouvir Caim, antes de condená-lo pelo fratricídio mais famoso de to-

18. PICÓ I JUNOY, Joan. El debido proceso legal: reflexiones en torno al fundamento constitucional del principio de la buena fe procesal. *Revista Peruana de Derecho Procesal*. Lima, v. 9, 2006, p. 331.
19. CAMBI, Eduardo. Segurança jurídica e isonomia como vetores argumentativos para a aplicação dos precedentes judiciais. *Revista de Processo*. São Paulo: Revista dos Tribunais, nº 260, out./2016, p. 285.
20. STJ, REsp 1.997.723/SP, Rel. Min. Nancy Andrighi, Terceira Turma, julgamento em 14.06.2022.

dos os tempos.[21] No último Evangelho, Nicodemos questiona os fariseus: "Porventura condena a nossa lei um homem sem primeiro o ouvir e ter conhecimento do que faz?" (João 7:51).

De textos do filósofo grego Plutarco, também se colhem alguns ensinamentos: "antes de causar danos à pessoa, olhar em sua face e ouvir as razões que usa" e "antes de haver ouvido um e outro, não dar sentença sobre sua lide".[22]

Tais registros históricos desnudam a importância da participação das partes na construção do pronunciamento judicial, confirmando que a cognição não é uma atividade reduzida à racionalidade isolada do julgador, assim como o conhecimento não é algo que possa ser compreendido intelectualmente de maneira solitária, fora da intersubjetividade.[23]

Na visão de Calamandrei, o contraditório é o princípio fundamental do processo, sua força motriz e garantia suprema.[24]

Ao longo do tempo, a noção de contraditório foi se transformando e sofrendo mutações, bastando lembrar que, no período romano, os imperadores decidiam com o polegar para cima ou para baixo e sem dizer os motivos.[25]

Com a consolidação do Estado Democrático de Direito, o contraditório passou a ser compreendido não apenas como o direito de participar do procedimento, de ouvir e de ser ouvido

---

21. Gêneses 4: 8-9 – "Disse, porém, Caim a seu irmão Abel: 'Vamos para o campo'. Quando estavam lá, Caim atacou seu irmão Abel e o matou. Então o Senhor perguntou a Caim: 'Onde está seu irmão Abel?' Respondeu ele: 'Não sei; sou eu o responsável por meu irmão?'".
22. PICARDI, Nicola. *Audiatur et altera pars*: as matrizes histórico-culturais do contraditório. In: OLIVEIRA, Carlos Alberto Alvaro de (Org.). *Jurisdição e processo* – Nicola Picardi. Rio de Janeiro: Forense, 2008. p. 130.
23. GUERRA FILHO, Willis Santiago. *Teoria processual da constituição*. 3. ed., São Paulo: RCS, 2007, p. 196-197.
24. CALAMANDREI, Piero. *Processo e Democrazia*. Padova: Cedam, 1954, p. 148.
25. ROSA, Alexandre Morais. É preciso fugir dos dribles retóricos da decisão judicial. Disponível em http://www.conjur.com.br/2016-set-09/limite-penal-preciso-fugir-dribles-retoricos-decisao-judicial. Acesso em 10.03.2023.

(direito de informação-reação), mas sim de influenciar o diálogo – o direito de defender-se provando[26] – e de influir ativamente na construção do pronunciamento judicial. O chamado contraditório-influência.

Para Leonardo Greco, com a reconstitucionalização da Europa ocidental após o término da 2ª Guerra Mundial e o abandono da absoluta supremacia do interesse público sobre o interesse individual, não se pode mais submeter as partes no processo civil ao predomínio autoritário do juiz, "sendo imperiosa a reconstrução do sistema processual sob a perspectiva dos cidadãos que acodem ao juiz para obter a tutela dos seus direitos subjetivos, respeitados o princípio dispositivo e a autonomia privada".[27]

Nessa ressignificação do princípio do contraditório – projeção processual do princípio da participação democrática –, o que se busca é um diálogo capaz de construir uma ponte sobre o abismo de comunicação que separa a atividade das partes e a atividade judicante do juiz.[28]

Com isso, o Estado passa a se engajar na preservação de um ambiente em que possam ocorrer as condições para uma interação social discursiva e cooperativa,[29] evitando-se eventual déficit de legitimidade democrática.

Há quem afirme que o contraditório contemporâneo é a projeção no processo do primado da dignidade da pessoa humana, pois assegura, em concreto, o poder de influir nas decisões, e não

---

26. GRECO, Leonardo. A prova no Processo Civil: do Código de 1973 até o novo Código Civil. *Revista Forense*. Rio de Janeiro: Forense, v. 374, 2004, p. 183-199.
27. GRECO, Leonardo. Publicismo e Privatismo no Processo Civil. *Revista de Processo*. São Paulo: Revista dos Tribunais, nº 164, out./2008, p. 29-56.
28. GRECO, Leonardo. O Acesso ao Direito e à Justiça. In: *Estudos de Direito Processual*. Col. Jose do Patrocínio. Ed. Faculdade de Direito de Campos, 2005, p. 212.
29. MAZZOLA, Marcelo. *Tutela Jurisdicional Colaborativa*: a cooperação como fundamento autônomo de impugnação: Curitiba: CRV, 2017.

apenas formalmente.[30] Sem dúvida, a ausência do contraditório atinge diretamente a dignidade da pessoa humana, pois faz com o que o jurisdicionado seja um espectador mudo do conflito. O processo não pode ser um jogo de surdos e mudos, em que as partes falam, mas não são ouvidas pelo juiz.

Na verdade, a condução do processo deve observar o ritmo do contraditório-influência, assegurando-se amplo diálogo entre os sujeitos processuais antes da tomada de qualquer decisão, a fim de que seja efetivado, de forma clara e evidente, o princípio democrático no seio da atividade processual.

Assim, não pode o juiz, em sua "solitária" onipotência, aplicar normas ou embasar a sua decisão em fatos completamente estranhos à dialética defensiva de uma ou de ambas as partes,[31] proferindo a chamada decisão-surpresa.

Para Dierle Nunes, o contraditório e a ampla defesa assegurados pela Constituição Federal (art. 5º, LV) englobam um feixe de direitos, dentre eles a) o direito a uma cientificação regular durante todo o procedimento, ou seja, uma citação adequada ao ato introdutivo da demanda e a intimação de cada evento processual posterior que lhe permita o exercício efetivo da defesa no curso do procedimento; b) o direito à prova, possibilitando-lhe sua obtenção toda vez que esta for relevante; c) o direito de assistir pessoalmente a assunção da prova e de se contrapor às alegações de fato ou às atividades probatórias da parte contrária ou, mesmo, oficiosas do julgador; e d) o direito de ser ouvido e julgado por um juiz imune à ciência privada (*private infor-*

---

30. GRECO, Leonardo. O princípio do contraditório. *Revista Dialética de Direito Processual*. São Paulo, Oliveira Rocha, 2005, p. 71-79. No mesmo sentido GRECO, Leonardo. *O processo de execução*. v. I. Rio de Janeiro: Renovar, 1999, p. 267-268.
31. NUNES, Dierle José Coelho; BAHIA, Alexandre; CÂMARA, Bernardo; SOARES, Carlos Henrique. *Curso de direito processual civil*: fundamentação e aplicação. Belo Horizonte: Fórum, 2001, p. 83.

mazioni), que decide a causa unicamente com base em provas e elementos adquiridos no debate contraditório.[32]

O CPC/15 alçou o contraditório à norma fundamental (arts. 7º, 9º e 10),[33] consolidando-o como instrumento de legitimação do exercício do poder jurisdicional.[34]

Nesse quadrante, o artigo 369 do CPC/15 estabelece que as partes têm o direito de empregar todos os meios legais, bem como os moralmente legítimos, para provar a verdade dos fatos em que se funda o pedido ou a defesa e *influir eficazmente na*

32. NUNES, Dierle José Coelho. *Processo jurisdicional democrático*: uma análise crítica das reformas processuais. Curitiba: Juruá, 2008, p. 230. No mesmo sentido, Leonardo Greco destaca que o contraditório-influência, considerado um "megaprincípio", pressupõe a) audiência bilateral, com ampla possibilidade de impugnar e de contrariar os atos dos demais sujeitos do processo, de modo que nenhuma questão seja decidida sem prévia audiência das partes; b) o direito de apresentar alegações, propor e produzir provas, de participar da produção das provas requeridas pelo adversário ou determinadas de ofício pelo juiz; c) os prazos para a prática dos atos processuais devem ser suficientes; d) contraditório eficaz é sempre prévio, anterior a qualquer decisão, devendo a sua postergação ser excepcional e fundamentada na convicção firme da existência do direito do requerente e na cuidadosa ponderação dos interesses em jogo e dos riscos da antecipação ou da postergação da decisão; e e) direito de intervenção dos contra-interessados: o contraditório participativo pressupõe que todos os contra-interessados tenham o direito de intervir no processo e exercer amplamente as prerrogativas inerentes ao direito de defesa, preservando o direito de discutir os efeitos da decisão que tenha sido produzida sem a sua plena participação. GRECO, Leonardo. Novas Perspectivas da efetividade e do garantismo processual. In: MITIDIERO, Daniel; AMARAL, Guilherme Rizzo (Coords.); FEIJÓ, Maria Angélica Echer Ferreira (Org.). *Processo Civil - Estudos em Homenagem ao Professor Doutor Carlos Alberto Alvaro de Oliveira*. São Paulo: Atlas, 2012, p. 273 e seguintes.
33. O juiz deve observar o "efetivo contraditório" (art. 7º) e não pode proferir nenhuma decisão contra uma das partes sem que ela seja previamente ouvida (art. 9º), com exceção das hipóteses do art. 9º, parágrafo único, I, II e III do CPC/15. Além disso, está impedido de decidir, em grau algum de jurisdição, com base em fundamento a respeito do qual não se tenha dado às partes oportunidade de se manifestar, ainda que se trate de matéria sobre a qual deva decidir de ofício (art. 10).
34. CAMBI, Eduardo. *Direito constitucional à prova no processo civil*. São Paulo: Revista dos Tribunais, 2001, p. 15.

convicção do juiz, devendo o julgador apreciar a prova constante dos autos, independentemente do sujeito que a tiver promovido, e *indicar na decisão as razões da formação de seu convencimento* (art. 371).

Na prática, o contraditório participativo deve ser respeitado e observado em todas as fases do processo.[35]

Nesse contexto, é possível mencionar, apenas a título ilustrativo, alguns atos omissivos que violam o princípio do contraditório.

É o caso, por exemplo, do juiz que a) profere decisão contra uma das partes sem que ela seja previamente ouvida (a exceção seria nas hipóteses do art. 9º, parágrafo único, I, II e III do CPC/15), ou decide com base em fundamento a respeito do qual não se tenha dado às partes oportunidade de se manifestar, ainda que se trate de matéria sobre a qual deva decidir de ofício (arts. 9º, caput, e 10 do CPC/15); b) recebe o incidente de desconsideração da personalidade jurídica, mas deixa de determinar a citação do sócio ou a pessoa jurídica para manifestar-se e requerer as provas cabíveis no prazo de quinze dias (art. 135); c) não intima a parte para se manifestar sobre os documentos acostados pela outra parte (art. 437, § 1º); d) não determina a citação do réu para apresentar contrarrazões de apelação em caso de improcedência liminar do pedido (art. 332, § 4º); e) não intima o embargado para se manifestar sobre os embargos de declaração, "caso seu acolhimento implique modificação da decisão embargada" (art. 1.023, § 2º) etc.

35. O CPC, por exemplo, prevê o contraditório prévio e efetivo para permitir a coisa julgada da questão prejudicial (art. 503, § 1º, II). Vide muitas outras situações: arts. 98, VIII, 115, 329, II, 350, 372, 432, 457, § 3º, 489, § 1º, 526, § 1º, 596, 619, 628, § 1º, 637, 638, 641, 722, 728, 754, 792, § 4º, 808, 817, parágrafo único, 818, 819, parágrafo único, 862, § 1º, 869, *caput* e § 4º, 872, § 2º, 874, 920, I, 921, § 5º, 962, § 2º, 1.009, § 2º, 1.036, § 2º e 1.037, § 11, do CPC/15.

2.4. DURAÇÃO RAZOÁVEL DO PROCESSO

Não é de hoje o problema da duração razoável do processo.[36]

Afirma-se que o primeiro registro remete ao ano de 1215, com a concepção da Carta Magna das Liberdades do Rei João[37], embora se trate de marco temporal controvertido[38].

Na visão de José Carlos Barbosa Moreira[39], a demora na resolução dos conflitos é constatada desde o direito canônico, cuja lentidão, inclusive, teria levado o Papa Clemente V a editar bula específica sobre o assunto.

---

36. Para um amplo apanhado histórico, ver JOBIM, Marco Félix. *Direito à duração razoável do processo*: responsabilidade civil do Estado em decorrência da intempestividade processual. 2. ed. rev. e. ampl. Porto Alegre: Livraria do Advogado, 2012.
37. Art. 40 - "*To no one Will we sell, to no one Will we refuse or delay, righ or justice*". Sobre o tema, ver PRIEBE, Victor Saldanha. Tempo social e do direito como instrumentos de razoável duração do processo. *Revista de Processo*. São Paulo: Revista dos Tribunais, nº 282, ago./2018, p. 64. No mesmo sentido VALE, Luís Manoel Borges do. *Precedentes Vinculantes no Processo Civil Brasileiro*. Rio de Janeiro: LMJ Mundo Jurídico, 2019, p. 84.
38. Frederico Koehler faz referência à disposição capitular 775 do Imperador Carlos Magno, no século VIII: "Quando o juiz demorar a proferir sentença, o litigante deverá instalar-se em casa dele e aí viverá da cama e mesa à custa dele". KOEHLER, Frederico Augusto Leopoldino. *A razoável duração do processo*. 2. ed. Salvador: JusPodivm, 2013, p. 21. Por sua vez, Antonio Carlos Marcato assinala que a preocupação com a celeridade remonta ao século XIII, tendo em vista que a Lei das Sete Partidas determinava que os juízes julgassem "*todos los pleitos con la brevedad posible*", *para "dar justamente a los pleitos el fin más breve que pueda"*. MARCATO, Antonio Carlos. Algumas considerações sobre a crise da justiça. In: ZULEFATO, Camilo; YARSCHELL, Flávio Luiz (Orgs.). *40 anos da Teoria Geral do Processo no Brasil*. São Paulo: Malheiros, 2013, p. 22-23.
39. BARBOSA MOREIRA, José Carlos. O problema para a duração dos processos: premissas para uma discussão séria. In: BARBOSA MOREIRA, José Carlos. *Temas de Direito processual*: nona série. São Paulo: Saraiva, 2007, p. 369.

Com previsão constitucional (art. 5º, LXXVIII)[40] e infraconstitucional (ex: arts. 4º, 6º e 139, II, do CPC/15), o princípio da duração razoável do processo[41] assegura a todos, em âmbito judicial e administrativo, meios que garantam a celeridade na tramitação dos feitos e a efetiva entrega da prestação jurisdicional.[42]

Note-se, porém, que essa busca por celeridade não pode sacrificar outras garantias fundamentais[43], como o contradító-

---

40. Fernando Gajardoni assinala que a previsão da duração razoável já estava em nosso ordenamento jurídico (art. 5º, § 2º, da CF) antes da Emenda Constitucional 45, por força do pacto de São José da Costa Rica. GAJARDONI, Fernando da Fonseca. *Técnicas de aceleração do processo (uma análise crítica à luz de dados estatísticos)*. Dissertação de Mestrado, Faculdade de Direito da Universidade de São Paulo, 2002, p. 35.
41. No plano internacional, muitos dispositivos legais prestigiam a duração razoável do processo, como, por exemplo, os arts. 6º, 1º, da Convenção Europeia de Direitos do Homem, 8º, § 1º, do Pacto de São José da Costa Rica, 7.1 dos Principles of Transnational Civil Procedure, 15 da Constituição da Província de Buenos de Aires, 111 da Constituição italiana, 24.2 da Constituição da Espanha, 20 da Constituição de Portugal, 11.4 do Código de Processo Civil do Uruguai (alteração conforme Lei nº 19.090, de 26 de junho de 2013), 47, nº 2, da Carta dos Direitos Fundamentais da União Europeia, 14, § 1º, do Pacto Internacional relativo aos Direitos Civis e Políticos de 1966, 6ª emenda da Constituição Americana, e 1.4, nº 2, alíneas "c", "g" e "l", das Civil Procedural Rules, entre outros.
42. Como afirma José Lebre de Freitas, "o entendimento do direito de acesso à justiça como direito efectivo à jurisdição implica ainda que a resposta judicial à pretensão deduzida tenha lugar em tempo razoável, pois uma decisão ou uma providência executiva tardia pode equivaler à denegação de justiça". FREITAS, José Lebre. *Introdução ao Processo Civil*: conceito e princípios gerais. 2. ed. Coimbra: Coimbra Editora, 2008, p. 125.
43. "(...) além de slogan, a celeridade processual ganhou entre nós ares de fetiche, cuja plasticidade do senso comum do jurista que sobre ela discorre acabou por torná-la ferramenta perfurocortante em favor do exercente da jurisdição. A partir dela, ou justificada nela, opera-se amputações no arco procedimental que deslegitimam, em perspectiva republicana, a arte do proceder que conduz o órgão jurisdicional – singular ou colegiado – ao momento mais relevante de sua atuação, que é representado pela arte de julgar (...)". RAMOS, Glauco Gumerato. Crítica macroscópica ao fetiche da celeridade processual. Perspectiva do CPC de hoje e de amanhã. *Revista de Processo*. São Paulo: Revista dos Tribunais, nº 239, jan.2015, p. 421-430.

rio[44], o devido processo legal[45] e a efetividade[46], uma vez que a duração razoável não goza de hierarquia frente aos demais preceitos constitucionais.[47]

---

44. "A busca da celeridade, que tem sido uma das principais metas da administração da justiça contemporânea, gera pressões sobre o contraditório". SCHENK, Leonardo Faria. *Legitimidade Constitucional da cognição sumária*: limites impostos pelo contraditório participativo. Tese de doutoramento defendida no Programa de Pós-Graduação em Direito da Universidade do Estado do Rio de Janeiro, 2012, p. 63. Versão comercial da tese (SCHENK, Leonardo Faria. *Cognição Sumária* – limites impostos pelo contraditório no processo civil. São Paulo: Saraiva, 2013).
45. "O tempo razoável é aquele necessário para que as partes exerçam com plenitude os direitos que lhe são assegurados pela Constituição Federal, principalmente os inerentes ao devido processo legal, ao contraditório e à ampla defesa, bem como o tempo necessário para que o juiz possa decidir com tranquilidade, segurança e justiça". DUARTE, Ricardo Quass. *O tempo inimigo no processo civil brasileiro*. Dissertação de mestrado, Faculdade de Direito da Universidade de São Paulo, 2008, p. 19.
46. A doutrina assinala que "constitui perigosa ilusão pensar que simplesmente conferir celeridade é suficiente para alcançar a tão almejada efetividade. Não se nega a necessidade de reduzir a demora, mas não se pode fazê-lo em detrimento do mínimo de segurança, valor também essencial ao processo justo. Em princípio, não há efetividade sem contraditório e ampla defesa. A celeridade é apenas mais uma das garantias que compõem a ideia do devido processo legal, não a única". MEDEIROS NETO, Elias Marques de. O artigo 139, IV, do novo Código de Processo Civil: a atipicidade dos meios executivos. In: JATAHY, Carlos Roberto; ALMEIDA, Diogo Assumpção Rezende de; AYOUB, Luiz Roberto (Coords.). *Reflexões sobre o novo Código de Processo Civil*. Rio de Janeiro: FGV, 2016, p. 120.
47. "A exigência do contraditório, o direito à produção de provas e aos recursos certamente atravancam a celeridade, mas são garantias que não podem ser desconsideradas ou minimizadas. É preciso fazer o alerta, para evitar discursos autoritários, que pregam a celeridade como valor. Os processos da Inquisição eram rápidos. Não parece, porém, que se sinta saudade deles". DIDIER JR., Fredie. *Curso de Direito processual civil*. v. 1. 18 ed. Salvador: JusPodivm, 2016, p. 98.

Até porque, duração razoável não significa que o processo não tenha pausas[48] ou que tenha uma duração instantânea[49]. Ainda que o tempo seja um inimigo do processo e caiba ao juiz travar contra ele uma luta sem tréguas[50], não se pode, sob o pretexto de tornar melhor a prestação jurisdicional, acelerá-la a qualquer preço[51].

Como lembra o Ministro aposentado Ayres Brito[52], a duração razoável do processo não significa pisar no acelerador, mas sim tirar o pé do freio.

---

48. CIPRIANI, Franco. *I problemi del processo di cognizione tra passato e presente*. In: *Il processo civile nello stato democratico - saggi*. Napoli: Edizione Scientifiche Italiane, 2006, p. 59.
49. Na mesma linha, sustenta-se que "a duração do procedimento deve ser razoável, e não instantânea. Juízos relâmpagos, que vêm acompanhados da supressão das garantias processuais, remetem a uma carga de subjetividade que coloca nas mãos do julgador o poder de pacificação dos conflitos a ele submetidos, como se o mesmo fosse portador de um dom messiânico, de uma prodigiosidade divina". CASTRO JR., Roberto Apolinário de. *Eficiência jurisdicional*: a razoável duração dos procedimentos frente às garantias constitucionais. Belo Horizonte: Arraes, 2012, p. 73-74. Para Camila Martta, "o tempo fisiológico do processo deve ser respeitado. O que se pretende evitar é o desperdício de tempo, o tempo patológico". MARTTA, Camila Victorazzi. *Saneamento do processo*: a decisão de saneamento e sua funcionalidade no processo civil brasileiro. Londrina: Thoth, 2020, p.171.
50. CARNELUTTI, Francesco. *Diritto e Processo*. Nápoles: Morano, 1958, p. 354. A propósito, vale mencionar o art. 20 do Código de Ética dos Magistrados (aprovado na 68ª Sessão Ordinária do Conselho Nacional de Justiça, do dia 06 de agosto de 2008): Cumpre ao magistrado velar para que os atos processuais se celebrem com a máxima pontualidade e para que os processos a seu cargo sejam solucionados em um prazo razoável, reprimindo toda e qualquer iniciativa dilatória ou atentatória à boa-fé processual.
51. BARBOSA MOREIRA, Jose Carlos. O futuro da Justiça: alguns mitos. In: BARBOSA MOREIRA, José Carlos. *Temas de Direito Processual Civil*: oitava série. São Paulo: Saraiva, 2004.
52. Voto proferido no RE 586.789, Rel. Min. Ricardo Lewandowski, Tribunal Pleno, julgamento em 16.11.11.

Na realidade, o processo não pode demorar "nem um dia a mais, e nem um dia a menos, do que o tempo necessário para produzir um resultado justo"[53].

Atualmente, a própria garantia do devido processo legal se conecta à ideia de duração razoável[54], pois não é crível conceber a tramitação de um processo com dilações indevidas[55], já que

53. CÂMARA, Alexandre Freitas. *Levando os padrões decisórios a sério*: formação e aplicação de precedentes e enunciados de súmula. São Paulo: Atlas, 2018, p. 88. Há quem afirme, porém, que "o processo é feito para demorar! Isso porque, para julgar adequadamente, o julgador – seja ele juiz ou autoridade administrativa – deve se debruçar com cuidado sobre as questões para sua cognição. Além disso, o contato constante e reiterado com as partes é também essencial para o amadurecimento do processo decisório". CABRAL, Antonio do Passo. A duração razoável do processo e a gestão do tempo no projeto no novo Código de Processo Civil. In: FREIRE, Alexandre; DANTAS, Bruno; NUNES, Dierle; DIDIER JR., Fredie; MEDINA, José Miguel Garcia; FUX, Luiz; CAMARGO, Luiz Henrique Volpe; OLIVEIRA, Pedro Miranda de. (Orgs.). *Novas tendências do processo civil*: estudos sobre o projeto do novo Código de Processo Civil. Salvador: JusPodivm, 2013, p. 79-81.

54. Como adverte Humberto Theodoro Jr., "o direito à razoável duração do processo não constitui e não implica direito a processo rápido ou célere. As expressões não são sinônimas. A própria ideia de processo já repele a instantaneidade e remete ao tempo como algo inerente à fisiologia processual. A natureza necessariamente temporal do processo constitui imposição democrática, oriunda do direito das partes de nele participarem de forma adequada, donde o direito ao contraditório e aos demais direitos que confluem para a organização do processo justo ceifam qualquer possibilidade de compreensão do direito ao processo com duração razoável simplesmente como direito a um processo célere". THEODORO JR., Humberto. *Novo curso de processo civil*: teoria do processo civil. v. 1. São Paulo: Revista dos Tribunais, 2015, p. 264. No mesmo sentido MEDEIROS NETO, Elias Marques de. O artigo 139, IV, do novo Código de Processo Civil: a atipicidade dos meios executivos. In: JATAHY, Carlos Roberto; ALMEIDA, Diogo Assumpção Rezende de; AYOUB, Luiz Roberto (Coords.). *Reflexões sobre o novo Código de Processo Civil*. Rio de Janeiro: FGV, 2016, p. 120.

55. "A existência de um direito ao processo sem dilações indevidas precisa ser compreendida adequadamente. Se o direito que se tem é o de que o processo não sofra dilações indevidas, significa isso dizer que não pode existir processo sem dilações temporais. Só não pode haver dilação indevida. As dilações devidas são, todas, imprescindíveis para que o processo produza os mesmos resultados constitucionalmente legítimos". CÂMARA, Alexandre Freitas. O direito à duração

o tempo é "o primeiro indicativo de efetividade dos sistemas de justiça"[56].

Nesse particular, quando o juiz a) posterga injustificadamente a designação de audiências, bem como a prolação de despachos e decisões; b) deixa de apreciar algum dos pedidos formulados pela parte em sua manifestação, acarretando a interposição de recursos; c) não reconhece, quando cabível, o seu impedimento ou a sua suspeição "ao receber a petição"[57]

---

razoável do processo. *Revista de Processo*. São Paulo: Revista dos Tribunais, nº 223, set./2013, p. 52. Como destaca Carlos Alberto Alvaro de Oliveira, "não basta apenas abrir a porta de entrada do Poder Judiciário, mas prestar jurisdição tanto quanto possível eficiente, efetiva e justa, mediante um processo sem dilações ou formalismos excessivos". OLIVEIRA, Carlos Alberto Alvaro de. *Teoria e prática da tutela jurisdicional*. Rio de Janeiro: Forense, 2008, p. 126.

56. SILVA, Paulo Eduardo Alves da. *Gerenciamento de processos judiciais*. São Paulo: Saraiva, 2010, p. 91.

57. Sobre o tema, vale mencionar interessante decisão do Tribunal de Justiça de Karlsruhe, Alemanha, proferida em 15 de maio de 2022 (número 9 W 24/22), envolvendo a obrigação do juiz apresentar resposta imediata à alegação de suspeição apresentada, à luz do dever de imparcialidade. A decisão foi assim comentada pelo Professor Antonio do Passo Cabral em seu canal no Telegram (https://t.me/transformacoesnoprocesso): "No caso, em um arrazoado de mais de 100 páginas, o réu havia alegado suspeição do magistrado. Mas, ao invés de analisar a questão imediatamente, o juiz seguiu no processo apreciou outros requerimentos e deu sequência à tramitação, só adiante tendo apreciado a alegação da parte. A corte de apelação decidiu que, independentemente da sobrecarga de trabalho dos juízes, as partes esperam que o Judiciário conheça integralmente dos seus argumentos e sobre eles decida tempestivamente. O Tribunal entendeu ainda que, como a omissão se deu em relação a uma alegação de suspeição, houve violação ao "dever de espera" (Wartepflicht) que deve ter o juiz quando se questiona sua imparcialidade. Esse dever é previsto no § 47, alínea 1 da ZPO alemã, e determina que, antes de decidida a exceção de suspeição, o juiz só pode praticar atos que não impliquem impulso do processo a outras fases". No Brasil, porém, quando o juiz não reconhece a sua suspeição "ao receber a petição", deve determinar a autuação em apartado do incidente, tendo 15 (quinze) dias para manifestar-se a respeito (art. 146, § 1º, do CPC/15). Nesse ínterim, não há efetivamente a suspensão do processo e o juiz pode praticar alguns atos, cabendo posteriormente ao tribunal fixar o momento a partir do qual o juiz não poderia ter atuado, bem como decretar a nulidade dos atos do juiz, se praticados quando já presente o motivo de impedimento ou de suspeição (art. 146, §§ 6º e 7º, do CPC/15).

(ensejando o regular processamento do incidente), entre outras situações, viola o princípio da duração razoável do processo.

2.5. EFICIÊNCIA PROCESSUAL

A palavra eficiência vem do latim *efficientia*[58] e possui diversos significados a depender do campo de aplicação (medicina, economia, esportes etc.). O foco será no campo do Direito, mais especificamente processual.[59]

Para fins deste trabalho, não interessa perquirir se a eficiência caracteriza um princípio[60] ou um postulado normativo[61], mas sim analisar como os atos judiciais omissivos podem atingir a eficiência processual.

Inicialmente, vale lembrar que o art. 37 da Constituição Federal prevê que a administração pública direta e indireta de qualquer dos Poderes da União, dos Estados, do Distrito Federal e dos Municípios obedecerá aos princípios de legalidade, impessoalidade, moralidade, publicidade e *eficiência.*

Como afirma a doutrina, a eficiência, como matriz constitucional[62], também vincula o Judiciário na prestação de seus serviços e pressupõe a "observância do ordenamento jurídico e utilização de recursos financeiros, materiais e pessoais de

58. BATISTA JÚNIOR, Onofre Alves. *Princípio constitucional da eficiência administrativa.* 2. ed. Belo Horizonte: Fórum, 2012, p. 91.

59. Para uma análise vertical do tema, ver JOBIM, Marco Félix. *As funções da eficiência no processo civil brasileiro*. São Paulo: Revista dos Tribunais, 2018.

60. DIDIER JR., Fredie. *Curso de Direito Processual Civil.* v.1. 18. ed. Salvador: JusPodivm, 2016, p. 101; CUNHA, Leonardo Carneiro da. A previsão do princípio da eficiência no projeto de novo Código de Processo Civil Brasileiro. *Revista de Processo*. São Paulo, Revista dos tribunais, nº 233, jul./2014, p. 79.

61. ÁVILA, Humberto. *Teoria dos princípios*. Da definição à aplicação dos princípios jurídicos. 10. ed. atual. e ampl. São Paulo: Malheiros, 2009, p. 125-139.

62. ARENHART, Sérgio Cruz. *A tutela coletiva dos direitos individuais*: para além da proteção dos interesses individuais homogêneos. 2. ed. São Paulo: Revista dos Tribunais, 2014, p. 46.

forma racional, para possibilitar que as partes alcancem um resultado útil"[63].

Nessa linha, cabe recordar que o CPC/15, em seu art. 8º[64], estabelece que o juiz, ao aplicar o ordenamento jurídico, deve observar a eficiência.

Ou seja, o CPC/15 transportou para o processo judicial "um princípio que está previsto para a atuação da Administração Pública"[65].

Note-se que a eficiência repercute no modelo de gerenciamento[66] existente no Poder Judiciário e na própria atividade jurisdicional[67], embora não haja consenso doutrinário no ponto[68].

---

63. CASAGRANDE, Érico Vinicius Prado. Efetividade do direito e eficiência do Judiciário. In: TAVARES, Fernando Horta (Coord.). *Urgência de tutela*. Curitiba: Juruá, 2008, p. 91.
64. Na Exposição de Motivos do CPC/15, fica clara a preocupação da Comissão de Juristas em valorizar a eficiência processual: "Sendo ineficiente o sistema processual, todo o ordenamento jurídico passa a carecer de real efetividade. De fato, as normas de direito material se transformam em pura ilusão, sem a garantia de sua correlata realização, no mundo empírico, por meio do processo". SENADO FEDERAL. *Código de processo civil e normas correlatas*. 7. ed. Brasília, 2015, p. 24. Disponível em https://www2.senado.leg.br/bdsf/bitstream/handle/id/512422/001041135.pdf. *Acesso em: 10.03.2023.*
65. CUNHA, Leonardo Carneiro da. O princípio da eficiência no novo Código de Processo Civil. In: DIDIER JR., Fredie; NUNES, Dierle; FREIRE, Alexandre (Coords.). *Normas fundamentais*. Salvador: JusPodivm, 2016, p. 365-366 e 374-375.
66. CAMPOS, Eduardo Luiz Cavalcanti. *O Princípio da Eficiência no Processo Civil Brasileiro*. 1.ed. Rio de Janeiro: Forense, 2018, p. 82; SILVA, Paulo Eduardo Alves. *Gerenciamento de processos judiciais*. São Paulo: Saraiva, 2010, p. 35
67. Vide, por exemplos, os artigos 23 e 26 da Lei nº 13.655/18, que alterou a Lei de Introdução às Normas do Direito Brasileiro, que prestigiam expressamente o aspecto da eficiência.
68. Entendendo que a eficiência não se aplica à atividade jurisdicional, mas apenas às atividades administrativas do Poder Judiciário, ver BORBA, Isabela Souza; CADEMARTORI, Sérgio Urquhart; ROSA, Alexandre Morais da. O dilema da eficiência na democrática constitucional. In: DIDIER JR., Fredie; LEVY, Wilson; NALINI, José Renato; RAMOS, Glauco Gumerato (Coords.). *Ativismo judicial e Garantismo Processual*. Salvador: JusPodivm, 2013, p. 326.

De acordo com Michele Taruffo[69], é possível apontar duas perspectivas sob o viés da eficiência: a primeira ligada à celeridade e à redução de custos; e a segunda à qualidade das decisões judiciais. A doutrina também fala em eficiência quantitativa[70] e eficiência qualitativa[71].

Sabe-se, porém, que o "princípio da eficiência não significa quanto antes melhor: o processo tem seu tempo e o princípio simplesmente significa que não deve ser desnecessariamente alargado esse prazo"[72].

Na realidade, deve-se dimensionar adequadamente o tempo e os custos da solução de cada litígio, "observando a ideia de proporcionalidade entre os meios e os fins almejados"[73], bem como os legítimos interesses dos jurisdicionados.

Em termos objetivos, o sistema de justiça será eficiente[74] se viabilizar a obtenção dos resultados esperados com o menor

---

69. TARUFFO, Michele. Orality and writing as factors of efficiency in civil litigation. In: CARPI, Federico; ORTELLS, Manuel (Coords.). *Oralidad y escritura en un proceso civil eficiente*. Valencia: Universidad de Valencia, 2008, p. 185 e seguintes.
70. A eficiência quantitativa preconiza uma relação proporcional entre celeridade e redução de custos. Decisões mais baratas e rápidas materializariam um sistema eficiente. Tal visão é criticada, com razão, por NUNES, Dierle; BAHIA, Alexandre. Processo constitucional: uma abordagem a partir dos desafios do Estado Democrático de Direito. *Revista Eletrônica de Direito Processual*, v. 4, p. 252-253, jul./dez. 2009.
71. "A 'eficiência qualitativa', por outro lado, tem como escopo a busca de decisões técnicas, bem fundamentadas, adequadas, corretas, justas, equânimes e democráticas, exigindo-se uma atividade participativa do juiz; sob tal viés, quanto mais democráticas e coparticipativas as decisões, mais eficiente seria o sistema, ainda que para tanto se exigisse maior dispêndio de tempo, dinheiro e energias". FARIA, Márcio Carvalho. *A lealdade processual na prestação jurisdicional*: em busca de um modelo de juiz legal. São Paulo: Revista dos Tribunais, 2017, p. 317.
72. FRANCO, Fernão Borba. *Processo Administrativo*. São Paulo: Atlas, 2008, p. 41.
73. MARINONI, Luiz Guilherme; ARENHART, Sergio; MITIDIERO, Daniel. *Novo Código de Processo Civil comentado*. 3. ed. São Paulo: Revista dos Tribunais, 2017, p. 170
74. "Assim, se um processo judicial alcança a decisão de mérito, que passa a revestir-se da coisa julgada material, ele foi eficaz, porque a tanto se preordena a função judicial do Estado; todavia, se tal processo evolveu a dilação temporal muito

dispêndio de tempo[75] e de energia, sem descurar das garantias fundamentais

Nesse contexto, viola a eficiência processual o juiz que a) prolata sentença de mérito sem apreciar todos os pedidos formulados pelas partes; b) retarda injustificadamente a apreciação de requerimentos; c) deixa de seguir os padrões decisões de observância obrigatória, sem fazer eventual distinção[76]; d) não determina a suspensão do processo em situações de reconhecida prejudicialidade externa (art. 313, V, "a", do CPC/15) etc.

2.6. INCENTIVO À AUTOCOMPOSIÇÃO

Desde as Ordenações Afonsinas, Manuelinas e Filipinas, já se estimulava a conciliação das partes[77], o que também era incentivado nas Constituições de 1824 (art. 161), 1934 (art. 122, parágrafo único), 1937 (art. 18, "d"), 1946 (arts. 122 e 123) e 1967 (arts. 133 e 134).

---

alentada; se a decisão final não se revelou justa ou não veio fundamentada de modo consistente, ou, ainda, se o bem da vida reconhecida no julgado não vem efetivamente entregue à plena fruição do vencedor da causa, então esse processo não foi eficiente". MANCUSO, Rodolfo de Camargo. *Incidente de resolução de demandas repetitivas*: a luta contra dispersão da jurisprudência excessiva. São Paulo: Revista dos Tribunais, 2016, p. 75.

75. BARBOSA MOREIRA, José Carlos. Tendências na execução de sentenças e ordens judiciais. In: BARBORA MOREIRA, José Carlos. *Temas de direito processual*: quarta série. São Paulo: Saraiva, 1989, p. 215; CARNEIRO, Paulo Cezar Pinheiro. Comentários aos artigos 1 a 15. In: WAMBIER, Teresa Arruda Alvim; DIDIER JR., Fredie; TALAMINI, Eduardo; DANTAS, Bruno (Coords.). *Breves comentários ao novo código de processo civil*. São Paulo: Revista dos Tribunais, 2015, p. 77; CÂMARA, Alexandre Freitas. O direito à duração razoável do processo: entre eficiência e garantias. *Revista de Processo*. São Paulo: Revista dos Tribunais, nº 223, set./2013, p. 39-53.
76. CÂMARA, Alexandre Freitas. *Levando os padrões decisórios a sério*: formação e aplicação de precedentes e enunciados de súmula. São Paulo: Atlas, 2018, p. 350.
77. TAKAHASHI, Bruno. Entre a liberdade e a autoridade: os meios consensuais no novo Código de Processo Civil. *Revista de Processo*. São Paulo: Revista dos Tribunais, nº 264, fev./2017, p. 499-500.

Nesse singelo recuo histórico[78], vale lembrar do preâmbulo da Constituição Federal de 1988, que, embora não tenha força normativa[79], prevê expressamente que o Estado Democrático de Direito deve assegurar a igualdade e a justiça como valores supremos de uma sociedade fraterna, pluralista e sem preconceitos, fundada na harmonia social e comprometida com a "solução pacífica das controvérsias".

Especificamente no âmbito do CPC/15, compete ao juiz fomentar os métodos adequados de resolução de conflitos (arts. 3º, §§ 2º e 3º)[80]. Trata-se de comando imperativo, inserido no capítulo das normas fundamentais do processo civil[81], cuja

---

78. No CPC de 1939 (arts. 644 e 646, por exemplo) e no CPC de 1973 (arts. 125, IV, 331 e 448, por exemplo), a conciliação já era incentivada.

79. STF, ADI 2076/AC, Rel. Min. Carlos Velloso, Pleno, DJ 08.08.2003.

80. Para Marco Antonio Rodrigues, o legislador tratou dos meios adequados de resolução de conflitos (arbitragem, mediação e conciliação) no mesmo dispositivo legal, como forma de demonstrar sua igual dignidade enquanto mecanismos de pacificação social. RODRIGUES, Marco Antonio. *A Fazenda Pública no Processo Civil*. 2. ed. São Paulo: Atlas, 2016, p. 373.

81. O CPC/15 dedicou também um capítulo específico ao assunto ("Dos Conciliadores e Mediadores Judiciais" – arts. 165 a 175), disciplinando a) a obrigação dos tribunais de criarem centros judiciários de solução consensual de conflitos, responsáveis pela realização de sessões e audiências de conciliação e mediação e, ainda, pelo desenvolvimento de programas destinados a auxiliar, orientar e estimular a autocomposição (art. 165); b) os princípios da conciliação e da mediação (art. 166); c) o cadastro dos mediadores, dos conciliadores e das câmaras privadas no cadastro nacional e no cadastro dos tribunais (art. 167); d) a possibilidade de escolha do mediador, do conciliador ou da câmara privada (art. 168); e) a previsão de remuneração dos auxiliares da justiça e o rito a ser seguido em caso de impossibilidade temporária ou impedimento (arts. 169, 170, 171 e 172), disciplinando algumas restrições legais; f) as causas de exclusão do mediador e do conciliador (art. 173); g) a possibilidade dos entes públicos criarem câmaras de mediação e conciliação (174); e h) o incentivo à mediação e conciliação realizada de forma extrajudicial (art. 175). O código também previu uma audiência de mediação/conciliação na fase de conhecimento (art. 334), nas ações de família (art. 695) e em conflitos coletivos da posse (art. 565). Além disso, existem muitos outros dispositivos que comprovam esse estímulo à autocomposição (vide, por exemplo, art. 359).

ideologia está estampada ao longo de todo o código (ex: art. 139, V).[82]

Na mesma linha, a Lei nº 13.140/15 (Marco Legal da Mediação) reforça a transformação da cultura do litígio pela cultura do diálogo[83], disciplinando a mediação extrajudicial, a mediação judicial e a autocomposição no âmbito da Administração Pública.

Essa evolução normativa confirma a crescente valorização dos métodos adequados de resolução de conflitos e o maior engajamento da sociedade e da comunidade jurídica em geral, o que reflete, de certa forma, o que Mauro Cappelletti[84] já defendia há mais de duas décadas.

Nesse contexto, viola frontalmente a respectiva norma fundamental o juiz que, em ações de família – em que a audiência é obrigatória e deve ser realizada antes da contestação (art. 695) – determina a citação do réu, deixando de designar o ato processual.

---

82. Muitas das alterações do CPC/15 foram influenciadas pela Resolução nº 125/10, do Conselho Nacional de Justiça, que "dispõe sobre a Política Judiciária Nacional de tratamento adequado dos conflitos de interesses no âmbito do Poder Judiciário". Em linhas gerais, por força da referida Resolução, a) incumbe ao Poder Judiciário oferecer mecanismos de soluções de controvérsias (mediação e conciliação), orientando o cidadão (art. 1º, parágrafo único); b) compete ao CNJ organizar programas com o objetivo de promover ações de incentivo à autocomposição de litígios e à pacificação social por meio da conciliação e da mediação (art. 4º); e c) cabe aos tribunais criar Núcleos Permanentes de Métodos Consensuais de Solução de Conflitos (art. 7º) e Centros Judiciários de Solução de Conflitos e Cidadania (art. 8º), mantendo banco de dados atualizado com as atividades de cada centro (art. 13).

83. MAZZOLA, Marcelo. Mediação e Direito Intertemporal: duas leis em vacância e um convite à compatibilização. *Revista de Arbitragem e Mediação – RArb*. São Paulo: Revista dos Tribunais, nº 46, jul./set./2015, p. 210.

84. Para o jurista italiano, dever-se-ia fomentar a "justiça coexistencial", em desfavor da "justiça contenciosa", uma vez que a decisão adjudicada se revela muito lenta, formal, rígida e extremamente opressiva. CAPPELLETTI, Mauro. *Dimensioni Della Giustizia Nelle Società Contemporanee: studio di diritto giudiziario comparato*. Bologna: Il Mulino, 1994, p. 168-183.

O mesmo ocorre quando, no âmbito do procedimento comum, o juiz de deixa de designar a audiência de mediação e conciliação requerida na petição inicial (art. 334 do CPC/15), se limitando a ordenar a citação do demandado.

2.7. COOPERAÇÃO

Cooperação vem do verbo latino *cooperari* e traduz a ideia de trabalhar em conjunto, obrar simultaneamente para determinado fim.

No plano processual, é possível pensar na cooperação entre órgãos do Poder Judiciário[85], entre juiz e árbitro[86], entre juiz e partes[87], entre as próprias partes (ex: convenções processuais), além de outras situações.

O que interessa aqui é apenas a cooperação sob o prisma do juiz (art. 6º do CPC/15), a quem compete atuar e diligenciar para que se obtenha, em tempo razoável, decisão de mérito justa e efetiva.

Da cooperação decorrem alguns deveres para o juiz (esclarecimento, consulta, prevenção, auxílio e comprometimento), embora não haja consenso doutrinário no ponto.[88]

De qualquer modo, é possível destacar alguns atos judiciais omissivos que violam frontalmente o princípio da cooperação.

---

85. DIDIER JR., Fredie. *Cooperação Judiciária Nacional* – esboço de uma teoria para o Direito brasileiro (arts. 67-69, CPC). Salvador: JusPodivm, 2020.
86. MAZZOLA, Marcelo. É possível a realização de atos concertados entre o Judiciário e o Juízo Arbitral? Disponível em https://www.migalhas.com.br/depeso/293183/e-possivel-a-realizacao-de-atos-concertados-entre-o-judiciario-e-o-juizo-arbitral. Acesso em: 10.03.2023.
87. MITIDIERO, Daniel. *Colaboração no Processo Civil* – Pressupostos sociais, lógicos e éticos. 3. ed. São Paulo: Revista dos Tribunais, 2015.
88. Fredie Didier Jr., por exemplo, defende que não existe o dever de auxílio do juiz. Em nossa visão, porém, os 5 (cinco) deveres mencionados estão inseridos na atividade cooperativa do juiz. Para uma visão mais ampla do tema, ver MAZZOLA, Marcelo. *Tutela Jurisdicional Colaborativa*: a cooperação como fundamento autônomo de impugnação. Curitiba: CRV, 2017.

Por exemplo, quando o juiz a) indefere a petição inicial, sem apontar previamente o defeito e dar a oportunidade de o autor sanar o vício (art. 321 do CPC/15); e b) não franqueia a prévia manifestação das partes antes de decidir com base em fundamento inédito, ainda que se trate de matéria de ordem pública (art. 10), viola os deveres de esclarecimento e de consulta, vulnerando o princípio da cooperação.[89]

2.8. PRIMAZIA DE MÉRITO

A ideia de primazia de mérito[90] está intimamente ligada ao princípio da cooperação (em sua faceta dever de prevenção[91]) e pode ser extraída do art. 4º do CPC/15.

---

89. "De se notar que, sob o prisma da questão ora examinada, a efetividade do processo passa, necessariamente, pela presença de um juiz que não se limite a observar a atuação das partes, mas que com elas atue na construção do debate em sede de atividade processual executiva. O silêncio do juiz, em certas circunstâncias, leva não só ao esvaziamento do espírito colaboração com o qual se compromete o Código de Processo Civil, mas também ao insucesso do próprio debate processual, que corre o risco de se transformar em um ritual estéril". REICHELT, Luis Alberto. Colaboração, Solidariedade Social e Efetividade da Tutela Executiva *Stricto Sensu*. *Cadernos do PPG em Direito UFRGS*, Porto Alegre, v. 6, n. 7 e 8, p. 341-361, 2007. Disponível em file:///C:/Users/MSM/Downloads/51952-Texto%20do%20artigo-211650-1-10-20141128.pdf. Acesso em: 10.03.2023.
90. A expressão foi difundida por Fredie Didier Jr. em textos e palestras (http://www.frediedidier.com.br/editorial/editorial-53/), e abordada em DIDIER JR., Fredie. *Curso de Direito Processual Civil*. v. 1. 17. ed. Salvador: JusPodivm, 2015, p. 136-137. Para o doutrinador, "o órgão deve priorizar a decisão de mérito, tê-la como objetivo e fazer o possível para que ocorra. A demanda deve ser julgada – seja ela a demanda principal (veiculada pela petição inicial), seja um recurso, seja uma demanda incidental". Outros doutrinadores aderiram à formulação, como, por exemplo, CABRAL, Antonio do Passo. Comentários aos arts. 276-283. In: CABRAL, Antonio do Passo; CRAMER, Ronaldo (Coords.). *Comentários ao novo Código de Processo Civil*. 2. ed. Rio de Janeiro: Forense, 2016, p. 432-433; OLIVEIRA, Pedro Miranda de. O novo CPC e o princípio da primazia do julgamento do mérito recursal. *Revista Dialética de Direito Processual*. São Paulo: Dialética, nº 147, jun./2015, p. 93-110.
91. Comunga do mesmo entendimento Leonardo Carneiro da Cunha (Opinião 49 – Princípio da Primazia do Julgamento do Mérito). Disponível em

Em linhas gerais, a ideia é viabilizar, sempre que possível, a entrega da prestação jurisdicional e o julgamento da demanda, bem como afastar eventuais óbices e vícios processuais que comprometa a solução integral do mérito, incluindo a atividade satisfativa.

Essa preocupação do legislador em assegurar uma decisão de mérito, em prazo razoável, bem como a satisfação da execução, é externada em vários dispositivos do código.[92]

Com efeito, o objetivo do processo é solucionar o conflito[93] e a sentença que não julga o mérito "é frustrante e inócua"[94], assim como é ineficaz uma execução não satisfeita[95].

---

http://www.leonardocarneirodacunha.com.br/opiniao/opiniao-49-principio--da-primazia-do-julgamento-do-merito/. Acesso em: 10.03.2023.

92. Arts. 64, § 4º, 76, 139, IX, 282, *caput*, §§ 1º e 2º, 186, § 2º, 303, § 6º, 317, 319, §§ 2º e 3º, 321, 329, II, 331, 338, 339, 352, 485, § 7º, 488, 700, § 5º, 775, parágrafo único, II, 932, parágrafo único, 938, §§ 1º e 2º, 968, § 5º, 972, 1.007, §§ 2º, 4º, 6º e 7º, 1.013, § 3º, incisos I a IV, § 4º, 1.017, § 3º, 1.024, § 5º, 1.027, § 2º, 1.029, § 3º, 1.031, §§ 2º e 3º, 1.032, *caput* e parágrafo único, 1.033, 1.041, § 2º, e 1.044, § 2º.

93. De acordo com Luís Alberto Reichelt, "o juiz deve sempre privilegiar a interpretação e a aplicação de normas que caminharem no sentido de assegurar a máxima amplitude de possibilidades de a atividade jurisdicional ser vista como meio hábil para o enfrentamento da lesão ou ameaça a direito. (...) deve ser preferida a exegese do texto legal na qual se possa vislumbrar a existência de um caminho livre de barreiras em favor daquele que busca proteção constitucional". REICHELT, Luís Alberto. O direito fundamental à inafastabilidade do controle jurisdicional e sua densificação no novo CPC. *Revista de Processo*. São Paulo: Revista dos Tribunais, nº. 258, ago./2016, p. 48-49.

94. ARRUDA ALVIM, Teresa. Prefácio. In: TESHEINER, José Maria Rosa, THAMAY Rennan Faria Krüger. *Pressupostos Processuais e nulidades no novo processo civil*. Rio de Janeiro: Forense, 2015. Para Antonio do Passo Cabral, a primazia de mérito preza a "solução do conflito em torno do direito material, evitando decisões de natureza procedimental que não contribuam para resolver o litígio". CABRAL, Antonio do Passo. *Juiz natural e eficiência processual:* flexibilização, delegação e coordenação de competências no processo civil. Tese apresentada no concurso de provas e títulos para provimento do cargo de Professor Titular de Direito Processual Civil da Faculdade de Direito da Universidade do Estado do Rio de Janeiro, Rio de Janeiro, 2017, p. 425-426.

95. LEMOS, Vinícius Silva. A concessão de medidas atípicas de efetividade de ordem judicial e o necessário diálogo com as normas fundamentais do CPC/15.

Sob essa ótica, quando o julgador, por exemplo, nega seguimento a agravo de instrumento por ausência de comprovação do recolhimento do preparo, sem intimar previamente o recorrente para sanar o vício (arts. 932, parágrafo único, e 1.007, § 4º, do CPC/15)[96]; e deixa de determinar o "suprimento de pressupostos processuais e o saneamento de outros vícios processuais" (art. 139, IX, do CPC/15), extinguindo o feito sem resolução de mérito, viola o princípio da primazia de mérito.

In: DIDIER JR., Fredie (Coord. geral); TALAMINI, Eduardo; MINAMI, Marcos Youji (Coords.). *Medidas Executivas Atípicas* – Coleção Grandes temas do Novo CPC. Salvador: JusPodivm, 2018, p. 485-487.

96. "O art. 1.007, § 4º, do CPC/2015 abrange as hipóteses em que o recorrente (I) não recolheu o preparo; (II) recolheu, mas não comprovou no ato de interposição; e (III) recolheu e tentou comprovar no ato de interposição, mas o fez de forma equivocada. Em todas essas situações, o recorrente deverá ser intimado para realizar o recolhimento em dobro, sob pena de deserção. Nas duas últimas hipóteses, ou se comprova o preparo já pago e o recolhe mais uma vez, ou se recolhe o valor em dobro, se assim preferir o recorrente". STJ, REsp 1.996.415/MG, Rel. Min. Nancy Andrighi, Terceira Turma, DJ e 21.10.2022.

3. Atividade jurisdicional e silêncio do juiz no processo civil

3.1. APROXIMAÇÃO AO TEMA

Como já mencionado, durante o exercício da função jurisdicional, os juízes praticam atos comissivos e atos omissivos. Os atos comissivos são bem definidos no CPC/15, sendo certo que toda a estrutura recursal é desenvolvida a partir da noção dos atos comissivos.

Por outro lado, em relação às condutas judiciais omissivas, fora algumas previsões esparsas no código, não há maior preocupação do legislador em distingui-las e sistematizá-las. Em âmbito doutrinário[1] e jurisprudencial[2], o silêncio do juiz

---

1. "A partir do momento em que a parte, por algumas vezes, pede a prestação jurisdicional aguardando prazo razoável de tempo, e o Poder Judiciário mantém-se silente, teremos a omissão judicial". ANDRADE, Juliana Melazzi. *Justiciabilidade e não decisão*: quando o Poder Judiciário não deve decidir. Dissertação apresentada ao Programa de Pós-graduação da Faculdade do Estado do Rio de Janeiro como requisito parcial para a obtenção do grau de Mestre em Direito. Área de concentração: Direito Processual Civil, 2023, p. 146.
2. "No particular, verifica-se que o acórdão proferido pelo TJ/PI conheceu de agravo de instrumento interposto em face de omissão do juiz condutor do processo, o qual, até a data do julgamento da irresignação, não havia se manifestado sobre pedido de tutela de urgência formulado pelo requerido". STJ, TP 4.415/PI, Rel. Min. Nancy Andrighi, decisão monocrática proferida em 09.03.2023.

costuma ser tratado genericamente como "omissão", mesmo quando a hipótese é de inércia do magistrado.

Feito esse recorte[3], a ideia é apresentar uma proposta de classificação do silêncio do juiz, ainda que a iniciativa revele certa dose de ousadia.[4] A compreensão será importante para a sistematização dos respectivos meios de impugnação (tema do último capítulo).

3.2. PROPOSTA DE CLASSIFICAÇÃO DO SILÊNCIO DO JUIZ

Antes de avançar, é preciso resgatar a premissa de que o silêncio do juiz é o gênero. Desse gênero, podem ser extraídas três espécies: a inércia, a omissão *stricto sensu* e a inobservância. Essas três figuras são juridicamente relevantes, causam prejuízos às partes e ao processo, e pressupõem a violação de deveres por parte do juiz.

3.2.1. Inércia

A inércia é uma inatividade, um não fazer, um não agir. É um ato imaterial. Nela, não existem razões externadas ou explicitadas.

A configuração da inércia exige, a rigor, uma atividade de certificação, que perpassa pela análise da natureza e da comple-

3. Como destaca Umberto Eco, "quanto mais se restringe o campo, melhor e com mais segurança se trabalha". ECO, Umberto. *Como se faz uma tese*. Trad. Gilson Cesar Cardoso. 24. ed. São Paulo: Perspectiva, 2012, p. 10. No mesmo sentido: "o tema levado ao máximo de redução permite uma concentração da pesquisa e um aprofundamento de seu conteúdo". NUNES, Luiz Antônio Rizzato. *Manual da monografia jurídica*. Como se faz: uma monografia, uma dissertação, uma tese. São Paulo: Saraiva, 1997, p. 8.

4. "Há autores que fogem dos temas polêmicos e fundamentais, com medo de errar e com receio de não conseguir se aprofundar. Invariavelmente não erram, nem acertam, nem agregam. Limitando-se a repetir o que já foi dito, eles nada acrescentam ao patrimônio cultural preexistente – são simples ecos do Direito e da doutrina". ÁVILA, Humberto. Prefácio. In: DIDIER JR., Fredie. *Sobre a Teoria Geral do Processo, essa desconhecida*. 5. ed. Salvador, JusPodivm, 2020, p. 26.

xidade do ato não realizado pelo juiz, da existência de prazos legais definidos, do tempo de inatividade, do comportamento da parte etc. Ou seja, a inércia não é algo que se constata de modo automático. Tampouco pode-se atribuir aprioristicamente ao juiz a responsabilidade por eventual demora.

Na inércia, há a paralisação injustificada do feito ou uma interrupção ilegítima na atividade judicante. São situações que estão inexoravelmente ligadas ao processamento e à condução do caso pelo juiz, e não ao conteúdo das decisões proferidas.

Em termos práticos, a inércia judicial censurável é aquela "particularmente significativa"[5], que evidencia um "desvio funcional" ilegítimo e a "incompatibilidade objetiva e temporal do não agir".[6]

Alguns exemplos podem ajudar a ilustrar as situações de inércia. É o que ocorre quando o juiz a) se recusa a apreciar o pedido de tutela provisória, deixando a petição inicial parada no gabinete; b) não expede mandado de levantamento em favor da parte interessada depois do trânsito em julgado, impedindo o encerramento do caso; c) se abstém de determinar a remessa dos autos ao tribunal para julgamento de apelação interposta contra a sentença (vale lembrar que, em casos de condenação contra a Fazenda Pública, mesmo que não haja apelação do ente público, o juiz deve ordenar a remessa dos autos ao tribunal por força da remessa necessária – art. 496, § 1º, do CPC/15); d) retém os autos indevidamente para impedir o julgamento do incidente de suspeição/impedimento, entre outras inações ilegítimas.

---

5. CABRAL, Antonio do Passo. *Nulidades no processo moderno*: contraditório, proteção da confiança e validade *prima facie* dos atos processuais. Rio de Janeiro: Forense, 2009, p. 324 e 325.

6. EID, Elie Pierre. *Impugnação das decisões judiciais* – reconstrução da relação entre recursos e ações autônomas de impugnação. São Paulo: JusPodivm, 2022, p. 348 e seguintes.

Importante registrar que não cabe recurso em situações de inércia. Como não há decisão, não há o que se impugnar.[7] Não se recorre de um não ato.[8] Nesse contexto, não cabe agravo de instrumento para combater a demora do juiz em decidir um pedido de tutela provisória.[9] O próprio caput do art. 1.015 do CPC/15 estabelece que "cabe agravo de instrumento *contra as decisões interlocutórias* que versarem (...)", ou seja, o ataque deve ser à decisão.

Note-se que uma coisa é o juiz postergar o exame do pedido de tutela *inaudita altera parte* para depois da contestação (existe aí uma decisão – um ato comissivo), o que, inclusive, pode ser entendido como indeferimento do requerimento (abordaremos

---

7. No mesmo sentido, ver CÂMARA, Alexandre Freitas. *O novo processo civil brasileiro*. 7. ed. rev. e atual., São Paulo: Atlas, 2021, p. 290.

8. Em sentido contrário, defendendo o cabimento do agravo de instrumento mesmo quando o juiz não aprecia o pedido de tutela provisória (deixa de proferir qualquer decisão), ver GODINHO, Robson Renault. Comentários ao art. 298. In: CABRAL, Antonio do Passo; CRAMER, Ronaldo (coord.). *Comentários ao novo código de processo civil*, 2. ed. rev., atual. e ampl., Rio de Janeiro: Forense, 2016, p. 469.

9. "Diante da ausência de apreciação do pedido que formulara, o requerido intentou o recurso precipitado. Tal situação, ao menos em juízo perfunctório, caracteriza a teratologia do acórdão combatido, circunstância que autoriza esta Corte a examinar o pedido de atribuição de efeito suspensivo. De fato, o caput do art. 1.015 do CPC/15 estabelece que o recurso de agravo de instrumento somente pode ser interposto contra decisões interlocutórias, não havendo previsão legal de seu cabimento em face da inércia do juízo a quo. Veja-se que não se trata de recurso interposto contra pronunciamento judicial que posterga a análise do pedido de tutela de urgência; ou, ainda, contra decisão que deixa de examinar alguns dos pedidos deduzidos pela parte. Ao contrário, a hipótese dos autos versa sobre a total ausência de manifestação do juízo sobre o conteúdo da petição protocolada pelo requerido". STJ, TP 4.415/PI, Rel. Min. Nancy Andrighi, decisão monocrática proferida em 09.03.2023. Vide também TJ/BA, AI nº 8000063-97.2025.8.05.0000, Des. Zandra Anunciação Alvarez Parada, decisão proferida em 03.01.2025: "No caso em tela, o agravante se insurge contra suposta omissão judicial, o que não se enquadra no conceito de decisão interlocutória, tampouco nas hipóteses taxativas previstas no mencionado dispositivo legal. Sobre a matéria coleciono lição de Marcelo Mazzola (...)".

a questão no item 5.2.2.3). Outra coisa é ele simplesmente não decidir. Não concordamos com a ideia de decisão por omissão ou de ato omissivo indeferitório.[10] Retornaremos ao tema no item 4.6 (preclusão para o juiz) e no item 4.7 quando tratarmos dos atos estimulantes e dos atos determinantes.[11]

3.2.2. Omissão *stricto sensu*

De um modo geral, a omissão *stricto sensu* se materializa quando o "ato judicial diz menos do que deveria dizer".[12] A omissão pode estar localizada no relatório, na fundamentação ou na parte dispositiva da decisão. Diferentemente da inércia, a omissão deve ser examinada no contexto de um pronunciamento judicial. Há, a rigor, um déficit apreciativo relacionado ao conteúdo da decisão.

É o que ocorre, por exemplo, quando o juiz não aprecia na sentença um dos pedidos formulados pela parte na petição inicial (sentença *citra petita* - arts. 141 e 492 do CPC/15)[13]. Nessa hipótese específica, a decisão não precisa ser invalidada,

---

10. PASSONI, Marcos Paulo. A continuada inação judicial equivale a ato omissivo recorrível. *Revista de Processo*, vol. 184, jun./2010, p. 291-308.
11. GOLDSCHMIDT, James Paul. Zivilprozessrecht. Neudruck der 2 Auflage. Berlin: Scientia Verlag Aalen, 1969. Versão traduzida: GOLDSCHMIDT, James. *Direito Processual Civil*. t. 1. Trad. Lisa Pary Scarpa. Campinas: Bookseller, 2003.
12. MAZZEI, Rodrigo. Honorários de advogado judiciais: alguns problemas de fixação sem fundamentação (omissão de motivação decisória) na perspectiva do CPC/15. In: DIDIER JR., Fredie (Coord. geral); COÊLHO, Marcus Vinícius Furtado; CAMARGO, Luiz Henrique Volpe (Coords.). *Honorários Advocatícios* – coleção Grande Temas do Novo CPC. 3. ed. Salvador: JusPodivm, 2019, p. 392.
13. "Citra petita (ou infra petita) é a decisão que deixa de analisar (i) pedido formulado, (ii) fundamento de fato ou de direito trazidos pela parte ou (iii) pedido formulado por ou em face de determinado sujeito do processo". DIDIER JR., Fredie; BRAGA, Paula Sarno; OLIVEIRA, Rafael de Alexandria. *Curso de Direito Processual Civil*. v. 2. 17. ed. São Paulo: JusPodivm, 2022, p. 499-500.

devendo apenas ser integrada, pois não há vício naquilo que não existe[14].

Também há omissão quando o julgador não fundamenta adequadamente a decisão (art. 489, § 1º, do CPC/15), isto é, não examina "algum fundamento, argumento ou questão que tem aptidão de influenciar no julgamento do pedido (questão incidente), que efetivamente ocorreu".[15]

Quanto a esse último aspecto, vale lembrar que, de acordo com art. 489, § 1º, não se considera fundamentada qualquer decisão, seja ela decisão interlocutória, sentença ou acórdão, que: a) se limitar à indicação, à reprodução ou à paráfrase de ato normativo, sem explicar sua relação com a causa ou a questão decidida; b) empregar conceitos jurídicos indeterminados, sem explicar o motivo concreto de sua incidência no caso; c) invocar motivos que se prestariam a justificar qualquer outra decisão; d) não enfrentar todos os argumentos deduzidos no processo capazes de, em tese, infirmar a conclusão adotada pelo julgador; e) se limitar a invocar precedente ou enunciado de súmula, sem identificar seus fundamentos determinantes nem demonstrar que o caso sob julgamento se ajusta àqueles fundamentos; e f) deixar de seguir enunciado de súmula, jurisprudência ou precedente invocado pela parte, sem demonstrar a existência de distinção no caso em julgamento ou a superação do entendimento.

O código prevê expressamente que se considera *omissa* a decisão que incorrer "em qualquer das condutas descritas art. 489, § 1º", bem como deixar de "se manifestar sobre tese firmada

---

14. BARBOSA MOREIRA, José Carlos. Item do pedido sobre o qual não houve decisão. *Temas de Direito Processual*: segunda série. São Paulo: Revista dos Tribunais, 1980, p. 247; CAMARGO, Luiz Henrique Volpe. O trânsito em julgado da decisão omissa em fixar honorários advocatícios: o que fazer? In: DIDIER JR., Fredie (Coord. geral); COÊLHO, Marcus Vinícius Furtado; CAMARGO, Luiz Henrique Volpe (Coords.). *Honorários Advocatícios* – coleção Grande Temas do Novo CPC. 3. ed. Salvador: JusPodivm, 2019, p. 392.
15. DIDIER JR., Fredie. *Sobre a teoria geral do processo* – essa desconhecida. 5. ed. Salvador: JusPodivm, 2020, p. 140.

em julgamento de casos repetitivos ou em incidente de assunção de competência aplicável ao caso sob julgamento" (art. 1.022, parágrafo único, I e II). Também há omissão quando o juiz deixa de apreciar questão sobre a qual deveria se pronunciar de ofício, como a prescrição e decadência (art. 1.022, II, do CPC/15).

Na mesma toada, é omissa a decisão que não "justifica o objeto e os critérios de ponderação do conflito entre normas"[16] (art. 489, § 2º, do CPC/15) e o acórdão que, "embora convergente na conclusão, deixa de declarar os fundamentos divergentes"[17] (arts. 941, caput e § 3º c/c 1.022 do CPC/15).

Afirma-se, ainda, que o art. 20 da Lei de Introdução às Normas do Direito Brasileiro é uma "regra de densificação do dever de motivar as decisões" e que sua relevância não está apenas na parte em que ele exige que as consequências sejam consideradas, "como também na parte em que ele exige que o julgador explicite, na fundamentação, o caminho que seu raciocínio trilhou para chegar até elas"[18].

---

16. Enunciado 562 do FPPC: "Considera-se omissa a decisão que não justifica o objeto e os critérios de ponderação do conflito entre normas".
17. Enunciado 598 do FPPC: "Cabem embargos de declaração para suprir a omissão do acórdão que, embora convergente na conclusão, deixe de declarar os fundamentos divergentes".
18. DIDIER JR., Fredie; OLIVEIRA, Rafael de Alexandria. Dever judicial de considerar as consequências práticas da decisão: interpretando o art. 20 da Lei de Introdução às Normas do Direito Brasileiro. *Revista de Direito Administrativo e Constitucional*. Belo Horizonte: Fórum, ano 19, jan./mar. 2019, p. 143-160. Para os doutrinadores, o "que o art. 20 da LINDB faz é acrescentar mais uma regra específica de fundamentação decisória, ao exigir que a incidência do conceito jurídico indeterminado não apenas esteja demonstrada no caso concreto como também que fique claro que o julgador considerou as consequências práticas decorrentes de cada um dos sentidos possíveis e que avaliou as consequências à luz da proporcionalidade". Ou seja, o art. 20 da LINDB funcionaria como mais um parágrafo do art. 489 do CPC.

Em todas essas situações de omissão *stricto sensu*, os embargos de declaração servem para compelir o julgador a "suprir omissão de ponto ou questão sobre o qual devia se pronunciar o juiz de ofício ou a requerimento" (art. 1.022, II).

Quanto à classificação das omissões, a doutrina costuma fazer referência à sistematização explorada por Pontes de Miranda[19], que as divide em dois grupos: omissão ontológica e omissão relacional.[20] Tal critério perpassa por identificar a parte da decisão que contém a omissão. A omissão ontológica ocorreria "quando o ato judicial decisório tiver fundamento e dispositivo, mas deixar de abordar ponto(s) relevante(s)", enquanto a omissão relacional se materializaria "quando a questão é tratada, mas falta-lhe a respectiva correspondência formal à direção adotada" (ex: quando o juiz arbitra os honorários por equidade, mas não fundamenta como chegou ao respectivo montante).[21] Enquanto a omissão ontológica estaria ligada diretamente ao princípio da inafastabilidade da jurisdição (art. 5º, XXXV, da CF), a omissão relacional se conectaria ao dever de fundamentação da decisão judicial (art. 93, IX, da CF).

---

19. MIRANDA, Pontes de. *Comentários ao Código de Processo Civil*. v. 7. Rio de Janeiro: Forense, 1975, p. 416.
20. SOUZA, Ivan Campos de. *O problema da função processual dos embargos de declaração*. Recife: Imprensa Industrial, 1956, p. 119.
21. MAZZEI, Rodrigo. Honorários de advogado judiciais: alguns problemas de fixação sem fundamentação (omissão de motivação decisória) na perspectiva do CPC/15. In: DIDIER JR., Fredie (Coord. geral); COÊLHO, Marcus Vinícius Furtado; CAMARGO, Luiz Henrique Volpe (Coords.). *Honorários Advocatícios* – coleção Grande Temas do Novo CPC. 3. ed. Salvador: JusPodivm, 2019, p. 394-397. Para o doutrinador, toda e qualquer omissão "deve ser inexoravelmente ontológica", a partir da noção de que a ontologia é a parte da filosofia que trata do ser enquanto ser. Na percepção de Mazzei, tudo que é ontológico está vinculado necessariamente ao conceito de essência do objeto analisado. De qualquer modo, ele opta por manter a classificação em seu trabalho, em razão da "vinculação com trabalhos clássicos".

Há também quem distinga a omissão total da omissão parcial. De acordo com Vallisney de Souza Oliveira, na omissão total existe "clara e verdadeira transgressão ao princípio da indeclinabilidade da jurisdição, pelo fato de que nenhum pronunciamento foi exarado". Já na omissão parcial, haveria "jurisdição deficiente e negação parcial do poder judicial de decidir".[22]

Rodrigo Mazzei acrescenta, ainda, a diferenciação entre omissões direta e indireta. Em sua visão, a omissão direta "ocorre quando a decisão judicial deixa de deliberar acerca de questão relevante trazida para debate pelas partes", enquanto a omissão indireta surgirá "quando o ato judicial deixar de se pronunciar sobre questão que, embora não tenha sido suscitada pelo interessado, deveria ter sido resolvida de ofício pelo julgador, eis que independente de provocação das partes".[23]

Interessante observar que, diferentemente do CPC/73 (que não previa expressamente o cabimento de embargos de declaração para sanar omissão que o julgador deveria conhecer de ofício), o CPC/15 prevê o cabimento do recurso para suprir omissão "sobre ponto ou questão sobre o qual devia se pronunciar o juiz *de ofício* ou a requerimento" (art. 1.022, II). Ou seja, código passou a reconhecer a pertinência dos embargos de declaração em situações de omissões "indireta".

3.2.3. Inobservância

A inobservância está atrelada diretamente a um pronunciamento jurisdicional. Assim como ocorre na omissão *stricto sensu*, a inobservância se projeta em um ato material, isto é, no contexto de uma decisão.

---

22. OLIVEIRA, Vallisney de Souza. *Nulidade da sentença e o princípio da congruência*. São Paulo: Saraiva, 2004, p. 270.
23. MAZZEI, Rodrigo. *Embargos de Declaração* – recurso de saneamento com função constitucional. Londrina: Thoth, 2021, p. 299.

Porém, diferentemente da omissão, não se trata da ausência de enfrentamento de um pedido ou da não apreciação de argumento/questão/fundamento (uma prestação jurisdicional incompleta), mas sim – como o próprio nome diz – da não observância, pelo juiz, de norma processual cogente ligada ao procedimento (mais especificamente de um consequente procedimental da respectiva norma). Na prática, o *error in procedendo* se infere a partir do próprio pronunciamento judicial.

Nesse contexto, se o juiz deixa de examinar a incompetência absoluta do juízo (suscitada pelas partes ou mesmo de ofício), o que se tem é uma omissão em sentido estrito. Mas se o juiz acolhe a alegação de incompetência absoluta e julga extinto o feito, ao invés de determinar a remessa dos autos ao Juízo competente (art. 64, § 3º, do CPC), a hipótese é de inobservância. É o que acontece também quando o julgador aplica desde logo a pena de deserção, ignorando a necessidade de prévia intimação do recorrente para recolhimento das custas em dobro (art. 1007, § 4º, do CPC).

Nas situações de inobservância, o ato omissivo está encapsulado no pronunciamento jurisdicional, uma vez que o juiz se pronuncia sobre determinado tema, *mas ignora a respectiva norma processual cogente ligada ao procedimento*. Além dos exemplos já mencionados, caracteriza-se a inobservância quando o juiz a) recebe o incidente de desconsideração da personalidade jurídica, mas deixa de ordenar a citação do sócio ou da empresa (art. 135 do CPC/15); ou declara a fraude à execução sem intimar previamente o terceiro adquirente (art. 792, § 4º, do CPC/15 – em ambas as situações, viola-se dever de assegurar o contraditório); b) indefere automaticamente a petição inicial, sem franquear ao autor a oportunidade de emendá-la (art. 321 do CPC/15 – violação do dever de cooperação); c) determina a citação do réu em ação de família, deixando de designar a audiência de mediação (art. 695 do CPC/15 – violação do dever de promover a autocomposição); d) manda citar o réu, mas deixa de determinar a intimação do autor para requerer a citação de litisconsorte passivo necessário (art. 115, parágrafo único, do CPC/15 – violação do dever de zelar pela duração razoável do processo[24]); e) não acolhe a competência declinada e deixa de suscitar o conflito (negativo) de competência, salvo se a atribuir a outro juízo (art. 66, parágrafo único, do CPC/15), entre outras situações.

Importante destacar que não se coloca dentro do guarda-chuva da inobservância judicial as situações em que o magistrado interpreta a norma processual cogente ligada ao procedimento, afastando-a de forma fundamentada (independentemente se bem ou mal). Em tais situações, trata-se de um ato preponderantemente comissivo.

Para que essa diferenciação fique bem clara, vale mencionar algumas situações em que a norma procedimental cogente é relativizada em virtude da interpretação a ela conferida (como dito, não importa analisar o acerto ou desacerto do entendimento exarado). Nessas hipóteses, e em respeito à classificação aqui proposta, não se poderia falar em inobservância judicial.

Por exemplo, de acordo com o art. 313, V, "a", do CPC/15, suspende-se o processo quando a sentença de mérito depender do julgamento de outra causa ou da declaração de existência ou de inexistência de relação jurídica que constitua o objeto principal de outro processo pendente. Nessa hipótese, o prazo de suspensão, de acordo com a lei, nunca poderá exceder 1 (um) ano (art. 313, § 6º). Todavia, em demandas específicas, sobretudo no campo da propriedade industrial, alguns juízes autorizam a suspensão do processo por prazo superior a 1 (um) ano, invocando entendimento do STJ no sentido de que, "se a suspensão é recomendável, em razão do vínculo de subordinação lógica

---

24. Isso porque, "a sentença de mérito, quando proferida sem a integração do contraditório, será nula, se a decisão deveria ser uniforme em relação a todos que deveriam ter integrado o processo" – vide art. 115, I, do CPC/15.

entre as causas pendentes, convém esperar pelo tempo que for necessário, desde que razoável, a decisão da causa prejudicial",[25] a fim de evitar a prolação de decisões conflitantes e resguardar a segurança jurídica.

É o que acontece também em relação à ordem de suspensão dos processos em tramitação, nos quais se discute o tema afetado pelo regime de repercussão geral ou pela sistemática dos recursos repetitivos. Como se sabe, o código prevê expressamente que o relator "*determinará a suspensão* do processamento de todos os processos pendentes, individuais ou coletivos, que versem sobre a questão e tramitem no território nacional" (arts. 1.035, § 5º, e 1.037, II, do CPC/15). Trata-se de comando imperativo, que está em sintonia com a própria exposição de motivos do CPC/15.[26]

Porém, os tribunais superiores (e a mesma lógica serve para os tribunais locais em decisões de afetação de IRDR, por exemplo) passaram a entender que a suspensão não é automática[27], sendo possível a sua modulação de acordo com o tema

25. STJ, AgInt no AREsp 837.630/SP, Rel. Min. Marco Aurélio Bellizze, rel. para acórdão Min. Nancy Andrighi, Terceira Turma, DJe 14.11.2016.
26. "Criaram-se figuras, no novo CPC, para evitar a dispersão excessiva da jurisprudência. Com isso, haverá condições de se atenuar o assoberbamento de trabalho no Poder Judiciário, sem comprometer a qualidade da prestação jurisdicional. Dentre esses instrumentos, está a complementação e o reforço da eficiência do regime de julgamento de recursos repetitivos, que agora abrange a possibilidade de suspensão do procedimento das demais ações, tanto no juízo de primeiro grau, quanto dos demais recursos extraordinários ou especiais, que estejam tramitando nos tribunais superiores, aguardando julgamento, desatreladamente dos afetados". Exposição de motivos do CPC/15. Disponível em https://www.verbojuridico.com.br/vademecum/CPC_EXPOSICAO_DE_MOTIVOS.pdf. Acesso em: 10.03.2023.
27. "O Tribunal, por maioria e nos termos do voto do Relator, ora reajustado, resolveu questão de ordem no sentido de que: "a) a suspensão de processamento prevista no § 5º do art. 1.035 do CPC não consiste em consequência automática e necessária do reconhecimento da repercussão geral realizada com fulcro no *caput* do mesmo dispositivo, sendo da discricionariedade do relator do recurso extraordinário paradigma determiná-la ou modulá-la". STF, Questão de Ordem no RE 966.177, Rel. Min. Luiz Fux, Plenário, julgamento em 07.06.2017. Sobre o tema, vale destacar o art. 25 e respectivos parágrafos da

afetado[28], inclusive à luz dos princípios da duração razoável e da eficiência processual.

No STJ, cabe referenciar alguns casos. Nos recursos especiais 1.696.396 e 1.704.520/MT julgados sob a sistemática dos repetitivos (tema 988 – "definir a natureza do rol do art. 1015 do CPC/2015 e verificar possibilidade de sua interpretação extensiva"), os ministros da corte especial, na decisão de afetação, decidiram não suspender "o processamento dos recursos de agravo de instrumento que versem sobre idêntica questão em tramitação no território nacional".[29]

De igual forma, nos recursos especiais repetitivos 1.822.171/PR e 1.812.301/PR (em que se discutia a possibilidade de fixação de honorários advocatícios com fundamento em juízo de equidade, nos termos do art. 85, §§ 2º e 8º, do CPC/15), a segunda seção decidiu não sobrestar o andamento de recursos versando sobre a mesma controvérsia.[30]

Recomendação 134/22 do CNJ (dispõe sobre o tratamento dos precedentes no Direito brasileiro): Art. 25. A suspensão dos processos pendentes é elemento extremamente importante dentro da lógica do funcionamento e dos resultados pretendidos, sob o prisma do sistema dos julgamentos de questões comuns ou repetitivas, especialmente no que diz respeito à economia processual e, consequentemente, da própria duração razoável dos processos. § 1º A concepção global e a regra geral não devem ser inflexíveis, a ponto de tornar-se inadequado o mecanismo processual, ou os seus efeitos, para determinadas situações. § 2º A suspensão poderá, a juízo do tribunal, em caráter excepcional, não ocorrer ou ser limitada.

28. "(...) essa suspensão deve se dar levando em conta a própria matéria que constitui objeto do recurso extraordinário. Assim, por exemplo, se o recurso extraordinário versar sobre questão que diga respeito à atividade executiva, não faria qualquer sentido em suspender processos que estejam na fase de conhecimento. Do mesmo modo, se o recurso extraordinário versa sobre o mérito do processo cognitivo, não faria sentido suspender execuções fundadas em decisões já transitadas em julgado". CÂMARA, Alexandre Freitas. *Manual de Direito Processual Civil*. Barueri: Atlas, 2022, p. 960.

29. STJ, ProAfR no REsp 1696396/MT e ProAfR no REsp 1.704.520/MT, Rel. Min. Nancy Andrighi, Corte Especial, DJe 28.02.2018.

30. STJ, ProAfR no REsp 1822171 e ProAfR no REsp 1812301/SC, Rel. Min. Nancy Andrighi, Rel. para acórdão Min. Raul Araujo, Segunda Seção, DJe 26.03.2020.

Nesse particular, vale mencionar, ainda, o Incidente de Assunção de Competência nº 15 no Conflito de Competência 170.051/RS[31] – instaurado com base no art. 947, § 4º, do CPC/15 (prevenção ou composição de divergência entre câmaras ou turmas do tribunal) –, que poderia ter sido processado sob a sistemática dos repetitivos, uma vez que a própria decisão de afetação aponta:

> O Conselho Nacional de Justiça registra que são em torno de um milhão e meio de processos em trâmite, o que tem proporcionado significativas discussões no âmbito jurídico, potencialmente capazes de originar milhares de conflitos de competência dirigidos ao STJ (...) bem como é inegável o reconhecimento de grande repercussão social do tema, por envolver milhares de processos em tal situação e que tratam de temas sensíveis à sociedade, tais como as causas previdenciárias".

De forma resumida, a discussão envolvia a competência entre a Justiça Federal e a Justiça Estadual para julgar ação previdenciária. No decorrer do feito, o Juízo Estadual, com base nos artigos 3º e 5º da Lei 13.876/2019 (que alterou o processamento das hipóteses de competência delegada), consignou que havia vara da Justiça Federal na cidade de Porto Alegre, localizada a 30 quilômetros da cidade de Guaíba, onde o autor tinha domicílio. Todavia, ao receber os autos, o Juízo Federal suscitou conflito negativo de competência, invocando o art. 4º da Resolução 603/2019 do Conselho da Justiça Federal, que prevê que as ações

31. STJ, IAC nº 15 no CC 170.051/RS, Min. Rel. Mauro Campbell Marques, Primeira Seção, DJe 04.22.2021. Tema/IAC 6, tese firmada: "Os efeitos da Lei nº 13.876/2019 na modificação de competência para o processamento e julgamento dos processos que tramitam na Justiça Estadual no exercício da competência federal delegada insculpido no art. 109, § 3º, da Constituição Federal, após as alterações promovidas pela Emenda Constitucional 103, de 12 de novembro de 2019, aplicar-se-ão aos feitos ajuizados após 1º de janeiro de 2020. As ações, em fase de conhecimento ou de execução, ajuizadas anteriormente a essa data, continuarão a ser processadas e julgadas no juízo estadual, nos termos em que previsto pelo § 3º do art. 109 da Constituição Federal, pelo inciso III do art. 15 da Lei n. 5.010, de 30 de maio de 1965, em sua redação original".

em fase de conhecimento ou execução, ajuizadas anteriormente a 1º de janeiro de 2020, continuarão a ser processadas e julgadas no juízo estadual, "nos termos em que previsto pelo § 3º do art. 109 da Constituição Federal, pelo inciso III do art. 15 da Lei n. 5.010, de 30 de maio de 1965, em sua redação original, e pelo art. 43 do Código de Processo Civil".

Em outras palavras, a controvérsia residia em saber se, à luz do mosaico normativo, deveria ser determinada (ou não) a imediata remessa dos processos ajuizados em tramitação na Justiça Estadual - no exercício da jurisdição federal delegada - para a Justiça Federal. Em decisão liminar, o Ministro Mauro Campbell impediu a "redistribuição de processos pela Justiça Estadual para a Justiça Federal, até o julgamento definitivo do Incidente de Assunção de Competência no Conflito de Competência". Ademais, ao invés de determinar a suspensão de todos os processos em que se discutia o tema, estabeleceu que os "processos ajuizados em tramitação no âmbito da Justiça Estadual, no exercício da jurisdição federal delegada, deverão ter regular tramitação e julgamento, independentemente do julgamento do IAC".[32]

Em todos esses casos apreciados pelo STJ, não houve a suspensão dos casos em tramitação (o que, em princípio, violaria norma processual cogente ligada ao procedimento), diante da interpretação conferida ao texto legal e em razão dos valores constitucionais em jogo (ex: duração razoável do processo e eficiência x segurança jurídica e isonomia).

Portanto, não se pode confundir – ao menos com base na classificação proposta neste trabalho – a inobservância do juiz (quando a norma processual cogente ligada ao procedimento é completamente ignorada pelo julgador) com as situações em que a respectiva norma é afastada ou relativizada, em razão da

32. A decisão liminar foi proferida em 17.12.2019.

interpretação a ela conferida (independentemente se certa ou errada).

Pois bem, delimitadas as diferentes espécies do silêncio do juiz, lança-se a seguinte provocação: todos esses atos omissivos são juridicamente relevantes, a ponto de serem "sancionáveis"? É o que será explorado no próximo tópico.

3.3. TODO SILÊNCIO DO JUIZ É "SANCIONÁVEL"?

Como visto no item anterior, nas três modalidades do silêncio do juiz (inércia, omissão *stricto sensu* e inobservância), há a violação de um dever por parte do julgador, capaz de vulnerar garantias processuais e causar prejuízos às partes e ao próprio processo.

De um modo geral, a inércia, a omissão e inobservância vulgarizam o acesso à justiça, corroem garantias e geram retrocessos.

Tais comportamentos são passíveis de impugnação (tema do capítulo 5) e geram consequências processuais (ex: uma ordem mandamental, a invalidação da decisão ou mesmo a sua complementação, o reconhecimento da ineficácia do comando judicial – desenvolveremos o ponto no item 3.4).

É preciso ressalvar, porém, que nem toda situação de inércia, omissão *stricto sensu* ou inobservância é juridicamente relevante e tem o condão de causar prejuízos às partes.

Mesmo quando se está diante de um dever do juiz, não se pode ignorar algumas particularidades do processo judicial, razão pela qual algumas ressalvas precisam ser feitas.

De plano, não se pode negar que o processo, como fenômeno complexo e dinâmico, não pode ser instantâneo. O encadeamento dos atos processuais, as manifestações das partes e a própria atividade intelectual do juiz demandam tempo. Da mesma forma, as diversas providências cartorárias exigem prudência e zelos dos servidores. Nesse ponto, vale lembrar, ainda, que o artigo 12 do CPC/15 prevê que os juízes e os tribunais devem observar a ordem cronológica de conclusão para proferir sentença ou acórdão.

Além disso, não se pode perder de vista que "a demora no processamento deriva, em grande parte, da enorme quantidade de processos que pressionam as cortes brasileiras"[33], o que, de algum modo, pode ser imputado à inexistência de uma cultura conciliatória. Há, portanto, um "tempo morto" natural a qualquer processo.[34]

Nesse contexto, nem sempre a inação judicial pode ser considerada uma inércia juridicamente relevante. É preciso investigar a natureza do ato em discussão, a sua eventual complexidade, eventuais marcos temporais indicados no código (ainda que sejam prazos impróprios), o comportamento da parte, entre outros fatores. Tal análise não pode ser feita em abstrato, mas à luz das nuances e particularidades do caso concreto.[35]

---

33. "(...) no mais das vezes, o Judiciário e os órgãos administrativos são carentes de recursos materiais e humanos,". CABRAL, Antonio do Passo. A duração razoável do processo e a gestão do tempo no Projeto de novo Código de Processo Civil. In. FREIRE, Alexandre et al. (Coords). *Novas tendências do processo civil.* Salvador: JusPodivm, 2013, p. 73 e seguintes.
34. José Rogério Cruz e Tucci afirma que há três grupos de fatores envolvidos com a duração do processo: fatores institucionais, fatores de ordem técnica e subjetiva, e fatores derivados da insuficiência material. CRUZ E TUCCI, José Rogério. *Tempo e processo.* São Paulo: Revista dos Tribunais, 1997, p. 99.
35. Uma situação que acontece, com alguma frequência, no âmbito do STF é a discussão sobre o poder do Presidente de gerir a pauta de julgamento. A rigor, não existem critérios objetivos capazes de disciplinar a ordem de julgamento dos processos, devendo o presidente, porém, priorizar casos de maior relevância. Nesse contexto, eventual demora do Presidente em inserir determinado caso na pauta de julgamento (o que, em algumas situações, pode demorar anos) não configura, a rigor, uma inércia jurídica relevante. Marinoni critica esse poder do Presidente e a metodologia adotada: "Algo semelhante ocorre quando se tem em consideração a gestão da pauta pelo presidente. Embora os atos de gestão de pauta, na prática, costumem não ser justificados, isso é incompatível com a confiança que a sociedade é obrigada a depositar na Corte e com a justa expectativa de que todas as reivindicações sejam julgadas com imparcialidade, sem com que qualquer pessoa ou grupo possa ser privilegiado

Também podem existir situações de "justa causa", ou melhor, de "justo impedimento" (art. 227 do CPC/15), capazes de justificar a inatividade judicial. Essa excludente, porém, deve se limitar ao fortuito externo ou à força maior (alagamento ou falta de energia na cidade, greve dos correios etc.), sem relação com a dinâmica interna de funcionamento do Judiciário.[36] Afinal, eventuais problemas estruturais e déficit de mão de obra não podem ser álibis para a inércia judicial.[37]

Ainda que, em algumas situações, tais entraves sirvam para desidratar a "demora" e indicar a ausência de culpa do magistrado no caso concreto (sobretudo no contexto de procedimentos disciplinares), a inação não pode prejudicar o jurisdicionado, deixando-o à mercê do não agir, do não fazer do agente público.

---

ou atendido de modo prioritário sem um devido motivo concreto, capaz de ser racionalmente justificado. A falta de justificativa para o retardo na inclusão de caso em pauta, assim como da preferência de um caso em detrimento de outros ou da repentina retirada de caso da pauta, não convive com os valores da democracia, os quais exigem de quem exerce poder explicação para a prática dos seus atos, não importando o real motivo que os impulsiona. A justificativa, indispensável para o controle dos atos do presidente, é elemento de que não se pode prescindir, podendo sempre ser solicitada pelos participantes ou interessados no caso, bem como pelos demais ministros". MARINONI, Luiz Guilherme. A não decisão como opção democrática. *Revista de Processo*. São Paulo: Revista dos Tribunais, nº 324, fev./2022, p. 201-229.

36. "(...) é imperiosa a criação de regra impondo ao Estado, de forma explícita, a responsabilidade civil pelos prejuízos decorrentes da inobservância pelos juízes de prazos processuais, quando esta se deva à sobrecarga de trabalho ou a deficiências materiais ou de pessoal". PEGINI, Adriana Regina Barcellos. Reflexões acerca do processo como garantia das garantias e dos seus papéis fundamentais de preservação das liberdades e contenção do arbítrio judicial. In: PEGINI, Adriana Regina Barcellos et. al. (Orgs.). *Processo e Liberdade* – estudos em homenagem a Eduardo José da Fonseca Costa. Londrina: Thoth, 2019, p. 83.

37. "O acúmulo de processos não pode servir de álibi para a desumanização da Justiça". FUX, Luiz; BODART, Bruno. Notas sobre o princípio da motivação e a uniformização da jurisprudência no novo Código de Processo Civil à luz da análise econômica do Direito. *Revista de Processo*. São Paulo: Revista dos Tribunais, nº 269, jun./2017, p. 421-432.

Até porque, não custa recordar que a responsabilidade civil do Estado é objetiva, isto é, independe de dolo ou culpa.[38]

Nesse particular, o STJ já reconheceu que a demora de dois anos e seis meses para proferir o despacho citatório, ainda que em razão da "insuficiência dos recursos humanos e materiais do Poder Judiciário", não elide a responsabilidade civil estatal. De acordo com a decisão, a administração pública está obrigada a garantir a tutela jurisdicional em tempo razoável, "ainda quando a dilação se deva a carências estruturais do Poder Judiciário, pois não é possível restringir o alcance e o conteúdo deste direito, dado o lugar que a reta e eficaz prestação da tutela jurisdicional ocupa em uma sociedade democrática". Também restou consignado que "a insuficiência dos meios disponíveis ou o imenso volume de trabalho que pesa sobre determinados órgãos judiciais isenta os juízes de responsabilização pessoal pelos atrasos", mas não priva os cidadãos de reagir diante de tal demora, nem permite considerá-la inexistente.[39]

Sob outro prisma, nem toda omissão configura violação do dever de fundamentação ou gera prejuízo. Por exemplo, não há omissão juridicamente relevante quando o juiz a) deixar de analisar os argumentos secundários do autor, se já tiver convencido da tese à luz do fundamento principal; e b) não faz constar do relatório da decisão uma petição das partes reiterando determinado requerimento.

---

38. "Se tais problemas existem de fato – e não os negamos –, por outro lado não se pode admitir que sirvam de escudo para justificar a manutenção da ineficiência de órgãos jurisdicionais e administrativos. O discurso do excesso de processos, ausência de servidores em número satisfatório etc., se presta às reivindicações de melhoria das condições de trabalho, não impede as aplicações do princípio da duração razoável descritas acima (ordem para julgamento imediato, indenização dos prejuízos etc.)". CABRAL, Antonio do Passo. A duração razoável do processo e a gestão do tempo no Projeto de novo Código de Processo Civil. In. FREIRE, Alexandre et al. (Coords). *Novas tendências do processo civil*. Salvador: JusPodivm, 2013, p. 73 e seguintes.

39. STJ, REsp 1.383.776/AM, Min. Rel. Og Fernandes, Segunda Turma, DJe 17.09.2018.

Na realidade, para ser sancionável, a omissão *stricto sensu* deve ser relevante e causar efetivo prejuízo à parte.

Da mesma forma, nem toda inobservância é "sancionável". Com efeito, há situações em que o sistema de nulidades de CPC/15 permite que eventual nulidade (fruto de uma inobservância de norma processual cogente ligada ao procedimento) seja desconsiderada, aproveitando-se o ato praticado, desde que não tenha causado qualquer prejuízo à parte ou, ainda, quando o juiz puder decidir o mérito a favor da parte a quem aproveite a decretação da nulidade (arts. 282 e 488 do CPC/15). Nesse sentido, se o juiz deixar de determinar a citação do litisconsórcio passivo necessário, mas ele ingressar espontaneamente no feito, não haverá qualquer nulidade. Da mesma forma, se o juiz não designar a audiência de mediação em processo de família, mas as partes fizerem acordo após a citação, não há qualquer nulidade.

Como se vê, mesmo em situações envolvendo deveres do juiz, nem sempre o seu silêncio é sancionável.

Nesse contexto, com muito mais razão não se pode sancionar a conduta do juiz que deixa de adotar iniciativas capazes de maximizar a atividade jurisdicional.

É o caso, por exemplo, do juiz que determina expedição do mandado de citação/execução, apontando as penalidades (caso o réu não compareça à audiência do art. 334 do CPC/15; não conteste a ação; não pague o valor devido etc.), o que ocorre com alguma frequência[40], mas deixa de indicar os prêmios

40. Veja-se o seguinte despacho inicial com cunho eminentemente negativo: "Presentes os requisitos essenciais da inicial e não se tratando de hipótese de improcedência liminar do pedido, tampouco caso que desautorize a autocomposição, designo audiência de conciliação para o dia 05/12/2018 às 15:00h, na forma do artigo 334 do NCPC. Cite-se e cientifique-se a parte ré. A parte autora fica intimada na pessoa de seu advogado (art. 334, §3º, NCPC). Não havendo composição, o prazo para ofertar contestação será de 15 (quinze) dias (art. 335, NCPC), com início contado a partir da audiência ou, se for o caso, da última sessão de conciliação (art. 335, I, NCPC). *Não ofertada Contestação, a parte ré será considerada REVEL e presumir-se-ão verdadeiras as*

previstos no CPC/15 (vide, a propósito, os arts. 90, §§ 3º e 4º, 827, § 1º, e 916)[41]. Sem dúvida, a conduta do juiz de indicar os benefícios legais nos mandados é interessante (embora não seja um dever), pois a parte que recebe o documento pode se interessar pelas vantagens (análise de custo-benefício). De qualquer forma, cabe ao advogado da parte orientar seu cliente sobre os prêmios estipulados pelo ordenamento jurídico, ainda que o juiz deixe de fazê-lo.

É também a situação do juiz que, para compelir o devedor a cumprir determinada obrigação (art. 139, IV, do CPC/15), aplica uma medida coercitiva (*astreintes*, por exemplo), abstendo-se de incluir na mesma decisão uma sanção premial atípica, caso o devedor adote a conduta antes do prazo fixado. Apesar das vantagens que a medida indutiva poderia eventualmente trazer (seria um *plus*), não há efetivamente um dever do juiz de cumular meios coercitivos e indutivos.[42]

---

alegações de fato afirmadas pela parte autora (art. 344, NCPC). Tanto a parte autora como a parte ré ficam *ADVERTIDAS de que o comparecimento pessoal à audiência é OBRIGATÓRIO e, no caso de não comparecimento injustificado, serão penalizadas com MULTA*, pois configurada hipótese de ato atentatório à dignidade da justiça (art. 334, §8º, NCPC). *Este Juízo ALERTA, ainda, que esta multa é devida AINDA QUE a parte seja beneficiária da gratuidade de justiça*. Em caso de não ser obtida a conciliação, fica ciente a parte ré de que, deverá oferecer contestação, no prazo de 15 (quinze) dias úteis, contados da data da audiência de conciliação (artigo 335, I, NCPC), *sob pena de revelia (artigo 344, NCPC)"*. Processo 0186591-38.2018.8.19.0001, 18ª Vara Cível da Comarca da Capital do Estado do Rio de Janeiro, despacho proferido em 30.10.2018.

41. No mesmo sentido: "Todo o mandado executivo deve expressamente constar as previsões indutivas, devendo o magistrado estar atento para determinar que assim fiquem plasmadas nas ordens de comunicação". MAZZEI, Rodrigo; ROSADO, Marcelo da Rocha. A cláusula geral de efetivação e as medidas indutivas no CPC/15. In: DIDIER JR., Fredie (Coord. geral); TALAMINI, Eduardo; MINAMI, Marcos (Coords.). *Medidas Executivas Atípicas* – Coleção Grandes temas do Novo CPC. Salvador: JusPodivm, 2018, p. 517.

42. Enunciado 714 do FPPC: "O juiz pode cumular medida indutiva e coercitiva para o cumprimento da obrigação". Este enunciado foi proposto pelo autor deste trabalho e aprovado na plenária do evento. Sobre o tema das sanções premiais, ver MAZZOLA, Marcelo. *Sanções premiais no processo civil*: previsão

Em suma, o relevante no ponto é compreender que nem toda situação de inércia, omissão *stricto sensu* ou inobservância, mesmo quando envolve um poder-dever do juiz, é juridicamente relevante e sancionável.

3.4. SILÊNCIO DO JUIZ E CONSEQUÊNCIAS PROCESSUAIS

Sem prejuízo das sanções administrativas/disciplinares (que, como já ressalvado, fogem ao perímetro do trabalho), o silêncio do juiz pode gerar efeitos endoprocessuais, inclusive com "sanções"[43] para o magistrado.

Não se pretende exaurir todas as situações, mas apenas mencionar algumas delas para melhor compreensão.

Em situações de inércia, a consequência pode ser a prolação de uma ordem mandamental pelo órgão superior, obrigando o juiz a praticar o ato. Suponha-se, por exemplo, a demora do juiz em enviar o processo ao tribunal para julgamento da apelação interposta contra a sentença (art. 1.010, § 3º, do CPC/15). Como essa retenção indevida configura usurpação da competência do tribunal para julgar o recurso, o juiz pode ser compelido a enviar os autos.

Da mesma forma, quando o juiz se "recusar, omitir ou retardar, sem justo motivo, providência que deva ordenar o ofício, ou a requerimento das partes" (arts. 49, II, da LOMAN e 143, II, do CPC/15), sem prejuízo de sanções disciplinares,

---

legal, estipulação convencional e proposta de sistematização (standards) para sua fixação judicial. São Paulo: JusPodivm, 2022.

43. Entendido o termo "sanção" como qualquer consequência jurídica decorrente de um comportamento comissivo ou omissivo, isto é, reações críticas do ordenamento. BOBBIO, Norberto. *Teoria general del Diritto*. Torino: G. Giappichelli, 1993, p. 122; RIBEIRO, Darci Guimarães. *Da Tutela jurisdicional às formas de tutela*. Porto Alegre: Livraria do Advogado, 2010, p. 50; CASTANHEIRA NEVES, António. *Curso de introdução ao estudo do direito* – O Sentido do Direito. Coimbra: Coimbra, 1976, p. 23-24.

poderá ser afastado ou substituído (arts. 235, § 3º, e 940, § 2º, do CPC/15 - abordaremos as situações nos itens 4.4 e 5.1.1).

No caso específico de omissão *stricto sensu*, quando não for possível ao órgão superior apreciar desde logo a questão (ex: utilização da teoria da causa madura - voltaremos ao ponto no item 4.2 –; e aplicação do direito à espécie, conforme art. 1.034 do CPC/15), a consequência prática (a "sanção") será o reconhecimento da nulidade da decisão[44], com o retorno dos autos ao órgão prolator.

Por sua vez, em casos de inobservância, poderá haver a integração da decisão questionada ou a sua invalidação[45]; o reconhecimento de sua ineficácia ou a sua própria reforma.

Imagine-se que um juiz deixe de designar a audiência de mediação em processo de família, determinando apenas a citação do réu para contestar. Independentemente do meio de impugnação que será utilizado (tema do capítulo 5), o tribunal poderá complementar a decisão, determinando que o magistrado designe também a audiência em questão, à luz do arts. 3º, §§ 2º e 3º, e 695 do CPC/15.

---

44. Eduardo Lamy afirma que, "além de impedirem a produção de efeitos próprios, as nulidades não constituem uma consequência automática do vício de forma, mas sim uma sanção decorrente da sua declaração judicial". LAMY, Eduardo de Avelar. *Aproveitamento de meios no processo civil*. 2. ed. Salvador: JusPodivm, 2021, p. 72. Na mesma linha, ver REDONDO, Bruno Garcia. *Negócios jurídicos processuais atípicos*. Salvador: JusPodivm, 2020, p. 251. Em sentido semelhante, Antonio do Passo Cabral ressalva que não vê problema em considerar a nulidade como uma sanção, desde que não equiparada à sanção criminal. CABRAL, Antonio do Passo. Teoria das nulidades processuais no Direito Contemporâneo. *Revista de Processo*. São Paulo: Revista dos Tribunais, nº 255, maio/2016, p. 117-140. Vide também FASSIO, Rafael Carvalho de. Arguição de Descumprimento de Preceito Fundamental: parâmetro, objeto e subsidiariedade. *Revista Jurídica da Procuradoria-Geral do Distrito Federal*, Brasília, v. 40, nº 1, jan./jun./2015, p. 165-184.
45. Fredie Didier Jr. considera que a invalidade processual é uma sanção, a qual decorreria "da incidência de regra jurídica sobre um suporte fático composto: defeito + prejuízo". DIDIER JR., Fredie. *Curso de Direito Processual Civil*. v. 1. 17. ed. Salvador: JusPodivm, 2015, p. 404. No mesmo sentido, CÂMARA, Alexandre Freitas. *Manual de Direito Processual Civil*. Barueri: Atlas, 2022, p. 246.

Em outras situações, o CPC/15 estabelece expressamente que a inobservância por parte do julgador enseja a nulidade ou a ineficácia da decisão. É o que ocorre quando o juiz deixa de citar o litisconsórcio passivo necessário. Nessa hipótese específica, o próprio código prevê a consequência processual (nulidade da sentença, se a decisão deveria uniforme para todos que deveriam ter integrado o processo; e ineficácia da sentença, nos outros casos, apenas para os que não foram citados. – art. 115, I e II).[46]

Por fim, também poderá haver a reforma da decisão. É o que acontece, por exemplo, quando o juiz acolhe a alegação de incompetência absoluta e julga extinto o feito, ao invés de determinar a remessa dos autos ao juízo competente (art. 64, § 3º, do CPC/15).[47]

46. "Ao se omitir quando deveria determinar a citação do litisconsorte necessário, o juiz descumpre um dever e dá causa a uma invalidade por omissão". CABRAL, Antonio do Passo. *Nulidades no processo moderno* – contraditório, proteção da confiança e validade *prima facie* dos atos processuais. Rio de Janeiro: Forense, 2009, p. 331.

47. "PROCESSUAL CIVIL. COMPETÊNCIA ABSOLUTA. EXTINÇÃO SEM EXAME DO MÉRITO. IMPOSSIBILIDADE. REMESSA DOS AUTOS AO JUÍZO COMPETENTE. RECURSO PROVIDO. - A declaração de incompetência absoluta do juízo federal no qual foi distribuída a ação, embora caracterize, à primeira vista, ausência de pressuposto de constituição e desenvolvimento válido e regular do processo (art. 485, IV, do Código de Processo Civil), não implica a extinção do feito, mas desencadeia consequências próprias, estampadas no art. 64, § 3º, do CPC - A incompetência absoluta do juízo não tem o condão de gerar, automaticamente, a extinção do feito. Precedentes jurisprudenciais - Recurso provido para determinar a remessa dos autos ao Juizado Especial Federal competente". TRF-3, APL 50015837920194036003/MS, Rel. Des. Jose Carlos Francisco, Segunda Turma, DJF 23.02.2021.

4. Silêncio do juiz e alguns fenômenos processuais

Neste capítulo, a proposta é analisar a simbiose entre o silêncio do juiz e alguns fenômenos processuais.

4.1. PREQUESTIONAMENTO

Como se sabe, o requisito do prequestionamento está ligado ao recurso especial e ao recurso extraordinário (e ainda ao recurso de revista). Tais recursos exigem que a "matéria [suscitada pelas partes] tenha sido expressamente enfrentada na decisão" [1], uma vez que só compete às cortes superiores julgar, por meios dos recursos excepcionais, as "causas decididas"[2] em única ou última instância.

Como sintetiza Osmar Paixão, "prequestionamento significa trato, pela recorrida, da matéria a ser examinada pelas cortes superiores (...) não basta que seja posta, deve estar debatida na decisão objeto do recurso".[3]

1. CÂMARA, Alexandre Freitas. *Manual de Direito Processual Civil*. Barueri: Atlas, 2022, p. 957.
2. A "causa decidida" a que se referem, por exemplo, os arts. 102, III, e 105, III, da Constituição Federal não significa que seja a decisão final da causa principal, podendo ser a decisão final de uma questão processual ou de um incidente.
3. CÔRTES, Osmar Mendes Paixão. *Recursos para os Tribunais Superiores* – recurso extraordinário, recurso especial, embargos de divergência e agravos. 4. ed. Brasília: Gazeta Jurídica, 2017, p. 109.

Sob esse prisma, não é permitido inovar nos recursos especial e extraordinário, trazendo matéria nova que não tenha sido ventilada no processo e enfrentada na decisão recorrida, o que não impede, obviamente, a alegação de "fatos supervenientes" (art. 933 do CPC/15).

A ausência de prequestionamento – mesmo que a matéria tenha sido suscitada pela parte – pode levar à inadmissibilidade dos recursos excepcionais (enunciados 282 e 356 da súmula do STF)[4].

Nesse sentido, em caso de omissão por parte do julgador, compete à parte opor embargos de declaração para obrigar o órgão julgador a enfrentar a matéria suscitada, obtendo-se o pronunciamento expresso acerca do tema.[5]

É comum, às vezes, sob o pretexto de forçar o tribunal decidir, a parte alegar matéria nunca antes ventilada. Isso é tentativa de pós-questionar e não serve para fins de prequestionamento.

Importante ressaltar que, no âmbito do STF, a simples oposição dos embargos de declaração sempre foi suficiente para configurar o prequestionamento da matéria. Já no âmbito do STJ, se a parte opuser embargos de declaração e mesmo assim o tribunal não enfrentar a matéria, o recurso especial pode ser considerado inadmissível (enunciado 211 da súmula do STJ[6]).

Após o advento do CPC/15, a questão ganhou novos contornos por força do chamado prequestionamento ficto (art.

---

4. Enunciado 282 da Súmula do STF: É inadmissível o recurso extraordinário, quando não ventilada, na decisão recorrida, a questão federal suscitada. Enunciado 356 da Súmula do STF: "O ponto omisso da decisão, sobre o qual não foram opostos embargos declaratórios, não pode ser objeto de recurso extraordinário, por faltar o requisito do prequestionamento".
5. Enunciado 98 da Súmula do STJ: "Embargos de declaração manifestados com notório propósito de prequestionamento não têm caráter protelatório.
6. Enunciado 211 da Súmula do STJ: "Inadmissível recurso especial quanto à questão que, a despeito da oposição de embargos declaratórios, não foi apreciada pelo Tribunal a quo".

1.025 do CPC/15), embora o STJ siga aplicando o enunciado 211 de sua súmula.[7] De acordo com o referido dispositivo legal, consideram-se incluídos no acórdão os elementos que o embargante suscitou, para fins de pré-questionamento, ainda que os embargos de declaração sejam inadmitidos ou rejeitados, caso o tribunal superior considere existentes erro, omissão, contradição ou obscuridade.

Essa dinâmica permite que o STJ aprecie desde logo o ponto omisso, sempre que possível, sem a necessidade de determinar a anulação da decisão, com o retorno dos autos às instâncias ordinárias. Nesse ponto, vale um alerta de ordem prática: o STJ tem entendido que a admissão do prequestionamento ficto exige que o recorrente indique em seu recurso a violação ao art. 1.022 do CPC/15[8], a fim de que o tribunal possa verificar a existência do vício e, assim, supri-lo com base no art. 1.025 do referido diploma legal.

---

7. STJ, AgInt no AREsp 1839482/PR, Rel. Min. Ricardo Villas Bôas Cueva, Terceira Turma, DJe 26.08.2022: "1. Recurso especial interposto contra acórdão publicado na vigência do Código de Processo Civil de 2015 (Enunciados Administrativos nºs 2 e 3/STJ). 2. A falta de prequestionamento da matéria suscitada no recurso especial, a despeito da oposição de declaratórios, impede seu conhecimento, a teor da Súmula nº 211 do Superior Tribunal de Justiça. 3. A admissão de prequestionamento ficto (art. 1.025 do Código de Processo Civil de 2015), em recurso especial, exige que no mesmo recurso seja indicada violação ao art. 1.022 do Código de Processo Civil de 2015, para que se possibilite ao Órgão julgador verificar a existência do vício inquinado ao acórdão, que uma vez constatado, poderá dar ensejo à supressão de grau facultada pelo dispositivo de lei". Em nosso entendimento, ainda há espaço para a aplicação do enunciado 211 da súmula do STJ, restringindo-se às questões fáticas não alegadas.
8. "Ocorre que esse dispositivo de lei não foi objeto de prequestionamento, e nem mesmo sob os auspícios do art. 1.025 do CPC/15 pode ser analisado, primeiro porque não foi aduzida a necessária e prévia violação ao art. 1.022 do CPC/15 neste recurso especial, *condição sine qua non* para se perquirir sobre a incidência do art. 1.025 do CPC/15 (...)". STJ, REsp 1.639.314/MG, Rel. Min. Nancy Andrighi, Terceira Turma, DJe 10.04.2017.

Como se vê, há inegável correlação entre a força integrativa dos embargos de declaração (no caso de omissão *stricto sensu*) e o requisito do prequestionamento.

4.2. TEORIA DA CAUSA MADURA

A teoria da causa madura (positivada pela Lei 10.352/2001, que introduziu o § 3º ao art. 515 do CPC/73) foi densificada no CPC/15. Em termos simples, causa madura é aquela que está pronta para julgamento.

Em essência, a referida teoria foi desenvolvida sob os primados da eficiência processual, da primazia de mérito e da duração razoável do processo, para tentar minimizar as dilações indevidas e a tramitação deficiente. A intenção é acelerar o resultado do processo e incrementar o gerenciamento do tempo da demanda.

Nesse sentido, o art. 1.013, § 3º, do CPC/15 prevê algumas hipóteses em que o tribunal deve decidir desde logo o mérito. Isso acontecerá quando: reformar sentença fundada no art. 485; decretar a nulidade da sentença por não ser ela congruente com os limites do pedido ou da causa de pedir; constatar a omissão no exame de um dos pedidos, hipótese em que poderá julgá-lo; decretar a nulidade de sentença por falta de fundamentação.[9]

Já o § 4 do art. 1.013 permite que o tribunal, quando reformar sentença que reconheça decadência ou a prescrição, julgue, se possível, o mérito da causa examinando as demais questões, sem determinar o retorno dos autos ao juiz de primeiro grau.

Para fins do presente trabalho, destacam-se especificamente duas hipóteses: a omissão no exame de um dos pedidos (sentença *citra petita*) e a ausência de fundamentação.

---

9. Enunciado 307 do FPPC: "Reconhecida a insuficiência da sua fundamentação, o tribunal decretará a nulidade da sentença e, preenchidos os pressupostos do §3º do art. 1.013, decidirá desde logo o mérito da causa".

Em tais situações, a dinâmica da causa madura permite que o tribunal possa desde logo examinar o pedido não apreciado e corrigir o vício da decisão (ausência de fundamentação), sem necessidade de retorno dos autos ao primeiro grau.

Registre-se que, apesar de a teoria da causa madura estar topograficamente localizada no capítulo da apelação, com previsão de incidência no recurso ordinário (art. 1.027, § 2º, do CPC/15)[10], nada impede que essa técnica seja aplicada em outros recursos, como, por exemplo, no agravo de instrumento[11] (inclusive versando sobre tutela provisória – em caso de vício de fundamentação[12]) e no agravo de interno.

4.3. HONORÁRIOS SUCUMBENCIAIS

Existem basicamente três tipos de honorários: a) contratuais, que são aqueles acordados diretamente entre advogado e cliente (por meio de um contrato, por exemplo); b) arbitrados, que são definidos pelo juiz quando advogado e cliente não ajustam previamente a respectiva remuneração ou no caso de eventual desentendimento acerca do montante devido; e c) sucumbenciais, que são fixados judicialmente em caso de sucumbência da parte.[13]

---

10. "Nos termos do art. 1.027, § 2º c/c o art. 1.013, § 3º, ambos do CPC, a chamada teoria da causa madura também se aplica aos recursos em mandado de segurança, o que autoriza o prosseguimento do julgamento da impetração". STJ, RMS 68.023, Rel. Min. Sérgio Kukina, Primeira Turma, julgamento em 03.05.2022.
11. Enunciado 705 do FPPC: "Aplicam-se os §§ 3º e 4º do art. 1.013 ao agravo de instrumento interposto contra decisão parcial de mérito".
12. STJ, REsp, nº 1.215.368/ES, Min. Rel. Herman Benjamin, Segunda Turma, DJ 19.09.2016.
13. Vide artigo 22 da Lei nº 8.906/94. Não se deve atrelar a ideia de sucumbência à de derrota na causa, pois muitas vezes aquele que "vence" o litígio acaba sendo obrigado a pagar os honorários sucumbenciais, à luz do princípio da causalidade. É o que acontece, por exemplo, no caso de acolhimento de embargos de terceiro oferecidos por adquirente de imóvel que não registra a transferência do bem. Nesse sentido, vale conferir a Súmula 303 do STJ: Em

Neste item, vamos analisar especificamente os honorários sucumbenciais, que pertencem exclusivamente ao advogado e têm natureza alimentar (art. 85, parágrafo 14, do CPC/15 c/c Súmula Vinculante 47 do STF).[14]

Em boa hora, o CPC/15 encampou alguns entendimentos jurisprudenciais sedimentados na vigência do CPC/73[15], esclareceu questões de ordem prática[16] e previu a fixação de honorários sucumbenciais recursais (art. 85, § 11).

Da mesma forma, estabeleceu que os honorários sucumbenciais devem ser fixados entre o mínimo de 10% e o máximo de 20% sobre o valor da condenação, do proveito econômico obtido ou, não sendo possível mensurá-lo, sobre o valor atualizado da causa, observando-se alguns critérios (grau de zelo do profissional; lugar de prestação do serviço; a natureza e a importância da causa; o trabalho realizado pelo advogado e o tempo exigido para o seu serviço — artigo 85, parágrafo 2º, I a IV).[17]

Note-se que, "nas causas em que for inestimável ou irrisório o proveito econômico ou, ainda, quando o valor da causa for

---

embargos de terceiro, quem deu causa à constrição indevida deve arcar com os honorários advocatícios.

14. Enunciado de Súmula Vinculante 47 do STF: "Os honorários advocatícios incluídos na condenação ou destacados do montante principal devido ao credor consubstanciam verba de natureza alimentar cuja satisfação ocorrerá com a expedição de precatório ou requisição de pequeno valor, observada ordem especial restrita aos créditos dessa natureza". Art. 85, § 14, do CPC: "Os honorários constituem direito do advogado e têm natureza alimentar, com os mesmos privilégios dos créditos oriundos da legislação do trabalho, sendo vedada a compensação em caso de sucumbência parcial".

15. Como, por exemplo, a natureza alimentar dos honorários, a fluência dos juros moratórios a partir do trânsito em julgado da decisão, a aplicação do princípio da causalidade e o reconhecimento de que a verba pertence aos advogados, e não à parte, entre outros.

16. Como a possibilidade de pagamento dos honorários em favor da sociedade de advogados que integra na qualidade de sócio.

17. Vale registrar, ainda, o regramento específico dos honorários em casos envolvendo a Fazenda Pública (artigo 85, §§ 3º e 4º, do CPC/15).

muito baixo, o juiz fixará o valor dos honorários por apreciação equitativa" (art. 85, § 8º, do CPC/15).[18]

Feita essa breve introdução, cabe analisar uma questão que tem relação direta com o tema desta obra. O que acontece quando o juiz se omite na fixação dos honorários sucumbenciais e a decisão transita em julgado?

Na vigência do CPC/73, existiam quatros correntes. Como detalha Ravi Peixoto, a primeira entendia que, se houvesse omissão na fixação da verba honorária e ocorresse o trânsito em julgado da decisão, haveria coisa julgada. A segunda corrente admitia a liquidação de sentença para o arbitramento dos honorários. Já a terceira adotava o entendimento de que seria possível o ajuizamento de ação posterior para a definição dos honorários. E a última preconizava a possibilidade de simples petição no processo para que o juiz decidisse a questão.[19]

Não interessa analisar em detalhes cada uma das quatro correntes. Até porque, após alguma divergência, foi editado o enunciado 453 da súmula do STJ, que estabelece que "os honorários sucumbenciais, quando omitidos em decisão transitada

18. STJ, Tema 1.076: "i) A fixação dos honorários por apreciação equitativa não é permitida quando os valores da condenação, da causa ou o proveito econômico da demanda forem elevados. É obrigatória nesses casos a observância dos percentuais previstos nos §§ 2º ou 3º do artigo 85 do CPC - a depender da presença da Fazenda Pública na lide -, os quais serão subsequentemente calculados sobre o valor: (a) da condenação; ou (b) do proveito econômico obtido; ou (c) do valor atualizado da causa. ii) Apenas se admite arbitramento de honorários por equidade quando, havendo ou não condenação: (a) o proveito econômico obtido pelo vencedor for inestimável ou irrisório; ou (b) o valor da causa for muito baixo". REsp 1.850.512/SP, Rel. Min. Og Fernandes, Corte Especial, DJe 31.05.2022. No mesmo sentido REsp 1.877.883/SP, REsp 1.906.623/SP e REsp 1.906.618/SP.

19. PEIXOTO, Ravi. O trânsito em julgado da decisão omissa em relação aos honorários advocatícios: soluções possíveis, a adotada pelo CPC/15 e as suas consequências. In: DIDIER JR., Fredie (Coord. geral); COÊLHO, Marcus Vinícius Furtado; CAMARGO, Luiz Henrique Volpe (Coords.). *Honorários Advocatícios* – coleção Grande Temas do Novo CPC. 3. ed. Salvador: JusPodivm, 2019, p. 1.167-1.182.

em julgado, não podem ser cobrados em execução ou em ação própria".[20]

Nesse sentido, consolidou-se, ainda na vigência do CPC/73, o entendimento jurisprudencial de que, se a decisão judicial fosse omissa quanto aos honorários sucumbenciais, a parte deveria forçar a apreciação da questão, sob pena de preclusão, sendo vedada a discussão em sede de execução e incabível a propositura de ação específica[21]. Alguns doutrinadores defendiam, à

---

20. "Da análise que se faz das decisões que resultaram na edição dessa Súmula [453], como, aliás, sempre se deve proceder quando se recorrer à aplicação e interpretação desses enunciados normativos, pode-se constatar que o Superior Tribunal de Justiça se valei do seguinte raciocínio para instituir o referido enunciado: considerando que a condenação da parte sucumbente a pagar aparte vencedora honorários sucumbenciais decorre de um pedido implícito, caso não tenham sido opostos embargos de declaração contra decisão omissa a respeitos dos honorários sucumbenciais, referido capítulo da decisão transitaria em julgado". LUCON, Paulo Henrique dos Santos. Honorários advocatícios no novo Código de Processo Civil e o Superior Tribunal de Justiça. In: DIDIER JR., Fredie (Coord. geral); COÊLHO, Marcus Vinícius Furtado; CAMARGO, Luiz Henrique Volpe (Coords.). *Honorários Advocatícios* – coleção Grande Temas do Novo CPC. 3. ed. Salvador: JusPodivm, 2019, p. 303.
21. "PROCESSO CIVIL. OFENSA AO ART. 535 DO CPC. OMISSÃO NÃO CONFIGURADA. HONORÁRIOS SUCUMBENCIAIS. EXECUÇÃO DE SENTENÇA. VERBAS DE SUCUMBÊNCIA. OMISSÃO NO ACÓRDÃO EXEQUENDO. MATÉRIA. ANALISADA EM RECURSO REPETITIVO. PARADIGMA RESP 886.178/RS. INTELIGÊNCIA DA SÚMULA 453/STJ. 1. Não se configurou a ofensa ao art. 535 do Código de Processo Civil, uma vez que o Tribunal de origem julgou integralmente a lide e solucionou a controvérsia, tal como lhe foi apresentada. 2. Cinge-se a demanda sobre decisão prolatada por esta Corte que, ao prover parcialmente Recurso Especial interposto pela Fazenda Pública, quedou-se inerte quando à fixação dos ônus sucumbenciais. 3. O STJ possui entendimento pacífico firmado pela Corte Especial, ao apreciar o REsp 886.178/RS, sob o regime do art. 543-C do CPC, no sentido de que o trânsito em julgado da decisão omissa quanto à questão dos honorários advocatícios impede que estes venham a ser estabelecidos pelo juízo da execução. 4. 'O trânsito em julgado de decisão omissa em relação à fixação dos honorários sucumbenciais impede o ajuizamento de ação própria objetivando à fixação de honorários advocatícios, sob pena de afronta aos princípios da preclusão e da coisa julgada. Isto porque, na hipótese de omissão do julgado, caberia à parte, na época oportuna, requerer a condenação nas verbas de sucumbência em sede de embargos declaratórios, antes do trânsito em julgado da sentença' (REsp 886.178/RS, Rel. Ministro LUIZ

época, o cabimento de ação rescisória nessa hipótese específica (art. 485, V, do CPC/73)[22].

Sobre o tema, José Carlos Barbosa Moreira - analisando o problema da sentença *citra petita* - há muito defendia que, "se o todo é inexistente quando nenhum dos itens que compunha o thema decidendum foi objeto de pronunciamento na conclusão, por igualdade de razão será inexistente a parte ou capítulo relativo a algum item específico, sobre o qual haja deixado o juiz de pronunciar-se no dispositivo".[23] Na visão do doutrinador, se um pedido não foi apreciado, nada foi decidido em relação a ele, podendo a parte propor uma nova ação para discutir o tema.

No CPC/15, a questão ganhou novo colorido, em razão do disposto no art. 85, § 18 ("Caso a decisão transitada em julgado seja omissa quanto ao direito aos honorários ou ao seu valor, é cabível ação autônoma para sua definição e cobrança").

A alteração é positiva, já que, por se tratar de um pedido implícito (art. 322, § 1º do CPC/15 e enunciado 256 da súmula

---

FUX, CORTE ESPECIAL, julgado em 2/12/2009, DJe 25/2/2010). Precedentes. 5. Inteligência da Súmula 453 do STJ: Os honorários sucumbenciais, quando omitidos em decisão transitada em julgado, não podem ser cobrados em execução ou em ação própria. 6. Agravo Regimental não provido". STJ, AgRg no REsp 1.485.422/AL, Rel. Min. Herman Benjamin, Segunda Turma, DJe 30/6/2015.

22. CAHALI, Youssef. *Honorários advocatícios*. 4. ed. São Paulo: Revista dos Tribunais, 2011, p. 98; GONÇALVES, Tiago Figueiredo. Implicações da ação rescisória no capítulo de sentença que fixados os honorários de sucumbência. In: MAZZEI, Rodrigo; POLASTRI, Marcellus (Coords.). *Honorários de advogado:* aspectos materiais e processuais (ensaios atualizados com a redação do projeto no novo Código de Processo Civil. Rio de Janeiro: Lumen Juris, 2014. No ERESP 462.742/SC, Rel. Min. Barros Monteiro, rel. para acórdão Min. Humberto Gomes de Barros, Corte Especial, DJe 24.03.2008, o Ministro Fernando Gonçalves mencionou a possibilidade de eventual ação rescisória em caso de omissão na fixação da verba sucumbencial.

23. BARBOSA MOREIRA, José Carlos. Item do pedido sobre o qual não houve decisão. *Temas de Direito Processual*: segunda série. São Paulo: Revista dos Tribunais, 1980, p. 247.

do STF[24]), cabe ao órgão julgador se manifestar expressamente a respeito, independentemente do requerimento da parte. Convenhamos, a parte não pode ser penalizada pela omissão judicial. Além disso, como já destacado, o pedido não examinado não transita em julgado.[25]

A propósito, vale lembrar que a coisa julgada recai sobre a questão expressamente decidida (art. 503 do CPC/15: "A decisão que julgar total ou parcialmente o mérito tem força de lei nos limites da questão principal expressamente decidida").[26] Desse modo, a partir da vigência do CPC/15, não faz mais sentido a parte final do enunciado 453 da súmula do STJ ("ou em ação própria").[27]

Registre-se apenas que o STJ continua aplicando o referido enunciado de súmula, mesmo na vigência do CPC/15, quando a discussão no recurso envolve as normas do CPC/73.[28]

---

24. Enunciado de Súmula 256 do STF: "É dispensável pedido expresso para condenação do réu em honorários, com fundamento nos arts. 63 ou 64 do Código de Processo Civil [de 1973].

25. "(...) a coisa julgada abrange os pedidos da parte efetivamente julgados, mas não os pedidos formulados e não enfrentados por ocasião do julgamento, posto que não existe previsão no ordenamento jurídico brasileiro da coisa julgada 'implícita'". CAMARGO, Luiz Henrique Volpe. Omissão judicial na fixação de honorários sucumbenciais. In: DIDIER JR., Fredie; NOGUEIRA, Pedro Henrique Pedrosa; GOUVEIA FILHO, Roberto Campos (Coords.). *Pontes de Miranda e o Direito Processual*. Salvador: JusPodivm, 2013, p. 739-760.

26. "O advérbio 'expressamente' é uma novidade do CPC; serve para reforçar a regra de que não há coisa julgada implícita – ou seja, não há coisa julgada do que está implícito na decisão ou do que não foi decidido". DIDIER JR., Fredie; BRAGA, Paula Sarno; OLIVEIRA, Rafael de Alexandria. *Curso de Direito Processual Civil*. v. 2. 17. ed. São Paulo: JusPodivm, p. 674.

27. Enunciado 8 do FPPC: "Fica superado o enunciado 453 da súmula do STJ após a entrada em vigor do CPC".

28. "Com efeito, deve ser registrado inicialmente tratar-se de recurso especial no qual se alega ofensa ao artigo 20 do CPC/1973, o que afasta o exame da pretensão sob a perspectiva do novo Código de Processo Civil, que autoriza, em seu artigo 85, § 18, ação autônoma para a definição e cobrança da verba honorária quando a decisão transitada em julgada é omissa a seu respeito e/ou ao seu valor". STJ, AgInt no REsp 1.454.933/SP, Rel. Min. Benedito Gonçalves,

Por sua vez, quando a discussão é pautada à luz do CPC/15, o STJ reconhece – como não poderia deixar de ser – a possibilidade de ação própria para sanar a omissão em relação à não fixação dos honorários sucumbenciais.[29] A jurisprudência dos tribunais inferiores caminha no mesmo sentido.[30]

Importante ressalvar que a omissão quanto à fixação da verba honorários pode ser sanada por meio de recursos (ex: embargos de declaração, apelação etc.), mas, se ocorrer o trânsito em julgado da respectiva decisão, o código prevê expressamente o meio de impugnação para combater o silêncio do juiz (a ação autônoma prevista no art. 85, § 18 – voltaremos ao ponto no capítulo 5).

Um registro final: de acordo com os arts. 322, caput e § 1º, e 324 do CPC/15, o pedido deve ser certo e determinado e compreendem-se no principal os juros legais, a correção monetária e as verbas de sucumbência, inclusive os honorários advocatícios. Porém, diferentemente dos honorários advocatícios, que, em caso de omissão, exigem ação própria para sua fixação, em se tratando de juros e correção monetária, o juiz pode, na hipótese de omissão, aplicar os consectários legais diretamente

---

Primeira Turma, DJe 15.03.2019. Em sentido contrário, defendendo a possibilidade de ação autônoma em relação a decisões omissas transitadas em julgados na vigência do CPC/73, ver DONOSO, Denis. Decisão transitada em julgado omissa quanto ao direito aos honorários ou ao seu valor e os instrumentos para sua fixação: uma visão do art. 85, § 18, após dois anos de vigência do CPC/15. In: DIDIER JR., Fredie (Coord. geral); COÊLHO, Marcus Vinícius Furtado; CAMARGO, Luiz Henrique Volpe (Coords.). *Honorários Advocatícios* – coleção Grande Temas do Novo CPC. 3. ed. Salvador: JusPodivm, 2019, p. 1.141.

29. STJ, REsp 1.919.800/SP, Rel. Min. Og Fernandes, Segunda Turma, DJe 27.04.2021: "Com o advento do atual Código de Processo Civil, no entanto, a parte final do enunciado sumular ('ou em ação própria') foi superada, pois o art. 85, § 18, do CPC prevê a possibilidade de ser ajuizada ação autônoma para a definição e cobrança dos honorários sucumbenciais omitidos em decisão transitada em julgado".

30. Vide, por exemplo: TJ/MG, AC 5141657-32.2020.8.13.0024, Des. Rel. Bittencourt Marcondes, Décima Nona Câmara Cível, DJe 23.06.2022.

na fase de liquidação[31] ou no cumprimento de sentença, mesmo após o trânsito em julgado.[32]

Isso porque, os juros e a correção monetária são acessórios de uma condenação já reconhecida pelo título executivo judicial. Por outro lado, os honorários advocatícios não constituem uma obrigação acessória, e sim uma obrigação autônoma (que exige, por exemplo, a análise do princípio da causalidade, do percentual de aplicação, da base de cálculo, do cabimento de fixação da verba por equidade – e essas questões não podem ser implementadas de modo automático).[33]

4.4. PEDIDO DE VISTA

Na dinâmica de um julgamento colegiado, o relator ou outro magistrado que não se considerar habilitado a proferir

31. Enunciado de Súmula 254 do STF: "Incluem-se os juros moratórios na liquidação, embora omisso o pedido inicial ou a condenação".
32. "PROCESSO CIVIL E ADMINISTRATIVO. AGRAVO REGIMENTAL NO AGRAVO EM RECURSO ESPECIAL. LIQUIDAÇÃO DE SENTENÇA. OMISSÃO QUANTO AOS JUROS DE MORA E CORREÇÃO MONETÁRIA. EMBARGOS DE DECLARAÇÃO INTEMPESTIVOS. POSSIBILIDADE DE COMPLEMENTAÇÃO DA DECISÃO. MATÉRIA DE ORDEM PÚBLICA. AUSÊNCIA DE PRECLUSÃO OU COISA JULGADA. AGRAVO REGIMENTAL DESPROVIDO. 1. Esta Corte Superior firmou entendimento de ser possível a complementação do julgado a fim de sanar omissão quanto ao arbitramento dos juros e correção monetária, inexistindo preclusão ou mesmo ofensa à coisa julgada, tendo em vista se tratar de matéria de ordem pública". STJ, AgRg no AREsp 132418/PR, Rel. Min. Napoleão Nunes Maia Filho, Primeira Turma, DJe 26.10.2016. No mesmo sentido AgRg no REsp 1.479.901/SP, Rel. Min. Herman Benjamin, Segunda Turma, DJe 05.08.2015.
33. Se os juros de mora e a correção foram expressamente previstos na decisão, o STJ entende que o juiz não pode alterar o comando anterior na execução, devendo ser prestigiado o título transitado em julgado: "(...) Não obstante, uma vez que tais parcelas da condenação estejam acobertadas pela coisa julgada, bem como pleiteadas em procedimento executório, com a concordância da parte contrária, não é mais lícito à parte pretender modificá-las sem a anuência do executado, seja pelo disposto no art. 329, II, do CPC, seja pela ocorrência de preclusão consumativa (art. 507 do CPC)". STJ, REsp 1783281, Rel. Min. Og Fernandes, Segunda Turma, DJe 29.10.2019.

imediatamente seu voto poderá solicitar vista dos autos para melhor exame da matéria.

Normalmente, quando se trata de vista em mesa (para fins de confirmação de uma questão pontual ou elucidação de determinado ponto), é feita uma rápida análise do caso ali mesmo na "mesa" (com os autos eletrônicos, a checagem é feita diretamente no computador).

Porém, o julgador pode pedir também a chamada vista em gabinete. Nesse caso, a vista será pelo prazo máximo de 10 (dez) dias. Findo esse prazo, o recurso será reincluído em pauta para julgamento na sessão seguinte à data da devolução.

Se os autos não forem devolvidos tempestivamente ou se não for solicitada pelo magistrado a prorrogação de prazo por mais 10 (dez) dias, o presidente do órgão fracionário requisitará o processo para julgamento do recurso na sessão ordinária subsequente, com publicação da pauta em que for incluído.

O código ainda prevê que, quando requisitar os autos, o presidente convocará substituto para proferir voto, na forma estabelecida no regimento interno do tribunal (art. 940, §§ 1º e 2º, do CPC/15), se aquele que fez o pedido de vista ainda não se sentir habilitado a votar.

A finalidade do dispositivo é evitar que um pedido de vista se transforme em um "perdido de vista". É, por assim dizer, uma maneira do código de "compatibilizar a liberdade decisória do juiz com a razoável duração do processo. Embora o juiz não seja obrigado a julgar quando em estado de dúvida, tal não pode prejudicar permanentemente a parte".[34]

Como se vê, na hipótese de não devolução dos autos com o voto, o próprio sistema prevê um mecanismo de controle para combater a inércia do julgador, qual seja, a sua substituição e

34. GAJARDONI, Fernando da Fonseca; DELLORE, Luiz; ROQUE, Andre Vasconcelos; OLIVEIRA JR., Zulmar Duarte de. *Comentários ao Código de Processo Civil*. 4. ed. Rio de Janeiro, Forense, 2021, p. 1.336.

a convocação de outro magistrado, nos termos do regimento interno do tribunal. Com isso, o referido julgador não poderá mais participar do julgamento.[35]

4.5. REPERCUSSÃO GERAL

O instituto da repercussão geral foi introduzido no ordenamento jurídico nacional pela Emenda Constitucional nº 45/04 (art. 102, § 3º, da CF c/c Lei nº 11.418/06, que acrescentou os arts. 543-A e 543-B ao CPC/73), mas só foi exigida após a regulamentação pelo Regimento Interno do STF, em 2007. Trata-se de requisito de admissibilidade exclusivo do recurso extraordinário.[36]

De acordo com o artigo 1.035, § 1º, do CPC/15, para efeito de repercussão geral, será considerada a existência ou não de questões relevantes do ponto de vista econômico, político, social ou jurídico que ultrapassem os interesses subjetivos do processo.

A ausência de repercussão geral levará ao não conhecimento do recurso extraordinário, inviabilizando a subida dos demais recursos sobre a mesma matéria (art. 1.030, I, do CPC/15). Se a decisão recorrida tiver em confronto com o entendimento do Supremo Tribunal Federal no regime de repercussão geral (ou na sistemática de recursos repetitivos), o presidente ou vice-presidente do tribunal local deverá encaminhar o processo ao

35. No STJ, o Ministro que formular o pedido de vista restituirá os autos ao Presidente do Órgão Julgador dentro de, no máximo, sessenta dias a contar do momento em que os autos lhe forem disponibilizados, devendo prosseguir o julgamento do feito na sessão subsequente ao fim do prazo, com ou sem o voto-vista. Tal prazo poderá ser prorrogado por trinta dias, mediante requerimento fundamentado ao Colegiado (art. 162 do Regimento Interno do STJ). Já no STF, o ministro que pedir vista dos autos deverá apresentá-los, para prosseguimento da votação, até a segunda sessão ordinária subsequente (art. 134 do Regimento Interno do STF).
36. A Emenda Constitucional nº 125/22 trouxe o requisito de relevância para o STJ, mas ainda será necessária lei regulamentadora da matéria.

órgão julgador para realização do juízo de retratação (art. 1.030, II, do CPC/15).[37]

O código prevê algumas hipóteses em que haverá a presunção (absoluta[38]) da repercussão geral: quando o recurso impugnar acórdão que contrarie súmula ou jurisprudência dominante do Supremo Tribunal Federal; e reconhecer a inconstitucionalidade de tratado ou de lei federal, nos termos do art. 97 da Constituição Federal (art. 1.035, § 3º).[39]

Não se pretende aqui analisar as múltiplas particularidades envolvendo a repercussão geral (necessidade de preliminar no RE ou não, efeitos processuais decorrentes do reconhecimento ou não do requisito em questão, a participação de amicus curiae nos julgamentos afetados etc.), e sim a forma deliberativa da análise da repercussão geral, já que o procedimento na apuração dos votos dos ministros sofreu alterações ao longo do tempo, tangenciando, de algum modo, o tema desta obra.

Como se sabe, a recusa quanto à existência de repercussão geral deve ser manifestada por 2/3 dos ministros do STF (art. 102, § 3º, da CF). Por muitos anos, a postura passiva do ministro (que não se manifestava sobre a presença ou não do requisito)

---

37. Vale registrar que uma coisa é a análise da repercussão geral como requisito de admissibilidade do recurso extraordinário. Outra coisa é a aplicação da repercussão geral como técnica de julgamento e formação de precedente vinculante. Nem todo RE admitido é julgado sob o regime da repercussão geral.

38. José Carlos Barbosa Moreira destaca que, quando a lei consagra uma presunção absoluta, o que quer fazer é "tornar irrelevante, para a produção de determinado efeito jurídico, a presença deste ou daquele elemento ou requisito no esquema fático". BARBOSA MOREIRA, José Carlos. Anotações sobre o título 'da prova' no Novo Código Civil. In: DIDIER JR., Fredie; MAZZEI, Rodrigo (Orgs.). *Reflexos do novo Código Civil no Direito Processual*. 2. ed. Salvador: JusPodivm, 2007, p. 288.

39. Registre-se, ainda, que, de acordo com o art. 987, § 1º, do CPC, do julgamento do mérito do IRDR caberá recurso extraordinário ou especial, conforme o caso, presumindo-se a repercussão geral de questão constitucional eventualmente discutida.

significava uma adesão à manifestação do relator (seja ela positiva ou negativa quanto à repercussão geral).

A dinâmica funcionava da seguinte forma: recebida a manifestação do relator, os demais ministros deveriam encaminhar por meio eletrônico, no prazo comum de 20 (vinte) dias, manifestação sobre a questão da repercussão geral, sendo que, decorrido o prazo sem manifestações suficientes para recusa do recurso, reputava-se existente a repercussão geral (Emenda Regimental nº 31/2009 – art. 324, § 1º). Se o relator declarasse que a matéria era infraconstitucional, a ausência de pronunciamento no prazo era considerada como manifestação de inexistência de repercussão geral (art. 324, § 2º, Emenda Regimental nº 31/2009).[40] Ou seja, a inércia dos ministros nessas duas situações tinha efeitos diferentes. Na primeira, a inércia era tratada como um "sim" (existência de repercussão geral), enquanto na segunda a inércia significava um "não" (inexistência de repercussão geral, caso o relator declarasse que o tema era infraconstitucional).

Porém, a partir da Emenda Regimental nº 54/2020, o cenário foi alterado. De acordo com o art. 324 e seus parágrafos, recebida a manifestação do relator, os demais ministros encaminhar-lhe-ão, por meio eletrônico, no prazo comum de 20 (vinte) dias, manifestação sobre a questão da repercussão geral. Somente será analisada a repercussão geral da questão se a maioria absoluta dos ministros reconhecerem a existência de matéria constitucional. A referida norma prevê, ainda, que a decisão da maioria absoluta dos ministros no sentido da

---

40. Art. 324. Recebida a manifestação do(a) Relator(a), os demais ministros encaminhar-lhe-ão, também por meio eletrônico, no prazo comum de 20 (vinte) dias, manifestação sobre a questão da repercussão geral.

§1º Decorrido o prazo sem manifestações suficientes para recusa do recurso, reputar-se-á existente a repercussão geral.

§2º Não incide o disposto no parágrafo anterior quando o Relator declare que a matéria é infraconstitucional, caso em que a ausência de pronunciamento no prazo será considerada como manifestação de inexistência de repercussão geral, autorizando a aplicação do art. 543-A, § 5°, do Código de Processo Civil."

natureza infraconstitucional da matéria terá os mesmos efeitos da ausência de repercussão geral, autorizando a negativa de seguimento aos recursos extraordinários sobrestados na origem que versem sobre matéria idêntica. Ademais, o ministro que não se manifestar no prazo de 20 (vinte) dias terá sua não participação registrada na ata do julgamento. Note-se que, por força da Emenda Regimental nº 58/2022 (que alterou o caput do art. 324), o prazo para demais os ministros se manifestarem sobre a questão da repercussão geral foi reduzido de 20 (vinte) dias para 6 (seis) dias úteis.[41]

Note-se que, não alcançado o quórum necessário para o reconhecimento da natureza infraconstitucional da questão ou da existência (ou não) de repercussão geral, o julgamento será suspenso e automaticamente retomado na sessão em meio eletrônico imediatamente seguinte, com a coleta das manifestações dos ministros ausentes.

Essa breve digressão demonstra que, no passado, a ausência de manifestação dos demais ministros sobre a repercussão geral significava a existência da repercussão geral, isto é, sua abstenção gerava um efeito afirmativo (acarretando a afetação quase que automática de muitos casos), o que não acontece mais hoje.[42] Por outro lado, a ausência de manifestação dos demais ministros quando o relator declarava ser a matéria infraconstitucional significava a inexistência de repercussão geral.

41. Art. 324. Recebida a manifestação do(a) Relator(a), os demais ministros encaminhar-lhe-ão, também por meio eletrônico, no prazo comum de 6 (seis) dias úteis, manifestação sobre a questão da repercussão geral. (Redação dada pela Emenda Regimental n. 58, de 19 de dezembro de 2022)

42. Esse prazo era considerado uma exceção à regra de que os juízes não estão sujeitos a prazos próprios. SICA, Heitor Vitor Mendonça. *Preclusão processual civil*. 2. ed. São Paulo: Atlas, 2008, p. 106.

4.6. PRECLUSÃO

Na visão de Fredie Didier Jr., a preclusão deve ser entendida como a perda de uma situação jurídica ativa processual, que pode envolver tanto a perda do poder processual das partes como a perda de um poder do juiz. [43] Costuma-se indicar quatro espécies de preclusões: temporal, consumativa, lógica e punitiva.

De forma bem resumida, a preclusão temporal consiste na perda do poder processual em virtude do seu não exercício no momento oportuno. Já a preclusão lógica corresponde à perda do poder processual em razão da prática anterior de ato incompatível com o exercício desse poder. Por sua vez, a preclusão consumativa envolve a perda do poder processual pelo fato desse poder já ter sido exercido, independentemente se bem ou mal. Por fim, a preclusão punitiva é aquela em que há a perda de um poder processual decorrente da prática de um ato ilícito.

Para fins deste trabalho, interessa somente investigar se eventuais situações de inércia, omissão *stricto sensu* e inobservância podem ensejar uma preclusão para o próprio juiz.

E a resposta é sim.

Por mais que os prazos do juiz sejam considerados impróprios, não temos dúvida em afirmar que alguns comportamentos omissivos podem gerar preclusão para o magistrado. Por exemplo, o juiz que profere a sentença sem enfrentar um dos pedidos formulados na petição inicial (sentença *citra petita*) não pode mais alterá-la ou emendá-la fora das hipóteses legais (art. 494 do CPC/15 – o juiz pode apenas ajustar a decisão para corrigir inexatidões materiais ou erros de cálculo; ou por meio de embargos de declaração). Haveria aí uma preclusão consumativa.[44]

---

43. DIDIER JR., Fredie. *Curso de Direito Processual Civil*. v. I. 24. ed. Salvador: JusPodivm, 2022, p. 555-564.

44. "Geralmente, o argumento utilizado para afastar as preclusões para o juiz seria o poder que possui de conhecer de ofício um sem número de questões (...). Pensamos que não há essa ampla possibilidade de rever as decisões proferidas

Da mesma forma, o juiz que excede injustificadamente os prazos pode ser afastado e perder a sua competência (art. 235, § 2º, do CPC/15). Seria o caso de uma preclusão punitiva.

Uma questão polêmica: haveria preclusão para o juiz que não examina determinada questão na decisão de organização e saneamento do processo? Imaginemos a seguinte situação: o juiz não examina a preliminar de ilegitimidade ativa suscitada pelo réu, se limitando a apreciar outras questões no saneador, e a decisão se torna estável. Nessa hipótese, perderia o julgador o poder de apreciar a referida questão em outra fase do processo?

Para José Carlos Barbosa Moreira, a decisão de saneamento "produz a preclusão: (a) de todas as questões decididas, ex officio ou mediante provocação da parte, pelo juiz (....) (b) das questões não decididas – desde que antes suscitadas ou simplesmente suscitáveis, ou apreciáveis de ofício – cuja solução cabia na decisão de saneamento", razão pela qual dali em diante o juiz não poderia mais apreciá-las.[45]

Em sentido semelhante, Antonio do Passo Cabral entende que deve ser admitida a preclusão lógica para as condutas judiciais comissivas e omissivas. Em sua visão, a falta de decisão "pode tornar precluso o poder de proferi-la (...) quando se omite em decidir no saneador, transmitindo aos demais um padrão de comportamento significativo, perde o juiz, pela preclusão lógica, o poder de decidir".[46]

---

e podem ser genericamente justificadas preclusões consumativas par ao juiz. Primeira, pela irreversibilidade tendencial dos atos do processo; em segundo lugar, porque em muitas hipóteses o ordenamento não autoriza o reexame de certas matérias já decididas". CABRAL, Antonio do Passo. *Nulidades no processo moderno* – contraditório, proteção da confiança e validade *prima facie* dos atos processuais. Rio de Janeiro: Forense, 2009, p. 264.

45. BARBOSA MOREIRA, José Carlos. *O Novo Processo Civil Brasileiro*. 25 ed., rev., atual. e ampl. Rio de Janeiro: Forense, 2007. p. 53.

46. CABRAL, Antonio do Passo. *Nulidades no processo moderno* – contraditório, proteção da confiança e validade *prima facie* dos atos processuais. Rio de Janeiro: Forense, 2009, p. 338.

Respeitados os posicionamentos, não concordamos com tese de preclusão (seja ela temporal, lógica ou consumativa) quando o juiz deixa de apreciar alguma questão na decisão de organização e saneamento do processo.

Inicialmente, cabe recordar que, de acordo com o art. 485, § 3º, do CPC/15, o juiz conhecerá de ofício das matérias constantes dos incisos IV, V, VI e IX (pressupostos de constituição e de desenvolvimento válido e regular do processo; perempção, litispendência ou coisa julgada; legitimidade ou interesse processual; intransmissibilidade da ação em caso de morte), em qualquer tempo e grau de jurisdição, enquanto não ocorrer o trânsito em julgado.

Registre-se apenas que uma coisa é o poder do juiz de apreciar questões conhecíveis de ofício a qualquer tempo. Outra, completamente diferente, é o juiz poder reapreciar, a qualquer tempo, questões conhecíveis de ofício já anteriormente decididas.[47] Nesse último caso, pensamos que há uma preclusão consumativa para o juiz (art. 505 do CPC/15), não podendo ele[48] – ou o tribunal superior, caso a parte não tenha interposto

---

47. O STJ entende que "as questões de ordem pública também estão sujeitas à preclusão consumativa se já tiverem sido objeto de manifestação jurisdicional anterior e não houver insurgência quanto à matéria no momento oportuno". STJ, AgInt no AREsp 2.007.442/SP, Min. Rel. Ricardo Villas Bôas Cueva, Terceira Turma, DJe 30.06.2022. No mesmo sentido: "Uma vez que tenham sido objeto de análise, as matérias de ordem pública, como é o caso da legitimidade ad causam e do interesse de agir, não podem ser novamente apreciadas, operando-se a preclusão *pro judicato*". REsp 2.019.150/SP, Rel. Min. Nancy Andrighi, Terceira Turma, julgado em 14.02.2023. Ressalve-se que o CPC/15 não prevê a recorribilidade imediata em relação às questões de ordem de pública (ausência de previsão no rol do art. 1.015), razão pela qual, se a matéria for alegada como preliminar de apelação ou nas contrarrazões (art. 1.009, § 1º, do CPC/15), o tribunal poderá apreciá-la.

48. Admitir que o próprio juiz possa reconhecer, na futura sentença, a ilegitimidade ativa já afastada na decisão de organização e saneamento do processo é atribuir mais valor a uma questão preliminar do que ao próprio mérito do processo (que faz coisa julgada e não pode ser rediscutido na mesma ação).

o recurso cabível no prazo legal – decidir novamente o tema, sob pena de retrocessos processuais.[49]

Feita a ressalva, entendemos que não se pode falar em preclusão quanto ao exame de questões não decididas na decisão de organização e saneamento. [50] Isso porque, não pactuamos com a ideia de i) "decisão implícita" (embora não haja consenso doutrinário no ponto[51]); ii) de efeitos preclusivos da "decisão implícita"; e/ou iii) de omissão conclusiva sobre algo não decidido.[52]

---

49. Foi o que o STJ assinalou no REsp 1.972.877/PR, Min. Rel. Marco Aurélio Bellizze, Terceira Turma, DJe 29.09.2022. No caso, embora o argumento de prescrição já tivesse sido rejeitado na decisão de organização e saneamento do processo (sem recurso da parte – at. 1.015, II, do CPC/15), o tribunal houve por bem reconhecer a preclusão da matéria, por entender que, "à época da prolação do *decisum*, a jurisprudência ainda não estava consolidada, no tocante ao cabimento de agravo". Todavia, na visão do STJ, "é de rigor o reconhecimento da preclusão quanto à alegação de prescrição, visto que a matéria foi decidida em decisão saneadora e não houve impugnação da parte requerida por meio da interposição de agravo de instrumento. Ante o exposto, dou provimento ao recurso especial, para afastar o reconhecimento da prescrição, em razão da preclusão da matéria, determinando-se o retorno dos autos ao Tribunal de origem para que analise o mérito do recurso de apelação da autora, como entender de direito".
50. "Além disso, a impossibilidade jurídica pode e deve ser reconhecida em qualquer tempo e grau de jurisdição, enquanto não proferida a sentença de mérito, *não causando qualquer nulidade o silêncio do juiz no saneamento do processo*, que admitiu a prova oral (fl. 169), sobre as preliminares arguida". STJ, REsp 73.788/DF, Rel. Min. Carlos Alberto Menezes Direito, Primeira Turma, julgamento em 09.09.1996.
51. Galeno Lacerda, por exemplo, não admite a possibilidade de decisão implícita em relação ao despacho saneador, seja em razão da violação do dever de fundamentação das decisões, seja porque a ausência de enfrentamento de alguma questão pelo juiz pode revelar o seu entendimento que os fatos a ela subjacentes dependem de prova. LARCEDA, Galeno. *Despacho saneador*. Porto Alegre: Sulina, 1953, p. 172-173. Já Calmon de Passos nega a possibilidade de decisão implícita somente se não houve proposição da questão pelas partes, indicando que, se ela foi suscitada e restou superada sem enfrentamento explícito, haveria decisão. CALMON DE PASSOS, Jose Joaquim. *Comentários ao Código de Processo Civil*. 7. ed. Rio de Janeiro, Forense, 1994, p. 530.
52. Ressalve-se que o STJ admite o exame de admissibilidade implícito: "(...) o exame do mérito do recursal já traduz o entendimento de que foram atendidos os requisitos extrínsecos e intrínsecos de sua admissibilidade, inexistindo

Nesse ponto, comungamos do entendimento de Fredie Didier Jr. quando assinala que, em relação à decisão de saneamento, "a preclusão somente pode operar-se em relação às questões decididas contra as quais ou não houve interposição de agravo de instrumento, se couber, ou de apelação, ou, embora tenha sido interposto, o recurso tenha sido rejeitado".[53]

Convenhamos, admitir-se a preclusão para o juiz sobre uma questão não decidida no saneador seria, na prática, criar um ônus para a parte, obrigando-a a impugnar algo que sequer foi pronunciado pelo juiz, o que não reflete a lógica do CPC/15. Aqui, é possível fazer um paralelo com a omissão judicial referente aos honorários sucumbenciais, em que o código expressamente autoriza o interessado a propor ação autônoma para sua definição e cobrança (art. 85, § 18), sinalizando que não deve haver preclusão (ou formação de coisa julgada) quando determinado requerimento não é examinado pelo juiz.

Nesse sentido, e respondendo ao questionamento feito anteriormente, entendemos que não há preclusão para o juiz quando, ainda que sem externar as razões, deixa para apreciar os pressupostos de admissibilidade em momento posterior à decisão de organização e saneamento do processo, como, por exemplo, por ocasião da sentença.[54]

---

necessidade de pronunciamento explícito pelo julgador a esse respeito". STJ, AgInt no REsp 1.892.684, Rel. Min. Francisco Falcão, Segunda Turma, DJe 23.03.23.

53. DIDIER JR., Fredie. *Curso de Direito Processual Civil*. v. I. 24. ed. Salvador: JusPodivm, 2022, p. 886. Para Heitor Sica, independentemente da discussão sobre a existência ou de decisões implícitas (que para o autor não existem), não há qualquer efeito preclusivo decorrente delas, pois a decisão implícita seria nula pela inobservância do dever de fundamentação, podendo tal nulidade ser reconhecida a qualquer momento. SICA, Heitor Vitor Mendonça. *Preclusão processual civil*. 2. ed. São Paulo: Atlas, 2008, p. 210.

54. No mesmo sentido MARQUES, José Frederico. *Manual de Direito Processual Civil*. v. 2. São Paulo: Saraiva, 1974, p. 166-172.

4.7. DEFERIMENTO TÁCITO

Em regra, todos os requerimentos e pedidos formulados pelos sujeitos devem ser apreciados pelo juiz, ainda que para rejeitá-los, sob pena de violação direitos fundamentais (ex: acesso à justiça, duração razoável do processo, eficiência) e garantias processuais (ex: observância ao princípio da congruência).[55]

Na visão de James Goldschmidt[56], que divide os atos do processo de acordo com a sua aptidão para produzir os efeitos pretendidos pelo agente, os atos podem ser estimulantes ou determinantes. Os atos estimulantes são aqueles em que não se "atinge diretamente (por si só) os efeitos por ele pretendidos, necessitando, para tanto, provocar a intermediação de outros sujeitos"[57]. É o caso dos requerimentos, manifestações, petições, atos que não produzem efeitos automaticamente. Já os atos determinantes seriam aqueles que geram automaticamente efeitos processuais, sem intermediação de outros sujeitos. As decisões judiciais são exemplos de atos determinantes.

---

55. Nesse sentido, não concordamos com a afirmação de que "o juízo omisso ao ser provocado, por inúmeras vezes e por vasto lapso de tempo, culmina por decidir tacitamente em sentido contrário ao pleiteado pela parte. A continuada inércia judicial releva o ato omissivo judicial. O juiz resolve a questão incidente fulcrado em sua própria omissão, indeferindo-a imaterialmente. (...) O Estado-juiz, por sua inação, reitere-se, faz exsurgir no ambiente processual ato judicial omissivo. Neste caso, como dito, estará o juiz tacitamente decidindo por omissão. Prolata-se, pela inação, portanto, decisão indeferitória por omissão". PASSONI, Marcos Paulo. A continuada inação judicial equivale a ato omissivo recorrível. Disponível em https://esaoabsp.edu.br/Artigo?Art=65. Acesso em: 10.03.2023.
56. GOLDSCHMIDT, James Paul. Zivilprozessrecht. Neudruck der 2 Auflage. Berlin: Scientia Verlag Aalen, 1969. Versão traduzida: GOLDSCHMIDT, James. *Direito Processual Civil*. t. 1. Trad. Lisa Pary Scarpa. Campinas: Bookseller, 2003, p. 269 e seguintes.
57. CABRAL, Antonio do Passo. *Nulidades no processo moderno* – contraditório, proteção da confiança e validade *prima facie* dos atos processuais. Rio de Janeiro: Forense, 2009, p. 139.

Sob esse prisma, o mero requerimento das partes (um pedido de produção de provas, por exemplo), por ser um ato estimulante, não gera efeitos automaticamente e depende da intermediação do juiz (que pode deferir ou indeferir o pleito). Essa é essência dos atos estimulantes, o que, a nosso sentir, confirma a tese de impossibilidade de decisões implícitas.

Porém, a prática revela uma situação tratada excepcionalmente pela jurisprudência como "deferimento tácito", em que um requerimento não examinado (uma omissão *stricto sensu*) é tido por deferido.

Antes de avançar, vale mencionar que, na esfera do direito administrativo, existem algumas situações em que omissões significam deferimento tácito.

De acordo com o art. 26 da Lei nº 9.478/97 (que dispõe sobre a política energética nacional, as atividades relativas ao monopólio do petróleo, e institui o Conselho Nacional de Política Energética e a Agência Nacional do Petróleo), a concessão implica, para o concessionário, a obrigação de explorar, por sua conta e risco e, em caso de êxito, produzir petróleo ou gás natural em determinado bloco, conferindo-lhe a propriedade desses bens, com os encargos relativos ao pagamento dos tributos incidentes e das participações legais ou contratuais correspondentes. Em caso de êxito na exploração, o concessionário submeterá à aprovação da ANP os planos e projetos de desenvolvimento e produção, devendo a ANP emitir parecer a respeito no prazo máximo de cento e oitenta dias, sendo certo que, "decorrido o prazo sem que haja manifestação da ANP, os planos e projetos considerar-se-ão automaticamente aprovados". (art. 26, § 3º).

Por sua vez, a Lei da Liberdade Econômica garante a toda pessoa, natural ou jurídica que, nas solicitações de atos públicos de liberação da atividade econômica que se sujeitam ao disposto na referida lei, apresentados todos os elementos necessários à instrução do processo, o particular será cientificado expressa e imediatamente do prazo máximo estipulado para a análise de seu pedido, sendo que "transcorrido o prazo fixado, o silêncio da autoridade competente importará aprovação tácita para todos os efeitos, ressalvadas as hipóteses expressamente vedadas em lei" (art. 3º, IX). [58]

Em âmbito jurisdicional, porém, não pode ser aplicada a mesma lógica da esfera administrativa, como já demonstrado nos tópicos anteriores.

Há uma hipótese, porém, em que a jurisprudência reconhece a possibilidade de deferimento tácito. Isso ocorre quando se trata de requerimento de gratuidade de justiça formulado pela parte e não examinado pelo juiz ao longo do processo. O entendimento é de que essa omissão reiterada geraria, na prática, a expectativa para o interessado de que gozaria daquele benefício (a ponto, por exemplo, de não recolher custas ao interpor seus recursos).

Durante algum tempo, o entendimento do STJ sobre o tema oscilou. Alguns julgados defendiam a impossibilidade de deferimento tácito[59] e outros sustentavam a possibilidade de deferimento do benefício mesmo sem o exame do pleito.[60]

---

58. Sobre o tema, ver ainda o PL 2.481/2022, que elenca três possíveis situações para o silêncio administrativo (transferência de competência ao superior hierárquico, indeferimento tácito ou a concordância tácita).
59. AgRg no AREsp 600.753/SC, Rel. Min. Sérgio Kukina, Primeira Turma DJe de 26.03.2015; AgRg no AREsp 604.866/SC, Segunda Turma, Rel. Min. Mauro Campbell Marques, DJe de 13.05.2015; AgRg no AREsp 499.310/PR, Terceira Turma, Rel. Min. Ricardo Villas Bôas Cueva, DJe de 10.6.2015; AgRg no AREsp 209.342/PR, Quarta Turma, Rel. Min. Raul Araújo, DJe de 18.06.2014.
60. AgRg nos EAREsp 399.852/RJ, Corte Especial, Rel. Min. Napoleão Nunes Maia Filho, DJe de 25.11.2015; (AgRg no REsp 1.285.116/DF, Segunda Turma, Rel. Min. Humberto Martins, DJe de 19.12.2011; RMS 24.147/PB, Quinta Turma, Rel. Min. LAURITA VAZ, DJe de 6.4.2011.

Em 2016, a questão chegou à corte especial do STJ.[61] Ao examinar agravo interno contra a decisão do presidente do tribunal – que não havia conhecido os embargos de divergência por deserção –, a corte especial interpretou a "possibilidade de se entender o silêncio do julgador como deferimento tácito do benefício da assistência judiciária gratuita pleiteado". Isso porque, "não pode o mero silêncio do Poder Judiciário (ausência de motivação) importar em negativa do pedido de gratuidade da justiça". Na visão do colegiado, a omissão do Judiciário [em analisar o pedido formulado anteriormente] deve "atuar em favor da garantia constitucional de acesso à jurisdição e de assistência judiciária gratuita, favorecendo-se a parte que requereu o benefício, presumindo-se o deferimento do pedido de justiça gratuita". Até porque, a declaração de pobreza feita por pessoa física "tem presunção de veracidade" e somente podendo ser afastada por decisão judicial fundamentada.

Na parte dispositiva, a discussão foi assim sintetizada:

> (...) presume-se o deferimento do pedido de assistência judiciária gratuita não expressamente indeferido por decisão fundamentada, inclusive na instância especial. No caso concreto, considerando-se que as ora agravantes requereram a concessão do benefício da assistência judiciária gratuita nas próprias petições de recurso especial e de embargos de divergência, entende-se ser descabida a decretação, de pronto, da deserção. Diante do silêncio desta Corte de Justiça, deve-se, de um lado, presumir o deferimento do benefício formulado no recurso especial e, de outro lado, no âmbito dos embargos de divergência, deverá ser previamente analisado o pedido de gratuidade formulado na própria petição recursal. Em caso de indeferimento

61. AgRg nos EARESP 440.971/RS, Rel. Min. Raul Araújo, Corte Especial, DJ 17.03.2016. No mesmo sentido AgInt no REsp 1744453/MG, Rel. Min. Nancy Andrighi, Terceira Turma, DJe 22.05.2019: "A omissão do julgador atua em favor da garantia constitucional de acesso à jurisdição e de assistência judiciária gratuita, favorecendo-se a parte que requereu o benefício, presumindo-se o deferimento do pedido de justiça gratuita, mesmo em se tratando de pedido apresentado ou considerado somente no curso do processo, inclusive nesta instância extraordinária. Precedentes".

motivado, deve-se intimar a parte recorrente para recolhimento das respectivas custas. Se não houver recolhimento, nem recurso contra o indeferimento fundamentado, declarar-se-á o recurso deserto. Face ao exposto, dá-se provimento ao agravo interno, para, reformando-se a r. decisão agravada, determinar-se sejam regularmente processados os embargos de divergência.

Em 2021, a questão foi novamente examinada pela corte especial, que reafirmou o entendimento exarado anos antes, inclusive com a sugestão da Ministra Laurita Vaz para que fosse enviado memorando a todos os gabinetes de Ministros do STJ para ciência do resultado.[62]

Apesar disso, ainda não há total uniformidade no âmbito do STJ. Alguns julgados aplicam o entendimento da corte especial[63], enquanto outras decisões afirmam que "a ausência de apreciação do pedido de justiça gratuita pelo Tribunal de origem

62. "Por tanto, em homenagem à segurança jurídica, penso que deve ser prestigiado o entendimento esposado pela Corte Especial no acórdão paradigma, depois reiterado em pelo menos dois julgamentos subsequentes na mesma linha por este Colegiado. Por oportuno, sugiro ao Senhor Presidente deste Superior Tribunal de Justiça que – seja qual for o resultado deste julgamento, por se tratar de tema afeto a todos os órgãos jurisdicionais desta Corte – expeça memorando endereçado a todos os Gabinetes de Ministro do STJ, com cópia do acórdão a ser oportunamente lavrado, para que dele se dê ciência. E, se me permite Senhor Presidente, sugeriria replicar essa prática em julgamentos dessa natureza, com o fim de manter os demais órgãos jurisdicionais do STJ devida e prontamente informados sobre os temas controvertidos que tenham sido examinados e efetivamente decididos em embargos de divergência pela Corte Especial. Acredito que, para um Tribunal cuja missão é primordialmente uniformizar a interpretação da lei federal, essa medida viria a facilitar a disseminação de informações de julgados sobre temas relevantes, notadamente quando resolver dissidências internas". EAg nº 731.176/MS, Rel. Min. Laurita Vaz, Corte Especial, DJe 22.03.2021.

63. AgInt nos EDcl no AREsp 1785252 / SP, Rel. Min. Antonio Carlos Ferreira, Quarta Turma, DJe 28.03.2022; AgInt no AREsp 1848536 / SP, Rel. Min. Marco Aurélio Bellizze, Terceira Turma, DJe 02.12.2021.

não significa deferimento tácito"[64]. Como se vê, não há a devida observância ao padrão decisório fixado – art. 927, V, do CPC[65].

Ao fim e ao cabo, quer nos parecer que, ainda que se admita a ideia de deferimento tácito nessa hipótese específica, premissa com a qual não concordamos, a dispersão jurisprudencial – ainda existente no âmbito do STJ – desnuda a insegurança jurídica causada por esse comportamento judicial, o que corrobora a necessidade de os interessados provocarem o julgador (através dos meios de impugnação), a fim de que o benefício seja efetivamente analisado quando do requerimento.

---

64. AgInt no AREsp 1767196/MT, Rel. Min. Marcos Buzzi, Quarta Turma, DJe 21.02.2022. No mesmo sentido: "Ao contrário do que defende a agravante, a simples demora, ou mesmo a não apreciação do pedido de assistência judiciária gratuita, não gera conclusão de seu deferimento tácito. Nesse sentido, ainda que tenha havido a concessão tácita do benefício da justiça gratuita pelas instâncias de origem, não é possível o afastamento da deserção na hipótese em que este deferimento não for comprovado no ato da interposição do recurso. Isso porque é insuficiente a alegação de que a gratuidade foi deferida expressa ou tacitamente nos autos principais e/ou apensados, devendo a parte trazer cópia integral dos respectivos autos ou certidão comprobatória do Tribunal de origem desse deferimento (AgRg no AREsp 731176/MS, Rel. Min. Antonio Carlos Ferreira, DJe 22/09/2020)". AgInt no Agravo em REsp 1623254/RS, Rel. Min. Paulo de Tarso Sanseverino, Terceira Turma, DJe 22.04.2021.

65. Para Alexandre Câmara, alguns padrões decisórios não são dotados de eficácia vinculativa, dentre eles os enunciados de súmulas (não vinculantes) do STJ e STF e a orientação do plenário ou do órgão especial dos tribunais (art. 927, V). Como explica o doutrinador, "a eficácia vinculante de alguns padrões decisórios não provém do fato de estarem no art. 927 do CPC/15, mas do regime próprio de cada uma desses padrões decisórios. (...) Na sua elaboração [padrões decisórios persuasivos (ou argumentativos)], não se observa procedimento caracterizado pela ampliação do contraditório (...) não há exigência de obrigatória abertura para a participação de interessados ou de amici curiae, ou para a realização de audiências públicas. (...) Disto não resulta, porém, que possam ser simplesmente ignorados. É que, mesmo não tendo eficácia formalmente vinculante, os padrões decisórios têm de ser observados na construção das futuras decisões como forma de cumprir os deveres de uniformidade, coerências e integridade da atividade jurisdicional a que se refere o art. 926 do CPC/2015". CÂMARA, Alexandre Freitas. *Levando os padrões decisórios a sério*: formação e aplicação de precedentes e enunciados de súmula. São Paulo: Atlas, 2018, p. 282-283.

Em observância à ideia de primazia de mérito e por força dos princípios da boa-fé e da cooperação (arts. 4º, 5º e 6º do CPC/15), pensamos que, caso a parte alegue em seu recurso especial que goza do benefício da gratuidade de justiça (concedido de forma "tácita" pelas instâncias ordinárias[66]), deverá o STJ analisar efetivamente o pleito[67], intimando a parte para recolher as custas (de modo simples, e não em dobro), caso o requerimento seja indeferido. Somente se a parte não recolher as custas no prazo legal, ignorando a determinação judicial, é que poderá ser declarada a deserção.

4.8. INTERPRETAÇÃO DA DECISÃO E BOA-FÉ

De acordo com o art. 489, § 3º, do CPC, a decisão judicial deve ser interpretada a partir da conjugação de todos os seus elementos e em conformidade com o princípio da boa-fé.

A interpretação é um processo mental para compreensão do sentido do texto, sendo a norma o resultado da interpretação do texto.

Como explica Eduardo Couture[68], "toda a tarefa interpretativa pressupõe trabalho de relacionar a parte com o todo".

Dessa forma, não se interpreta uma sentença apenas examinando a parte dispositiva. O dispositivo deve ser compreendido a partir da fundamentação ou, como preconiza o art. 489, § 3º,

---

66. Demonstrando, ainda, que não tenha praticou ao longo do processo qualquer ato incompatível com o seu pleito de concessão do benefício da justiça gratuita.
67. Vale lembrar que o "juiz somente poderá indeferir o pedido se houver nos autos elementos que evidenciem a falta dos pressupostos legais para a concessão de gratuidade, devendo, antes de indeferir o pedido, determinar à parte a comprovação do preenchimento dos referidos pressupostos"; e "presume-se verdadeira a alegação de insuficiência deduzida exclusivamente por pessoa natural". (art. 99, §§ 2º e 3º, do CPC/15).
68. COUTURE, Eduardo. *Interpretação das leis processuais*. São Paulo: Max Limonad, 1956, p. 40.

do CPC/15, "a partir da conjugação de todos os seus elementos". A análise deve sempre prestigiar a coerência interna da decisão.

Na visão do STJ, o "ato de sentenciar representa um raciocínio lógico desenvolvido pelo juízo, que culmina com a condenação contida no dispositivo. Os fundamentos, porém, são essenciais para que se compreenda o alcance desse ato".[69] Em outras palavras, "a interpretação do dispositivo não prescinde de sua adequação ao que foi exposto na motivação do *decisum*".[70]

Em decisões colegiadas, os debates servem para a atividade interpretativa, razão pela qual as notas taquigráficas terão os mesmos "fins legais" do acordão, caso este não venha a ser publicado em 30 (trinta) dias (arts. 210 e 944 do CPC/15).

Sob outra ótica, a interpretação da decisão também deve levar em conta a boa-fé. O CPC/15 alçou a boa-fé (objetiva)[71] à norma fundamental do processo civil (art. 5º). Assim, todo aquele que participa do processo deve comportar-se de acordo com a boa-fé, o que abrange não apenas os litigantes, mas todos os demais sujeitos, como auxiliares do juiz, advogados, terceiros intervenientes, instituições públicas ou privadas, *amici curiae* etc.

No contexto do novo diploma processual, a boa-fé, além de repercutir na interpretação da decisão judicial, deve ser considerada na interpretação dos pedidos[72] e dos pronunciamentos judiciais (arts. 322, § 2º), com reflexos, ainda, na fase recursal (art. 1.013, § 3º, II) e na ação rescisória (art. 966, V).

---

69. STJ, REsp 818.614, Rel. Min. Nancy Andrighi, Terceira Turma, DJ 20.11.2006.
70. STJ, REsp 1.125.641/CE, Rel. Min. Raul Araújo, Quarta Turma, DJe 14.04.2015.
71. Enunciado 374 do FPPC: "O art. 5º prevê a boa-fé objetiva".
72. Para Taruffo, a boa-fé atua como meio de integração, preenchendo lacunas existentes em regras processuais. TARUFFO, Michele. Abuso dos direitos processuais: padrões comparativos de lealdade processual – relatório geral. *Revista de Processo*. São Paulo: Revista dos Tribunais, nº 177, nov./2009, p. 158.

Na prática, como vetor interpretativo e corolário do processo legal, a boa-fé cria para todos os sujeitos processuais "uma imposição de atuar"[73] em consonância com os fins do processo.

Feitas essas considerações, é preciso examinar alguns reflexos do silêncio do juiz, à luz da interpretação preconizada pelo art. 489, § 3º, do CPC/15. Essa intepretação – é bom frisar – não afasta o ônus da parte de interpor os recursos cabíveis para forçar o julgador a se manifestar expressamente sobre determinada questão ou pedido, mas pode, em algumas situações, auxiliar na compreensão do que restou decidido.

Inicialmente, vale lembrar que o pedido não apreciado na sentença não transita em julgado. Ou seja, a omissão no exame de determinado pedido na decisão não pode ser interpretada como deferimento ou indeferimento do respectivo pleito.

Como visto no item 4.3, o artigo 85, § 18, do CPC/15 estabelece que, "caso a decisão transitada em julgado seja omissa quanto ao direito aos honorários ou ao seu valor, é cabível ação autônoma para sua definição e cobrança". Nessa hipótese, o próprio legislador atribuiu ao silêncio do juiz um conteúdo significativo prévio, isto é, deixou claro que a não apreciação da verba honorária não significa o seu deferimento ou indeferimento. Tanto é assim que o código prevê expressamente a possibilidade de uma demanda autônoma para a definição e cobrança dos honorários. Por uma questão de coerência, essa mesma *ratio* deve ser aplicada em relação a eventuais pedidos formulados e não examinados pelo julgador.

Algumas vezes, porém, a ausência de enfrentamento de determinado pedido pode significar, à luz da interpretação preconizada pelo art. 489, § 3º, do CPC/15, o seu indeferimento.

---

73. VINCENZI, Brunela Vieira de. *A boa-fé no processo civil*. São Paulo: Atlas, 2003, p. 170.

Por exemplo, quando o juiz acolhe o pedido subsidiário, sem se manifestar expressamente sobre o pedido principal, a interpretação aqui deve ser no sentido de que o juiz rejeitou o pedido principal, até mesmo porque só deve apreciar o pedido "posterior quando não acolher o anterior (art. 326 do CPC/15).

Por outro lado, o silêncio do juiz em determinadas situações pode ser interpretado como "confirmação implícita" de um ato realizado (ex: tutela provisória concedida no início da ação, mas não confirmada expressamente na futura sentença de procedência)[74]. Porém, se a tutela provisória foi concedida no início da ação e o pedido autoral foi julgado improcedente na sentença de mérito, a qual não faz qualquer menção à tutela outrora deferida, a interpretação deve ser no sentido de que a tutela (decisão proferida em cognição sumária) foi revogada pela sentença (decisão proferida em cognição exauriente).

Para finalizar, vale repisar o entendimento do STJ de que a simples análise do mérito recursal traduz a ideia de preenchimento dos requisitos extrínsecos e intrínsecos de admissibilidade (uma espécie de admissibilidade implícita), "inexistindo necessidade de pronunciamento explícito pelo julgador a esse respeito".[75]

74. "Por derradeiro, traz-se à discussão o caso de a tutela antecipada não ser confirmada em sentença, ante o esquecimento do juiz ou o entendimento de que tal confirmação seria desnecessária. É claro que a questão pode ser enfrentada por meio da oposição de embargos de declaração, no entanto, caso não se prefira adotar tal medida, deve-se entender que, se o juiz silenciou-se na sentença a respeito da tutela antecipada já concedida, pretendeu ele mantê-la irretocável. O silêncio do juiz representa uma manifestação de vontade que há de se quedar em favor da confirmação implícita da tutela antecipada". NUNES, Gustavo Henrique Schneider. A tutela antecipada às voltas com a sentença. Disponível em https://jus.com.br/artigos/24768/a-tutela-antecipada-as-voltas--com-a-sentenca. Acesso em: 10.03.2023.

75. STJ, AgInt no REsp 1.892.684, Rel. Min. Francisco Falcão, Segunda Turma, DJe 23.03.2023.

5. Mecanismos de impugnação do silêncio do juiz

Neste capítulo, a proposta é inventariar alguns meios de impugnação do silêncio do juiz, analisando particularidades dos respectivos mecanismos de controle e sua aceitação pelos tribunais.

Não se pretende exaurir todas as situações e esgotar os meios possíveis de impugnação (não se abordará, por exemplo, a *querela nullitatis*[1]; a ação anulatória do art. 966, § 4º, do CPC/15[2];

1. A doutrina entende que a *querela nullitatis* é "um meio de impugnação de decisão maculada por vícios transrescisórios, que subsistem quando: a) a decisão for proferida em desfavor do réu em processo que correu à sua revelia por falta de citação; b) decisão for proferida em desfavor do réu em processo que correu à sua revelia por ter sido defeituosa a citação. A querela nullitatis diferencia-se da ação rescisória, principalmente por ter outras hipóteses de cabimento e por não estar sujeita a prazo – não se submete a qualquer prazo decadencial. Trata-se de ação desconstitutiva que pode ser manejada, até mesmo, depois do decurso do prazo de dois anos previsto para a ação rescisória". DIDIER JR., Fredie; BRAGA, Paula Sarno; OLIVEIRA, Rafael de Alexandria. *Curso de Direito Processual Civil*. v. 2. 17. ed. São Paulo: JusPodivm, 2022, p. 709-710. Quando o juiz recebe a petição inicial e determina o prosseguimento do feito, sem ordenar a citação do réu (conduta rara hoje em dia), viola norma processual cogente ligada ao procedimento. Sobre o tema, ver também o Informativo nº 810 do STJ.

2. A ação anulatória do art. 966, § 4º, do CPC/15 seria cabível para anular, por exemplo, acordo homologado envolvendo interesse de capaz sem a participação do Ministério Público (inobservância de norma procedimental cogente),

o conflito negativo de competência[3], a "simples petição") mas apenas catalogar hipóteses mais frequentes em âmbito judicial, analisando-se os respectivos meios de controle.[4]

5.1. PROVIDÊNCIAS DE NATUREZA ADMINISTRATIVA

5.1.1. Representação

Ainda que os prazos judiciais sejam considerados impróprios, o magistrado deve observar os marcos temporais definidos pelo legislador no art. 226 do CPC/15.

Isso porque, como já restou demonstrado, um dos deveres do juiz é "não exceder injustificadamente os prazos para sentenciar ou despachar" (art. 35, II, da LOMAN). Afinal, sem a observância dos prazos indicados pelo legislador, de "nada adiantaria a promessa constitucional de duração razoável do processo (art. 5º, LXXVIII, da CF) e de efetividade da prestação jurisdicional".[5]

---

em que se aponta eventual prejuízo. Para uma visão geral do dispositivo legal, ver CASTRO, Cassio Benvenutti de. *Ação anulatória* – art. 966, § 4º, CPC. Salvador: Juspodivm, 2019.

3. Imagine-se a seguinte situação: um primeiro juiz reconhece a sua incompetência e declina em favor do Juízo considerado competente. Na sequência, o segundo juiz não acolhe a competência declinada e deixa de suscitar o conflito negativo, criando um "limbo". Nessa hipótese, poderá qualquer das partes manejar o conflito de competência para impugnar essa inobservância (art. 66, parágrafo único, do CPC/15).
4. Na esfera arbitral, por exemplos, existem mecanismos típicos de impugnação do silêncio do julgador, como, por exemplo, os chamados "embargos arbitrais" (pedido de esclarecimento) e a ação de complementação de sentença arbitral. Sobre essa ação, ver PINHO, Humberto Dalla Bernardina de; MAZZOLA, Marcelo. Ação de complementação da sentença arbitral: alguns aspectos controvertidos. Disponível em https://www.migalhas.com.br/coluna/observatorio-da--arbitragem/380451/acao-de-complementacao-de-sentenca-arbitra. Acesso em: 10.03.2023.
5. GAJARDONI, Fernando da Fonseca; DELLORE, Luiz; ROQUE, Andre Vasconcelos; OLIVEIRA JR., Zulmar Duarte de. *Comentários ao Código de Processo Civil*. 4. ed. Rio de Janeiro, Forense, 2021, p. 351.

Nesse contexto, uma primeira medida administrativa prevista pelo ordenamento jurídico para impugnar o silêncio do juiz (mais especificamente a inércia) é a representação.

De acordo com o art. 235 do CPC/15, as partes (incluindo terceiros que ingressaram no processo), o Ministério Público ou a Defensoria Pública poderão representar ao corregedor do tribunal ou ao Conselho Nacional de Justiça contra juiz ou relator que injustificadamente exceder os prazos previstos em lei, regulamento ou regimento interno.[6]

O procedimento funciona da seguinte forma: distribuída a representação ao órgão competente e ouvido previamente o juiz, não sendo caso de arquivamento liminar, será instaurado procedimento para apuração da responsabilidade, com intimação do representado por meio eletrônico para, querendo, apresentar justificativa no prazo de 15 (quinze) dias (esse prazo é próprio).

Sem prejuízo das sanções administrativas cabíveis[7], em até 48 (quarenta e oito) horas após a apresentação ou não da referida justificativa, o corregedor do tribunal ou o relator no Conselho Nacional de Justiça, se for o caso[8], determinará a intimação do representado por meio eletrônico para que, em 10 (dez) dias, pratique o ato. Mantida a inércia, os autos serão remetidos ao substituto legal do juiz ou do relator contra o qual se representou, para decisão em 10 (dez) dias.

Como se vê, embora a representação seja um procedimento de natureza administrativa (capaz de ensejar sanções disciplinares), pode gerar também consequências endoprocessuais (no

6. Os Regimentos Internos dos Tribunais também possuem regras quando ao procedimento e ao processamento da reclamação. O Regimento Interno do TJ/RJ, por exemplo, aborda a representação nos artigos 142 a 147.

7. Vale lembrar também que o juiz que excede os prazos legais fica impedido de ser promovido (arts. 93, II, "e", da CF e 3º, III e IV, da Resolução nº 106/10 do CNJ).

8. Costuma-se analisar a existência de eventual "justa causa" para a inércia judicial, o que depende da análise de cada caso concreto.

caso, o afastamento do julgador, com a remessa dos autos ao seu substituto legal).

5.1.2. Correição parcial

Outra forma de impugnação do silêncio do juiz, de natureza essencialmente administrativa[9] (ainda que haja controvérsia no ponto[10]), é a correição parcial (também chamada de reclamação correicional).[11]

---

9. "A correição parcial constitui medida administrativa tendente a apurar uma atividade tumultária do juiz, não passível de recurso. Há, na correição, nítida feição disciplinar. Ao longo do tempo, restou esvaziada a correição parcial. Isso porque um mecanismo administrativo e disciplinar, em razão do princípio da separação dos poderes, não deve contar aptidão para atacar um ato judicial". DIDIER JR., Fredie. *Curso de direito processual civil* – meios de impugnação às decisões judiciais e processos nos tribunais. 14. ed. Salvador: JusPodivm, 2017, p. 610.
   Em sentido semelhante, ver DANTAS, Marcelo Navarro Ribeiro. "Correição parcial não é recurso (portanto, não deve ser usada como tal". In: NERY JR., Nelson; WAMBIER, Teresa Arruda Alvim (Coords). *Aspectos polêmicos e atuais dos recursos cíveis e de outras formas de impugnação às decisões judiciais*. São Paulo: RT, 2001, p. 836.
10. Parte da doutrina entende que a correição parcial deve ser entendida como instrumento de função jurisdicional, sob o argumento de que seu objetivo é impugnar o *error in procedendo*, e não buscar a punição disciplinar do magistrado. MACEDO, Elaine Harzheim; DUARTE, Liza Bastos. Correição parcial e sua (in)constitucionalidade. *Revista dos Tribunais*, São Paulo, v. 859, p. 38-58, mai. 2007. p. 39. Em sentido semelhante DINAMARCO, Cândido Rangel. A reclamação no processo civil brasileiro. In: NERY JUNIOR, Nelson; ARRUDA ALVIM WAMBIER, Teresa (Coords.). *Aspectos polêmicos e atuais dos recursos e de outros meios de impugnação às decisões judiciais*. São Paulo: RT, 2002. v. 6. p. 102; OLIVEIRA, Pedro Miranda de; RIGOMI, Joana Baptista. Aspectos destacados da correição parcial. *Revista de Processo*. São Paulo: Revista dos Tribunais, nº 331, set./2022, p. 179-192. Entendemos que a correição parcial tem natureza administrativa, pois não se pode conceber que regimento interno de tribunal e/ou lei de organização judiciária crie(m) um remédio processual novo diferente daqueles previstos em lei federal (art. 22, I, da CF). A correição parcial não é um recurso "disfarçado", razão pela qual não pode gerar, por exemplo, a anulação ou a substituição de decisão judicial. Registre-se que ainda existem referências ao instituto na Lei nº 5.010/66 (que organiza a Justiça Federal de primeira instância), mas isso não altera o pensamento.
11. Há mais de duas décadas, José Frederico Marques critica a correição parcial (chamada por ele de "remédio recursal") como meio de impugnação de

Em regra, a sistemática da correição parcial – que não pode ser confundida com a representação (art. 235 do CPC/15)[12] ou a reclamação (art. 988 do CPC/15) – está delineada nos regimentos internos de alguns tribunais e/ou na Lei de Organização Judiciária de cada Estado. No Rio de Janeiro, por exemplo, existem previsões no regimento interno do tribunal (arts. 293 a 298).[13]

De um modo geral, a correição parcial pode ser manejada pela parte ou pelo Ministério Público para combater as "omissões do juiz" e os "despachos irrecorríveis que importem em inversão da ordem legal do processo ou resultem de erro de ofício ou abuso de poder".[14] O instrumento também serve para questionar a "paralisação injustificada dos feitos ou a dilação abusiva de prazos", quando não haja recurso previsto em lei.[15]

---

decisão judicial. MARQUES, Jose Frederico. *Manual de Direito Processual Civil*. Campinas: Bookseller, 1997, p. 236. Ainda em 2001, o então Desembargador do TJ/SP Cezar Peluso assinalou que, diante do "sistema aberto de ataque às decisões interlocutórias", a correição parcial não fazia mais sentido. TJ/SP, Correição Parcial nº 228.923-4/0-00, Des. Rel. Cezar Peluso, Segunda Câmara de Direito Privado, julgamento em 18.12.2001. No mesmo sentido, ainda na vigência do CPC/73: "A recorribilidade das interlocutórias é, portanto, ampla, não se justificando a subsistência do instrumento espúrio e inconstitucional da correição parcial". NERY JR., Nelson. *Teoria Geral dos Recursos*. 6. ed. São Paulo: Revista dos Tribunais, 2004, p. 87.

12. A representação do art. 235 do CPC/15 é "restrita às hipóteses de descumprimento de prazos e consequentemente de atos omissivos do juízo, sendo que diversas outras situações podem acarretar a paralisação ou tumulto no andamento processual, nas quais será cabível a correição parcial". OLIVEIRA, Pedro Miranda de; RIGOMI, Joana Baptista. Aspectos destacados da correição parcial. *Revista de Processo*. São Paulo: Revista dos Tribunais, nº 331, set./2022, p. 179-192.
13. Alguns regimentos internos de tribunais de justiça preveem a correição parcial apenas em relação a processos penais, como é o caso, por exemplo, do Tribunais de Justiça de São Paulo e de Santa Catarina.
14. Art. 293 do Regimento Interno do TJ/RJ. Disponível em https://www.tjrj.jus.br/documents/d/guest/regimento_-interno_atual j. Acesso em: 10.01.2025.
15. Art. 353 do Regimento Interno do TJ/PR: A correição parcial visa à emenda de erros ou abusos que importem na inversão tumultuária de atos e fórmulas legais, na paralisação injustificada dos feitos ou na dilação abusiva de prazos, quando, para o caso, não haja recurso previsto em lei. Parágrafo único. O pro-

Na prática, cada tribunal disciplina os requisitos para cabimento da medida e a forma do procedimento (ex: necessidade de pedido de reconsideração prévio ou não).[16]

Conforme já decidiu o STJ, não será cabível a correição parcial quando existir recurso específico na legislação processual.[17]

Na hipótese de acolhimento da correição parcial, o órgão julgador pode determinar a prática do ato questionado e a cessação da atividade reveladora do abuso de poder ou do tumulto processual. O acolhimento também pode servir de base para eventual requerimento de apuração da responsabilidade do juiz, sujeitando-o às sanções disciplinares em procedimento próprio.[18]

---

cedimento da correição parcial será o do agravo de instrumento, conforme disciplinado na lei processual civil.

16. No TJ/PR, por exemplo, o procedimento da correição parcial será o do agravo de instrumento (art. 353, parágrafo único, do Regimento Interno).

17. "RECURSO ESPECIAL. PROCESSUAL PENAL. ARTS. 140, 932, INCISO VIII E PARÁGRAFO ÚNICO DO CÓDIGO DE PROCESSO CIVIL. FALTA DE PREQUESTIONAMENTO. SÚMULA N.º 211 DO STJ. EXTINÇÃO DA AÇÃO PENAL. *INTERPOSIÇÃO DE CORREIÇÃO PARCIAL. ERRO GROSSEIRO.* RECURSO MANIFESTAMENTE INCABÍVEL. PRAZO DOS RECURSOS ADEQUADOS. NÃO OBSERVÂNCIA. PRINCÍPIO DA FUNGIBILIDADE. APLICAÇÃO. INVIABILIDADE. RECURSO ESPECIAL PARCIALMENTE CONHECIDO E, NESSA EXTENSÃO, DESPROVIDO. (...) 2. Via de regra, é cabível correição parcial contra decisão judicial que causa tumulto ao andamento do processo, v.g., invertendo fases processuais, desde que não haja previsão de recurso específico na legislação processual. 3. É extreme de dúvidas que não cabe correição parcial contra decisão de Juiz de primeiro grau que extingue a ação penal, pois há previsão de recurso próprio na legislação processual. O fato de que, na visão do Parquet, teria sido utilizado fundamento de natureza administrativa, não faz excluir o cabimento do recurso previsto na legislação processual. A interposição da correição, no caso concreto, constituiu erro grosseiro. 4. A decisão do Juízo singular pecou pela falta de clareza. Entretanto, apesar dessa mácula, era evidente que o recurso adequado para a sua impugnação não era a correição parcial. Ao encerrar a ação penal, por falta de justa causa, o recurso cabível seria a apelação, nos termos do art. 593, inciso II, do Código de Processo Penal. Recurso especial parcialmente conhecido e, nessa extensão, desprovido. REsp 1851323/MG, Rel. Ministra Laurita Vaz, Sexta Turma, DJe 20.11.2020.

18. "(...) se o órgão jurisdicional, decidindo a questão processual resolve-a (corrigir), mas também convencendo-se de que o ato judicial caracteriza infração

A propósito, vale mencionar algumas correições parciais apreciadas pelo TJ/RJ.

No primeiro caso, a correição parcial foi acolhida em razão da omissão do juiz de primeiro grau quanto à análise dos "argumentos apresentados pelo reclamante, deixando de valorar sobre o interesse público e a preservação da efetividade da Justiça na manutenção do sobrestamento do feito [ação individual] após o julgamento da Ação Civil Pública", à luz de um precedente vinculante do STJ[19]. De acordo com o voto condutor, a "manutenção da suspensão do feito por tempo superior a 4 (quatro) anos e após o julgamento da ação coletiva, mostra-se desproporcional e desarrazoada, causando lesão à parte da ação individual".

No segundo caso, a correição foi acolhida em virtude da omissão do juiz de primeiro grau em analisar os requerimentos (foram ao menos quatro reiterações) de levantamento de penhora de veículos realizada muitos anos antes. No caso concreto, o magistrado se manifestava dizendo que não podia decidi-las e, ao final, assinalou que a matéria já teria sido decidida. Em vista disso, o juiz foi obrigado a decidir, em 10 (dez) dias úteis, se era

---

disciplinar, já que não detém – ou pelo menos não deve deter – tal competência, encaminha os autos da correição ao órgão administrativo competente, que prosseguirá quanto à questão infracional na via administrativa, este sim competente para tais questões (corregere). O mesmo ato judicial sofrerá duas instâncias investigatórias: a de ordem jurisdicional (processual) e a de ordem administrativa (processo administrativo), a serem perquiridas pelas respectivas competências". OLIVEIRA, Pedro Miranda de; RIGOMI, Joana Baptista. Aspectos destacados da correição parcial. *Revista de Processo*. São Paulo: Revista dos Tribunais, nº 331, set./2022, p. 179-192.

19. "CORREIÇÃO PARCIAL MEDIANTE RECLAMAÇÃO. DECISÃO PROFERIDA PELO JUÍZO FAZENDÁRIO QUE DETERMINOU O SOBRESTAMENTO DO FEITO ATÉ O TRÂNSITO EM JULGADO DA MACRO-LIDE MULTIDINÁRIA. PRETENSÃO DO RECLAMENTE DE CASSAR O PROVIMENTO JUDICIAL. ALEGAÇÃO DE INVERSÃO DA ORDEM LEGAL DO PROCESSO. ERRO DE OFÍCIO. DECISÃO QUE DIVERGIU DO ACÓRDÃO PROFERIDO EM SEDE DE RECURSO REPETIVO nº 1.110.549/RS. ERRO DE OFÍCIO E OMISSÃO. TJ/RJ, Correição parcial 0069499-08.2019.8.19.0000, Des. Rogério de Oliveira Souza, Vigésima Segunda Câmara Cível, julgamento: 30.06.2020.

hipótese de deferimento ou indeferimento do levantamento da penhora dos veículos.[20]

No terceiro caso, a correição foi acolhida em razão da conduta do juiz de primeiro grau, que se recusava a apreciar a exceção de pré-executividade dos reclamantes, apesar dos sucessivos requerimentos pleiteando a apreciação do incidente.[21]

Ainda do TJ/RJ, vale referenciar outra decisão reconhecendo o cabimento da correição parcial em caso de inércia do juiz em apreciar o pedido de tutela provisória[22].

Já em processos criminais, a correição parcial é utilizada, por exemplo, para a) impugnar a demora na apreciação de pedido formulado pela defesa (alteração de regime prisional e substituição da pena privativa de liberdade por restritivas de direitos)[23]; b) questionar o recebimento da denúncia sem prévia intimação do denunciado para exercer seu direito de "postular

---

20. TJ/RJ, Reclamação nº 0004596-56.2022.8.19.0000, Des. Rel. Alexandre Antonio Freitas Câmara, Segunda Câmara Cível, DJe 10.08.2022.
21. TJ/RJ, Reclamação nº 0035694-64.2019.8.19.0000, Des. Rel. Alexandre Antonio Freitas Câmara, Segunda Câmara Cível, DJe 02.10.2020.
22. "Processual Civil. Pedido de tutela. Inércia do juízo. Agravo de Instrumento. Ausência de compatibilidade entre a postura judicial recorrida e a pretensão recursal, que se refere ao decisum que não apreciou o pedido de tutela. Manifesta inadmissibilidade. *Eventual omissão do magistrado é sindicável pela via da reclamação (ou correição parcial, como denota a leitura do art. 220 do CODERJ*". TJ/RJ, AI 0051832-43.2018.8.19.0000, Rel. Des. Cherubim Helcias Schwartz Júnior, Décima Segunda Câmara Cível, DJe 02.10.2018.
23. "CORREIÇÃO PARCIAL. PROCESSO DE EXECUÇÃO CRIMINAL. ALTERAÇÃO DO REGIME PRISIONAL E SUBSTITUIÇÃO DA PENA PRIVATIVA DE LIBERDADE POR RESTRITIVAS DE DIREITOS. REQUERIMENTOS FORMULADOS PELA DEFESA. *OMISSÃO DO JUÍZO DA VARA DE EXECUÇÕES CRIMINAIS SOBRE OS PEDIDOS. ERROR IN PROCEDENDO. INVERSÃO TUMULTUÁRIA DAS FÓRMULAS LEGAIS.* A omissão da MMª Juíza de Direito da Vara de Execuções Criminais, que até o presente momento não apreciou os pedidos formulados em favor do apenado A. S. A., ocasiona problema de ordem procedimental, afetando o regular desenvolvimento do processo de execução criminal. Correição deferida, a fim de que os requerimentos de fixação do regime carcerário no aberto e de substituição da pena privativa de liberdade por penas restritivas de direitos sejam decididos, com a brevidade possível, no juízo de primeiro grau. COR-

a remessa dos autos ao Órgão Superior do Ministério Público para reavaliar a possibilidade de oferecimento do ANPP, o qual visa, justamente, evitar que se inicie a ação penal"[24], entre outras situações.

Portanto, embora criticada por parte da doutrina, a correição parcial não pode ser descartada do catálogo de meios de impugnação do silêncio do juiz.[25]

5.2. AÇÕES JUDICIAIS ESPECÍFICAS

5.2.1. Ação para a fixação e cobrança de honorários sucumbenciais (art. 85, § 18, do CPC/15)

Como já detalhado no item 4.3, o art. 85, § 18, do CPC/15 prevê que, "caso a decisão transitada em julgado seja omissa quanto ao direito aos honorários ou ao seu valor, é cabível ação autônoma para sua definição e cobrança".

Com isso, foi superado o enunciado da súmula 453 do STJ, impedindo-se que eventual omissão judicial quanto à fixação dos honorários sucumbenciais possa prejudicar o advogado.[26]

REIÇÃO PARCIAL DEFERIDA". TJ/RS, Correição Parcial nº 70044740603, Des. Rel. Jaime Piterman, Segunda Câmara Criminal, julgamento em: 10.11.2011.

24. TJ/RJ, Correição Parcial Criminal º 51400752820228217000, Des. Rel. Vanderlei Teresinha Tremeia Kubiak, Quinta Câmara Criminal, julgamento em: 08.08.2022.

25. A doutrina fornece outros exemplos de cabimento da correição parcial (ex: não designação de audiência por tempo indeterminado, paralisação do processo por tempo indefinido, sem a prolação de despachos e decisões nos marcos temporais definidos pelo CPC). MACEDO, Elaine Harzheim; DUARTE, Liza Bastos. Correição parcial e sua (in)constitucionalidade. *Revista dos Tribunais*, São Paulo, v. 859, mai./2007, p. 39.

26. "Com efeito, não seria plausível que o trabalho de anos de acompanhamento de um processo pudesse ser completamente ignorado em decorrência de um erro (omissão) não imputável ao advogado e, ademais, que o efeito da imutabilidade da coisa julgada incidisse sobre algo que não foi efetivamente decidido". NUNES, Dierle; DUTRA, Victor Barbosa; OLIVEIRA JÚNIOR, Délio Mota de. Honorários no recurso de apelação e questões correlatas. In: DIDIER JR., Fredie (Coord. geral); COÊLHO, Marcus Vinícius Furtado; CAMARGO, Luiz Henrique Volpe (Coords.). *Honorários Advocatícios* – coleção Grande Temas do Novo CPC. 3. ed. Salvador: JusPodivm, 2019, p. 769. No mesmo sentido:

Importante observar que o referido dispositivo legal contempla duas situações. A primeira é a omissão quanto ao direito à percepção dos honorários sucumbenciais. A segunda é a omissão quanto ao valor dos honorários sucumbenciais.

Embora tal alteração legislativa seja importante[27], não se pode ignorar que a referida "ação autônoma é medida custosa (em todos os aspectos), devendo ser ela a via residual"[28]. Logo, compete ao interessado buscar a fixação dos honorários e do respectivo valor na própria ação originária, por meios dos recursos cabíveis.

Sobre os aspectos processuais dessa demanda autônoma, deve ser observado o procedimento comum e respeitada a livre distribuição (não há prevenção do juízo omisso[29]), assim como

---

"Temeroso de que se possa consolidar, também na nova sistemática processual civil, a solução mais injusta, o legislador houve por bem criar uma norma que rompe definitivamente com a orientação até então assumida pelos tribunais da federação, em especial pelo STJ, deixando isento de qualquer questionamento que caberá, diante da decisão judicial transitada em julgado e omissa quanto ao direito aos honorários de sucumbência, a propositura de ação autônoma para sua definição e cobrança". DONOSO, Denis. Decisão transitada em julgado omissa quanto ao direito aos honorários ou ao seu valor e os instrumentos para sua fixação: uma visão do art. 85, § 18, após dois anos de vigência do CPC/15. In: DIDIER JR., Fredie (Coord. geral); COÊLHO, Marcus Vinícius Furtado; CAMARGO, Luiz Henrique Volpe (Coords.). *Honorários Advocatícios* – coleção Grande Temas do Novo CPC. 3. ed. Salvador: JusPodivm, 2019, p. 1.137.

27. Há quem defenda que a "escolha do legislador é polêmica, e pode-se inclusive sustentar que a inovação viola a coisa julgada, afinal, poder-se-ia cogitar de ação rescisória por violação de dispositivo legal, mas não de nova ação autônoma". GAJARDONI, Fernando da Fonseca; DELLORE, Luiz; ROQUE, Andre Vasconcelos; OLIVEIRA JR., Zulmar Duarte de. *Comentários ao Código de Processo Civil*. 4. ed. Rio de Janeiro, Forense, 2021, p. 141.

28. MAZZEI, Rodrigo. Honorários de advogado judiciais: alguns problemas de fixação sem fundamentação (omissão de motivação decisória) na perspectiva do CPC/15. In: DIDIER JR., Fredie (Coord. geral); COÊLHO, Marcus Vinícius Furtado; CAMARGO, Luiz Henrique Volpe (Coords.). *Honorários Advocatícios* – coleção Grande Temas do Novo CPC. 3. ed. Salvador: JusPodivm, 2019, p. 396.

29. A hipótese não se encaixa nas regras dos arts. 55 ou 286 do CPC/15 (o mérito da ação anterior foi julgado e transitou em julgado). Se a omissão for materializada pelo Tribunal (em causas de competência originária), deverá o interessado

a regra geral de competência (art. 46 do CPC/15). A petição inicial deve contemplar os requisitos do art. 319 do CPC/15.

A legitimidade ativa será do advogado da parte que não foi sucumbente na ação originária, pois, de acordo com o art. 23 da Lei nº 8.906/94, "os honorários incluídos na condenação pertencem a ele".[30]

Não se deve falar apenas em legitimidade ativa do advogado da parte vencedora, pois, em algumas situações, a parte pode sagrar-se vencedora, mas ser obrigada a pagar os honorários sucumbenciais. Nessa hipótese, o advogado da parte "perdedora" (por força do princípio da causalidade) é que teria o direito de buscar os honorários na ação autônoma.[31]

Por sua vez, o polo passivo da demanda deve ser ocupado pela parte sucumbente da ação em que restou proferida a decisão omissa.

Quanto à causa de pedir, esta compreende o trabalho desenvolvido pelo causídico na ação anterior, na qual teria direito a receber os honorários sucumbenciais. Nesse particular, é importante que o causídico instrua a ação autônoma com as principais peças da ação originária.

---

propor a ação em primeiro grau, pois as regras de competência originária dos tribunais só podem ser fixadas pela Constituição Federal ou pela Constituição dos Estados (art. 125, § 1º, da CF).

30. LUCON, Paulo Henrique dos Santos. Honorários advocatícios no novo Código de Processo Civil e o Superior Tribunal de Justiça. In: DIDIER JR., Fredie (Coord. geral); COÊLHO, Marcus Vinícius Furtado; CAMARGO, Luiz Henrique Volpe (Coords.). *Honorários Advocatícios* – coleção Grande Temas do Novo CPC. 3. ed. Salvador: JusPodivm, 2019, p. 304.

31. Ex: Enunciado 303 da Súmula do STJ – "Em embargos de terceiro, quem deu causa à constrição indevida deve arcar com os honorários advocatícios" – ex: no caso de penhora de imóvel objeto de promessa de compra e venda não registrada, se não houver resistência por parte do credor, os embargos de terceiros serão acolhidos, mas o embargante será condenado ao pagamento dos ônus sucumbenciais), à luz do princípio da causalidade (art. 85, § 10, do CPC/15).

Importante observar, ainda, que o juiz da demanda autônoma deverá analisar e (eventualmente interpretar) o título transitado em julgado para definir o direito à percepção dos honorários, bem como fixar o respectivo valor.

Algumas controvérsias podem surgir.

Por exemplo, *quem responde pela sucumbência nessa nova ação*? Quer nos parecer que, em razão do princípio da causalidade (houve uma dupla omissão: do interessado em apresentar os recursos cabíveis na ação originária e do juiz em apreciar a questão), não deve haver condenação sucumbencial, a menos que o réu ofereça resistência, inclusive trazendo questões diferentes daquelas que poderiam ser deduzidas na ação originária, hipótese em que deverá ser condenado. *Qual o prazo prescricional?* 5 (cinco) anos, contados do trânsito em julgado da decisão anterior, na forma do art. art. 206, § 5º, II, do Código Civil.

Também pode haver alguma discussão sobre o cabimento da ação autônoma quando o tribunal deixa de fixar os honorários sucumbenciais recursais (art. 85, § 11, do CPC/15)[32]. A questão é polêmica, mas entendemos que não é possível[33], podendo eventualmente ser ajuizada ação rescisória (por violação ao referido dispositivo legal). A finalidade da ação autônoma (art. 85, § 18, do CPC/15 – que não faz expressa referência aos honorários do § 11, assim como ocorre no § 12) é viabilizar o julgamento do pedido "implícito" não examinado. Quando a sucumbência é fixada e seu valor definido, eventual omissão quanto à fixação dos honorários recursais não significa que esse pedido não tenha

32. De acordo com o STJ, a norma tem dupla função: remunerar o advogado pelo trabalho adicional realizado em grau recursal e desestimular o exercício abusivo do direito de recorrer. STJ, EDcl no REsp 1.714.952, Rel. Min. Herman Benjamin, Segunda Turma, DJe 11.03.2019; EDcl no AgInt no AREsp 1.334.666/RS, Rel. Min. Marco Buzzi, Quarta Turma, DJe 10.12.2018.

33. Embora alguns julgados entendam cabível a ação autônoma nessa hipótese. TJ/SP, APL 1012306-48.2017.8.26.0564; Des. Rel. Silveira Paulilo; Vigésima Primeira Câmara de Direito Privado; DJe 03.05.2019.

sido apreciado no título executivo. Portanto, deve o interessado opor embargos de declaração para sanar tal vício, sob pena de preclusão no âmbito do tribunal. Nada impede, porém, que o tribunal superior, ao rejeitar o recurso da parte sucumbente, fixe os honorários recursais (nessa hipótese, não estará "corrigindo" a omissão anterior, mas aplicando diretamente a majoração)[34].

Um último registro: concordamos com a assertiva de que a solução implementada pelo CPC/15 deve, por coerência, "ser adotada não apenas para a decisão omissa em relação aos honorários, mas a todas as outras decisões omissas em que não se possa pressupor a rejeição implícita".[35]

5.2.2. Ação rescisória

A ação rescisória é uma ação desconstitutiva do provimento jurisdicional transitado em julgado. Está regulada nos arts. 966 a 975 do CPC/15 e, em regra, deve ser proposta no prazo de dois anos do trânsito em julgado da última decisão proferida no processo (art. 975 do CPC/15).[36]

---

34. O STJ entende que "os honorários recursais não têm autonomia nem existência independente da sucumbência fixada na origem e representam um acréscimo (o CPC/2015 fala em 'majoração') ao ônus estabelecido previamente, motivo por que na hipótese de descabimento ou na de ausência de fixação anterior, não haverá falar em honorários recursais". AREsp 1050334/PR, Rel. Min. Mauro Campbell Marques, Segunda Turma, DJe 03.04.2017.

35. PEIXOTO, Ravi. O trânsito em julgado da decisão omissa em relação aos honorários advocatícios: soluções possíveis, a adotada pelo CPC/15 e as suas consequências. In: DIDIER JR., Fredie (Coord. geral); COÊLHO, Marcus Vinícius Furtado; CAMARGO, Luiz Henrique Volpe (Coords.). *Honorários Advocatícios – coleção Grande Temas do Novo CPC*. 3. ed. Salvador: JusPodivm, 2019, p. 1.178.

36. Quando a ação rescisória se pautar em prova nova (art. 966, VII), o termo inicial do prazo será a data de descoberta da prova nova, observado o prazo máximo de 5 (cinco) anos, contado do trânsito em julgado da última decisão proferida no processo (art. 975, § 2º). Por sua vez, nas hipóteses de simulação ou de colusão das partes (art. 966, III), o prazo começa a contar, para o terceiro prejudicado e para o Ministério Público, que não interveio no processo, a partir do momento em que têm ciência da simulação ou da colusão.

Vale registrar que nem sempre o julgamento da ação rescisória levará ao rejulgamento da causa original, podendo se limitar à desconstituição da decisão impugnada. É o que ocorre, por exemplo, quando a causa de pedir da ação rescisória envolve a violação de coisa de julgada (efeitos positivos). Uma vez acolhida a ação rescisória para reconhecer a existência de coisa julgada, será desconstituída a decisão rescindenda, sem necessidade de novo julgamento do processo originário. Ou seja, haverá o juízo rescindente, mas não haverá o juízo rescisório.

A ação rescisória pode ser proposta por quem foi parte no processo ou o seu sucessor a título universal ou singular; pelo terceiro juridicamente interessado; pelo Ministério Público (se não foi ouvido no processo em que lhe era obrigatória a intervenção; ou quando a decisão rescindenda é o efeito de simulação ou de colusão das partes, a fim de fraudar a lei); e por aquele que não foi ouvido no processo em que lhe era obrigatória a intervenção (art. 967).

O procedimento da ação rescisória está regulado nos arts. 968 a 974 do código e sua análise não interessa para fins do presente trabalho. O relevante aqui é examinar é se a ação rescisória pode ser utilizada como meio de impugnação do silêncio do juiz.

Inicialmente, cumpre salientar que as hipóteses de cabimento da ação rescisória são taxativas. De acordo com o art. 966 do CPC, a decisão de mérito transitada em julgada poderá ser rescindida quando a) for proferida por força de prevaricação, concussão ou corrupção do juiz; b) for prolatada por juiz impedido ou por juízo absolutamente incompetente; c) resultar de dolo ou coação da parte vencedora em detrimento da parte vencida ou, ainda, de simulação ou colusão entre as partes, a fim de fraudar a lei; d) ofender a coisa julgada; e) violar manifestamente norma jurídica; f) for fundada em prova cuja falsidade tenha sido apurada em processo criminal ou venha a ser demonstrada na própria ação rescisória; e g) obtiver o autor, posteriormente ao trânsito em julgado, prova nova cuja existência ignorava ou de que não pôde fazer uso, capaz, por si só, de lhe assegurar pronunciamento favorável; for fundada em erro de fato verificável do exame dos autos.

Também será rescindível a decisão transitada em julgado que, embora não seja de mérito, impeça nova propositura da demanda; ou admissibilidade do recurso correspondente (art. 966, § 2º).

O CPC/15 prevê, ainda, o cabimento da ação rescisória com fundamento no inciso V do art. 966 (violar manifestamente norma jurídica) "contra decisão baseada em enunciado de súmula ou acórdão proferido em julgamento de casos repetitivos que não tenha considerado a existência de distinção entre a questão discutida no processo e o padrão decisório que lhe deu fundamento". Nesse caso, caberá ao autor, sob pena de inépcia, demonstrar, fundamentadamente, tratar-se de situação particularizada por hipótese fática distinta ou de questão jurídica não examinada, a impor outra solução jurídica" (art. 966, §§ 5º e 6º).

Atendo-se a essa última hipótese, constata-se que o código autoriza expressamente a propositura de ação rescisória quando o juiz invoca enunciado de súmula ou acórdão proferido sob a sistemática dos recursos repetitivos, mas deixa de considerar a "existência de distinção entre a questão discutida no processo e o padrão decisório que lhe deu fundamento". Trata-se de ato omissivo relevante, que merece ser examinado com mais vagar.

De início, vale lembrar que compete ao juiz fazer a correlação entre o padrão decisório por ele invocado – ou pela parte[37] – com o caso concreto, bem como realizar a devida

37. "Não basta a parte alinhar um sem-número de julgados de diversas localidades do país, quiçá do mundo, para que o juiz tenha que realizar a tarefa ingente e sem termo de afastar a aplicação de cada um dos julgados. Não é isso que pretende o dispositivo ao utilizar o verbo particípio 'invocado'. A ação que se pretende realizada aqui é a invocação pela parte do precedente, do enunciados de súmula ou jurisprudência que seja a base de sua sustentação. Ou seja, o

distinção quando deixar de seguir padrão decisório, nos termos do art. 489, § 1º, V e VI, do CPC/15 (Não se considerada fundamentada a decisão que "se limitar a invocar precedente ou enunciado de súmula, sem identificar seus fundamentos determinantes nem demonstrar que o caso sob julgamento se ajusta àqueles fundamentos; e "deixar de seguir enunciado de súmula, jurisprudência ou precedente invocado pela parte, sem demonstrar a existência de distinção no caso em julgamento ou a superação do entendimento").[38]

Significa dizer que, para aplicar ou deixar de aplicar o padrão decisório (fazendo eventual distinção[39]), o juiz deve, em primeiro lugar, investigar os seus fundamentos determinantes.

---

pronunciamento, ou até o conjunto deles, decisivo ao êxito do seu pedido e não o alinhamento de inúmeras ementas que se prestariam a qualquer caso. (...) o juiz deve indicar o ajustes dos motivos determinantes do precedente, enunciado de súmula ou jurisprudência ao caso sob julgamento". GAJARDONI, Fernando da Fonseca; DELLORE, Luiz; ROQUE, Andre Vasconcelos; OLIVEIRA JR., Zulmar Duarte de. *Comentários ao Código de Processo Civil*. 4. ed. Rio de Janeiro, Forense, 2021, p. 699.

38. "Apesar se referido parágrafo primeiro afirmar que, nas hipóteses elencadas, 'não se considera fundamentada' a decisão, a consequência jurídica será a invalidade por deficiência de motivação". FUX, Luiz; BODART, Bruno. Notas sobre o princípio da motivação e a uniformização da jurisprudência no novo Código de Processo Civil à luz da análise econômica do Direito. *Revista de Processo*. São Paulo: Revista dos Tribunais, nº 269, jun./2017, p. 421-432.

39. ATAÌDE JÚNIOR. Jaldemiro Rodrigues de. A fundamentação das decisões judiciais no NCPC e o resgate da categoria da incidência. In: DIDIER JR., Fredie (Coord.); MACÊDO, Lucas Buril de; PEIXOTO, Ravi; FREIRE, Alexandre (Orgs.). *Procedimento comum*. Salvador: JusPodivm, 2015, p. 455. Costuma-se falar em *distinguishing*, mas adotar-se-á o termo distinção, "visto que a língua portuguesa é essencialmente o instrumento de comunicação (...) no território nacional, o português deve ser considerado o instrumento de comunicação por excelência; em outras palavras, a comunicação há de fazer-se prioritariamente nessa língua". BARBORA MOREIRA, José Carlos. Ação civil pública e língua portuguesa. In: MILARÉ, Édis (coord.). *Ação civil pública*: Lei 7.347/1985 – 15 anos. São Paulo: Revista dos Tribunais, 2001, p. 305.

Conforme destaca Georges Abboud, "não há aplicação mecânica ou subsuntiva na solução dos casos mediante a utilização do precedente judicial".[40]

Com efeito, não se pode conceber a aplicação de padrões decisórios sem a atividade de interpretação, isto é, sem um efetivo diálogo entre o que foi decidido no paradigma e o que está em julgamento no processo posterior.

Na mesma linha, Alexandre Câmara destaca a necessidade de se excluir qualquer possibilidade de aplicação automática, subsuntiva, dos padrões decisórios, sendo fundamental não só sua interpretação (que não pode partir de um grau zero de sentido, já que não se estará aí a inventar algo novo, mas na interpretação do padrão decisório anteriormente decidido), mas na exigência de uma etapa pós-interpretativa, em que se vai ajustar o resultado da interpretação do padrão decisório às circunstâncias do novo caso sob apreciação no processo posterior. (...) E é aí que se manifesta com toda força o fenômeno da distinção (ou, como frequentemente se diz, distinguishing, termo de utilização consagrada, mas que deve ser substituído pelo vocábulo distinção, já que se impõe o emprego de termos integrantes do vernáculo sempre que possível[41].

Ou seja, diante de um caso concreto, o juiz precisa verificar se os elementos e as circunstâncias que ensejaram a formação do padrão decisório anteriormente estabelecido estão presentes no processo em exame. Se não estiverem, deve negar a aplicação do padrão decisório, fazendo a distinção. Note-se que fazer a distinção é uma forma de respeitar o próprio padrão decisório estabelecido, evitando a aplicação de seus fundamentos determinantes em caso não compatível com a moldura do paradigma.

---

40. ABBOUD, Georges. *Discricionaridade administrativa e judicial*. São Paulo: Revista dos Tribunais, 2014, p. 311.

41. CÂMARA, Alexandre Freitas. *Levando os padrões decisórios a sério*: formação e aplicação de precedentes e enunciados de súmula. São Paulo: Atlas, 2018, p. 288-289.

Nesse contexto, para viabilizar a propositura da ação rescisória indicada no art. 966, § 5º, do CPC/15, caberá à parte demonstrar que o juiz aplicou o padrão decisório (enunciado de súmula ou acórdão proferido em recurso repetitivo) *sem analisar a pertinência de sua incidência ao caso concreto*, se abstendo, por exemplo, de apreciar os argumentos que evidenciariam a sua inaplicabilidade ao processo em julgamento.

É justamente essa conduta omissiva judicial (não considerar os elementos que revelariam a necessidade de distinção – arts. 489, § 1º, V c/c 1022, parágrafo único, II, do CPC/15) que autoriza a ação rescisória.

Portanto, sem qualquer pretensão de exaurir as situações impugnáveis via ação rescisória[42], pode-se afirmar que a hipótese do art. 966, §5º confirma a pertinência dessa ação desconstitutiva como meio de impugnação do silêncio do juiz (no caso, da omissão *stricto sensu*).

5.3. RECURSOS

Os recursos são importantes ferramentas para impugnar o silêncio do juiz. A ideia aqui não é discorrer sobre a natureza, as características e os procedimentos dos recursos, mas apenas tecer breves considerações, demonstrando objetivamente como podem ser utilizados como meios de controle.

5.3.1. Embargos de declaração

Os embargos de declaração estão inseridos no rol dos recursos (art. 994, IV, do CPC/15) e, em essência, servem para integrar, corrigir, retificar e elucidar qualquer decisão que contenha os vícios do art. 1.022 do CPC/15 (obscuridade, contra-

42. Sobre o cabimento de ação rescisória para impugnar decisões judiciais sem fundamentação, ver DIDIER JR., Fredie; BRAGA, Paula Sarno; OLIVEIRA, Rafael de Alexandria. *Curso de Direito Processual Civil*. v. 2. 17. ed. São Paulo: JusPodivm, 2022, p. 474.

dição[43], omissão sobre ponto ou questão sobre o qual devia se pronunciar o juiz de ofício ou a requerimento; erro material).[44]

Na prática, os embargos de declaração se conectam diretamente ao dever de fundamentação judicial (art. 93, IX, da CF), que, como já mencionado, é a ferramenta que revela ao público as justificativas racionais das escolhas judiciais[45]. Com efeito, a fundamentação é um ato de responsabilidade[46], que tem o condão de evitar arbítrios e julgamentos parciais. [47]

Dando maior concretude ao dever de fundamentação, o CPC/15 reforçou essa garantia constitucional nos arts. 11 e 489,

---

43. Entre as hipóteses de contradição, assunto que foge ao escopo desse trabalho, o STJ entende que , no caso de contradição entre a súmula de julgamento que expressa a proclamação de seu resultado e o acórdão publicado (vício sanável por embargos de declaração), a primeira é a que deverá prevalecer, sobretudo quando demonstrado o equívoco do acórdão incompatível com a proclamação. STJ, REsp 2.005.052/SP, Min. Rel. Nancy Andrighi, Terceira Turma, DJe 06.10.2022.
44. Para uma visão panorâmica da histórica e das controvérsias envolvendo os embargos de declaração, ver MAZZEI, Rodrigo. *Embargos de Declaração* – recurso de saneamento com função constitucional. Londrina: Thoth, 2021.
45. BRANDÃO, Antonio Augusto Pires. O reforço do dever de fundamentação das decisões como fator de legitimação da atividade judicial. *Revista de Processo*. São Paulo: Revista dos Tribunais, nº 258, ago./2016, p. 25. No mesmo sentido SCHMITZ, Leonardo Ziesemer. *Fundamentação das decisões judiciais*: a crise na construção de respostas no processo civil. São Paulo: Revista dos Tribunais, 2015. Na compreensão de Teresa Arruda Alvim, "a motivação das decisões judiciais constitui o último momento de manifestação do direito ao contraditório". WAMBIER, Teresa Arruda Alvim. *Omissão judicial e embargos de declaração*. São Paulo: Revista dos Tribunais, 2005, p. 389.
46. TARUFFO, Michele. *La motivazione della sentenza civile*. Madri: Trotta, 2011.
47. Como afirma Lenio Streck, a decisão "não pode ser entendida como um ato em que o juiz, diante de várias possibilidades possíveis para a solução de um caso concreto, escolhe aquela que lhe parece mais adequada (...) decidir não é sinônimo de escolher." STRECK, Lenio Luiz. O que é isto – decidido conforme a minha consciência? 4. ed. Porto Alegre: Livraria do Advogado, 2013, p. 106-107.

§§ 1º e 2º[48], trazendo um rol de situações em que se considera não fundamentada a decisão judicial.[49]

De acordo com art. 489, § 1º, não se considera fundamentada qualquer decisão, seja ela decisão interlocutória, sentença ou acórdão, que: a) se limitar à indicação, à reprodução ou à paráfrase de ato normativo, sem explicar sua relação com a causa ou a questão decidida; b) empregar conceitos jurídicos indeterminados, sem explicar o motivo concreto de sua incidência no caso; c) invocar motivos que se prestariam a justificar qualquer outra decisão; d) não enfrentar todos os argumentos deduzidos no processo capazes de, em tese, infirmar a conclusão adotada pelo julgador; e) se limitar a invocar precedente ou enunciado de súmula, sem identificar seus fundamentos determinantes nem demonstrar que o caso sob julgamento se ajusta àqueles fundamentos; e f) deixar de seguir enunciado de súmula, jurisprudência ou precedente invocado pela parte, sem demonstrar a existência de distinção no caso em julgamento ou a superação do entendimento.

O código prevê textualmente que se considera *omissa* a decisão que incorrer "em qualquer das condutas descritas art. 489, § 1º", bem como deixar de "se manifestar sobre tese firmada

48. Além dos dispositivos indicados, o dever de fundamentação está capilarizado ao longo do CPC/15 (arts. 12, § 2º, IX, 173, § 2º, 370, parágrafo único, 373, § 1º, 426, 489, § 2º, 647, parágrafo único, 919, § 2º, 927, § 4º, 980, parágrafo único, 1.013, § 4º, 1.021, § 4º, 1.026, § 2º e 1.067 (que deu nova redação ao art. 215 do Código Eleitoral – vide especialmente o § 6º) e se aplica a qualquer pronunciamento judicial (por exemplo, fixação de honorários sucumbenciais ou recursais, invalidação de convenções processuais, decretação de segredo de justiça, desconsideração da personalidade jurídica, aplicação de padrões decisórios de observância obrigatória etc.).

49. "(...) a decisão judicial precisa ser uma resposta àquilo que foi apresentado pelas partes, e essa resposta sequer chega a existir se o conteúdo do que é decidido for meramente uma exaltação dos motivos pelos quais a decisão foi tomada, sem menção àqueles pelos quais não foi outra a conclusão do julgador. Isso não é fundamentar, mas sim explicar a decisão". SCHMITZ, Leonardo Ziesemer. *Fundamentação das decisões judiciais: a crise na construção de respostas no processo civil.* São Paulo: Revista dos Tribunais, 2015, p. 213-214 e 246-247.

em julgamento de casos repetitivos ou em incidente de assunção de competência aplicável ao caso sob julgamento" (art. 1.022, parágrafo único, I e II).

Ademais, o § 2º do art. 489 determina que, em caso de colisão entre normas, o juiz deve justificar o objeto e os critérios gerais da ponderação efetuada, enunciando as razões que autorizam a interferência na norma afastada e as premissas fáticas que fundamentam a conclusão. Ou seja, a postura omissiva nessa hipótese autoriza os embargos de declaração.

Recorde-se, ainda, que os embargos de declaração servem para compelir o julgador a "suprir omissão de ponto ou questão sobre o qual devia se pronunciar o juiz de ofício ou a requerimento" (art. 1.022, II).[50]

Não se pode olvidar, ainda, que a oposição dos embargos de declaração é fundamental para o preenchimento do requisito do prequestionamento (ainda que ficto), forçando o órgão julgador a apreciar as questões suscitadas (e não enfrentadas na decisão), que serão submetidas à apreciação das cortes superiores.

---

50. Em sentido semelhante, o artigo 30 Lei de Arbitragem, mesmo sem utilizar a expressão embargos de declaração, estabelece que: "No prazo de 5 (cinco) dias, a contar do recebimento da notificação ou da ciência pessoal da sentença arbitral, salvo se outro prazo for acordado entre as partes, a parte interessada, mediante comunicação à outra parte, poderá solicitar ao árbitro ou ao tribunal arbitral que: I - corrija qualquer erro material da sentença arbitral; II - esclareça alguma obscuridade, dúvida ou contradição da sentença arbitral, ou se pronuncie sobre ponto omitido a respeito do qual devia manifestar-se a decisão". Parte da doutrina denomina esse pedido de esclarecimento de "embargos arbitrais". PINHO, Humberto Dalla Bernardina de; MAZZOLA, Marcelo. *Manual de Mediação e Arbitragem*. São Paulo: Saraiva Educação, 2019, p. 346; LEMES, Selma. Os "Embargos Arbitrais" e a Revitalização da Sentença Arbitral. Disponível em http://selmalemes.adv.br/artigos/artigo_juri22.pdf. Acesso em: 10.03.2023. Mas há também quem não veja qualquer problema em chamar o pedido de esclarecimento de embargos de declaração (BERALDO, Leonardo de Faria. *Curso de arbitragem*: nos termos da Lei nº 9.307/96. São Paulo: Atlas, 2014, p. 443).

Não é exagero afirmar, assim, que os embargos de declaração são uma espécie de coringa[51] contra pronunciamentos judiciais omissos. Para Rodrigo Mazzei, trata-se de "recurso de saneamento com função constitucional".[52]

No âmbito das cortes superiores, os embargos de declaração são frequentemente utilizados para forçar o tribunal a aplicar os honorários sucumbenciais recursais (art. 85, § 11, do CPC/15), quando a majoração não ocorre de modo automático na decisão que rejeita o recurso.[53] Muitas vezes, ainda, são admitidos para discutir a modulação da decisão proferida em controle concentrado/difuso de constitucionalidade e/ou em situações de alteração de entendimento consolidado.[54] Note-se que a ausência de manifestação da corte sobre eventual modulação no próprio acórdão que fixa o entendimento[55] – ensejando a oposição de

51. "A omissão é, certamente, o fundamento da grande maioria dos embargos de declaração. Trata-se de fenômeno cuja verificação pode gerar muita discussão. A identificação de uma omissão é tarefa extremamente complexa. Para saber se uma decisão é omissa, é necessário, anteriormente, ter-se clara noção daquilo que dela deriva, imprescindivelmente, constar. Isso porque, os embargos de declaração se prestam a impugnar omissões contextualizadas em decisões, e não omissões absolutas, no sentido de uma não decisão". ARRUDA ALVIM, Teresa. *Embargos de Declaração* – como se motiva uma decisão judicial? 5. ed. São Paulo: Thomson Reuters Brasil, 2020, p. 70.
52. MAZZEI, Rodrigo. *Embargos de Declaração* – recurso de saneamento com função constitucional. Londrina: Thoth, 2021.
53. STJ, EDcl no REsp 1.687.185/RJ, Rel. Min. Herman Benjamin, Segunda Turma, DJe 14.11.2018; EDcl no AgInt no AREsp 1.249.853/SP, Rel. Min. Humberto Martins, Segunda Turma, DJe 13.03.2023. Também nos Tribunais locais, os embargos de declaração são largamente manejados para forçar o tribunal a aplicar os honorários sucumbenciais recursais. Vide, a propósito, TRF-3, EDcl na APL 50063487020184036119/SP, Rel. Des. Nelson de Freitas Porfirio Junior, Décima Turma, DJF 03.09.2019.
54. STF, EDcl na ADI 3.601 Min. Rel. Dias Toffoli, Plenário, julgamento em 09.09.2010.
55. "Recomenda-se que na própria decisão que altera orientação jurisprudencial pacificada anterior ou adotada em precedente vinculante haja manifestação expressa sobre a modulação dos efeitos da nova orientação, *sob pena de que a decisão possa ser tida por omissa, e considerada, portanto, embargável de declaração*". Art. 46 da Recomendação 134/22 do CNJ. Sobre o tema, ver MAZZOLA, Marcelo; RIBEIRO, Nathalia. Comentários ao art. 46. In: FUGA, Bruno

embargos de declaração (que podem, eventualmente, ser recebidos com efeito suspensivo) –, pode acarretar, em alguns casos, prejuízos gigantescos[56]).

Convém consignar que os embargos de declaração não possuem efeito suspensivo, mas interrompem o prazo para a interposição de recurso. Porém, a eficácia da decisão embargada pode ser suspensa, se demonstrada a probabilidade de provimen-

---

Augusto Sampaio; PEIXOTO, Ravi. *Comentários à Recomendação nº 134 do CNJ*. Londrina: Thoth, 2023, p. 421-428.

56. No RE 870.947/SR, o STF fixou as seguintes teses: ("(i) O art. 1º-F da Lei n. 9.494/97 (LGL\1997\87), com a redação dada pela Lei n. 11.960/09 (LGL\2009\2075), na parte em que disciplina os juros moratórios aplicáveis a condenações da Fazenda Pública, é inconstitucional ao incidir sobre débitos oriundos de relação jurídico-tributária, aos quais devem ser aplicados os mesmos juros de mora pelos quais a Fazenda Pública remunera seu crédito tributário, em respeito ao princípio constitucional da isonomia (CRFB, art. 5º, caput); quanto às condenações oriundas de relação jurídica não-tributária, a fixação dos juros moratórios segundo o índice de remuneração da caderneta de poupança é constitucional, permanecendo hígido, nesta extensão, o disposto no art. 1º-F da Lei n. 9.494/97 (LGL\1997\87) com a redação dada pela Lei nº 11.960/09 (LGL\2009\2075), e (ii) O art. 1º-F da Lei n. 9.494/97 (LGL\1997\87), com a redação dada pela Lei n. 11.960/09 (LGL\2009\2075), na parte em que disciplina a atualização monetária das condenações impostas à Fazenda Pública segundo a remuneração oficial da caderneta de poupança, revela-se inconstitucional ao impor restrição desproporcional ao direito de propriedade (CRFB, art. 5º, XXII), uma vez que não se qualifica como medida adequada a capturar a variação de preços da economia, sendo inidônea a promover os fins a que se destina". Como o acórdão nada falou acerca de eventual modulação, o INSS e outros entes opuseram embargos de declaração, aos quais foi atribuído efeito suspensivo. O recurso demorou mais de um ano para ser julgado e, ao final, restou rejeitado, não tendo havido qualquer modulação. Nesse sentido, afirma-se que "o valor a mais pago pela União, de 20 de setembro de 2017 a 3 de outubro de 2019, portanto, levando-se em conta os dados obtidos e um cálculo aproximado, com base nos anos anteriores, pode chegar facilmente aos 15 bilhões de reais, uma vez que só no ano de 2018 a diferença entre a TR e o IPCA-E, nos precatórios e RPVs, chegou a mais de 10,7 bilhões. Excluídas, repita-se, as dívidas tributárias a cargo da PGFN". FONTANA, Tiago Streit; TRIGUEIRO, Victor Guedes. O custo da omissão: uma análise empírica sobre o atraso na análise da modulação dos efeitos no julgamento do RE 870.947/SE. *Revista de Processo*. São Paulo: Revista dos Tribunais, nº 331, set./2022, p. 321-349.

to do recurso ou, sendo relevante a fundamentação, se houver risco de dano grave ou de difícil reparação (art. 1.026, § 1º).

Note-se, ainda, que, se o julgador perceber que o enfrentamento da questão pode implicar na alteração da decisão embargada, deverá intimar o embargado para manifestar-se em (cinco) dias (art. 1.023, § 2º). A não observância dessa regra específica pode acarretar a nulidade da futura decisão (seria uma espécie de inobservância de norma processual cogente).

Se os embargos de declaração forem protelatórios, caberá multa, em decisão fundamentada, não excedente a dois por cento sobre o valor atualizado da causa. Em caso de reiteração do recurso protelatório, a multa será elevada a até dez por cento sobre o valor atualizado da causa, e a interposição de qualquer recurso ficará condicionada ao depósito prévio do valor da multa, à exceção da Fazenda Pública e do beneficiário de gratuidade da justiça, que a recolherão ao final (art. 1.026, §§ 2º e 3º). Registre-se, por fim, que não serão admitidos novos embargos de declaração se os 2 (dois) anteriores houverem sido considerados protelatórios.

Um último alerta: embora o art. 1.022 do CPC/15 disponha que os embargos de declaração cabem "contra qualquer decisão judicial"[57], as cortes superiores[58] entendem que o referido recur-

---

57. "(...) na realidade, tanto antes quanto depois da reforma, qualquer decisão judicial comporta embargos de declaração: é inconcebível que fiquem sem remédio a obscuridade, a contradição ou a omissão existente no pronunciamento, não raro a comprometer até a possibilidade prática de cumpri-lo. Não tem a mínima relevância que se trate de decisão de grau inferior ou superior, proferida em processo de cognição (de procedimento comum ou especial), de execução ou cautelar. Tampouco importa que a decisão seja definitiva ou não, final ou interlocutória. Ainda quando o texto legal, *expressis verbis*, a qualifique de 'irrecorrível', há de entender-se que o faz com a ressalva implícita concernente aos embargos de declaração". BARBOSA MOREIRA, José Carlos. *Comentários ao Código de Processo Civil*. V. 5. 16. ed. Rio de Janeiro: Forense, 2011, p. 546.
58. "AGRAVO REGIMENTAL NO RECURSO EXTRAORDINÁRIO COM AGRAVO. EMBARGOS DE DECLARAÇÃO OPOSTOS CONTRA DECISÃO DO PRESIDENTE DO

so não é cabível em face das decisões denegatórias de recurso especial e de recurso extraordinário proferidas pelos tribunais locais, bem como da decisão de inadmissibilidade do recurso extraordinário proferida pela vice-presidência do STJ.[59]

Na visão do STJ, o único recurso cabível da decisão de inadmissão do recurso especial é o agravo em recurso especial, sendo que a oposição de embargos de declaração contra essa decisão configura "erro grosseiro, o que impossibilita a aplicação do princípio da fungibilidade recursal, bem como não tem o

---

A QUO QUE NÃO ADMITIU O RECURSO EXTRAORDINÁRIO. RECURSO INCABÍVEL. NÃO INTERRUPÇÃO OU SUSPENSÃO DO PRAZO RECURSAL. RECURSO INTEMPESTIVO. AGRAVO A QUE SE NEGA PROVIMENTO, COM APLICAÇÃO DE MULTA. I - A jurisprudência desta Corte é firme no sentido de que a oposição de embargos de declaração contra a decisão do Presidente do Tribunal de origem que não admite o recurso extraordinário, por serem incabíveis, não suspende ou interrompe o prazo para a interposição do agravo. II - Agravo regimental a que se nega provimento, com aplicação de multa". STF, AgRg no RE 1177142, Rel. Min. Ricardo Lewandowski, Segunda Turma, DJ 06.08.2019.

59. "DECISÕES DA VICE-PRESIDÊNCIA NO ERESP 1.403.272/RS. INADMISSIBILIDADE DE RECURSO EXTRAORDINÁRIO. OPOSIÇÃO DE EMBARGOS DE DECLARAÇÃO. RECURSO INCABÍVEL. AGRAVO EM RECURSO EXTRAORDINÁRIO INTEMPESTIVO. MANIFESTA TERATOLOGIA OU ILEGALIDADE. AUSÊNCIA. 1. MS impetrado contra decisões da Vice-Presidência do STJ no EREsp 1.403.272/RS. A primeira no sentido de não conhecer de embargos de declaração opostos contra decisão de inadmissibilidade de recurso extraordinário, com determinação de certificação do trânsito em julgado; a segunda, que determinou o arquivamento do processo, sem a remessa de agravo em recurso extraordinário ao Supremo Tribunal Federal. 2. A impetração de mandado de segurança contra ato jurisdicional é excepcional, somente admitida nas hipóteses de teratologia ou manifesta ilegalidade. 3. Consoante o firme entendimento do STF, que prevalece após a vigência do CPC/2015, a oposição de embargos de declaração contra a decisão de inadmissibilidade de recurso extraordinário não interrompe o prazo para a interposição do respectivo agravo, por serem manifestamente incabíveis na hipótese. Precedentes. 4. Devidamente observada a jurisprudência do STF, no tocante à inadmissibilidade dos embargos de declaração e a consequente intempestividade do agravo em recurso extraordinário, não há que se falar em violação do direito do impetrante de acessar a Corte Suprema, independentemente do cumprimento dos requisitos legais. 5. Agravo interno não provido." STJ, AgInt no MS nº 25.013/DF, Min. Nancy Andrighi, Corte Especial, DJe 07.10.2019.

condão de interromper o prazo para a interposição do recurso cabível".[60]

Há, porém, julgados relativizando essa absurda situação, quando, por exemplo, o agravo em recurso especial é interposto sucessivamente aos embargos de declaração, mas ainda no prazo legal[61], ou diante de "erro material corrigível", ou, ainda, quando a "decisão é tão deficitária que sequer permite a interposição do agravo".[62]

Para arrematar este tópico, cumpre mencionar que os embargos de declaração não servem para controlar a inércia judicial, uma vez que nessa situação não há efetivamente um pronunciamento judicial, mas sim a completa inação judicial, como já restou demonstrado no item 3.2.1. A propósito, Teresa Arruda Alvim assinala que os embargos de declaração se prestam a impugnar as omissões "contextualizadas em decisões e não omissões absolutas, no sentido de uma não decisão. Assim, a omissão, impugnável por Embargos de Declaração, figurativa-

60. AgRg no AREsp 1526234/SP, Rel. Ministro Ribeiro Dantas, Quinta Turma, DJe 16.12.2019.

61. "RECLAMAÇÃO. USURPAÇÃO DA COMPETÊNCIA DO STJ (ART. 105, I, "f", CF). DECISÃO DE PRESIDENTE DE TRIBUNAL DE JUSTIÇA QUE OBSTA O PROCESSAMENTO DE AGRAVO EM RECURSO ESPECIAL. OPOSIÇÃO DE EMBARGOS DE DECLARAÇÃO CONTRA DECISÃO DE TRIBUNAL A QUO QUE INADMITE RECURSO ESPECIAL: POSSIBILIDADE QUANDO A DECISÃO É GENÉRICA. INEXISTÊNCIA DE PRECLUSÃO. EXCEÇÃO AO PRINCÍPIO DA UNIRRECORRIBILIDADE. AGRAVO EM RECURSO ESPECIAL INTERPOSTO DENTRO DO PRAZO LEGAL. RECLAMAÇÃO PROCEDENTE. (...) 2. Situação em que a Presidência de Tribunal de Justiça obstou o processamento de agravo em recurso especial, ao fundamento de que, opostos embargos de declaração contra a decisão que inadmitiu o recurso especial, seria inviável conhecimento do agravo em recurso especial interposto na sequência, em virtude da preclusão consumativa e do princípio da unirrecorribilidade. (...) 5. Admite-se a interposição de agravo em recurso especial subsequente aos embargos declaratórios manejados contra a decisão que inadmitiu o especial, quando o agravo for interposto ainda dentro do prazo". STJ, Rcl 40.302/DF, Rel. Ministro Reynaldo Soares da Fonseca, Terceira Seção, DJe 28.09.2020.

62. STJ, EARESP 275.615/SP, Rel. Min. Ari Pargendler, Corte Especial, DJ 24.03.2014.

mente, é um buraco, que só pode ser percebido enquanto tal, se se conhece o objeto inteiro".[63]

5.3.2. Apelação e recurso ordinário

Em regra, a apelação é o recurso cabível contra a sentença[64]. A apelação está prevista nos arts. 1.009 a 1.014 do CPC/15. Possui efeito suspensivo, salvo nos casos previstos no diploma processual (art. 1.012, § 1º) e em outras leis.[65]

No que interessa para fins deste trabalho, vale destacar o efeito devolutivo da apelação[66], que devolve ao tribunal o conhecimento da matéria impugnada.

É o princípio do *tantum devolutum quantum apellatum*. Jose Carlos Barbosa Moreira cunhou esse fenômeno de dimensão horizontal do efeito devolutivo.[67]

Importante destacar que, por força do efeito devolutivo da apelação, serão "objeto de apreciação e julgamento pelo tribunal todas as questões suscitadas e discutidas no processo, *ainda que não tenham sido solucionadas, desde que relativas ao capítulo impugnado*", sendo certo que "quando o pedido ou a defesa tiver mais de um fundamento e o juiz acolher apenas um deles,

63. ARRUDA ALVIM, Teresa. *Embargos de Declaração* – como se motiva uma decisão judicial? 5. ed. São Paulo: Thomson Reuters Brasil, 2020, p. 70.
64. Salvo algumas exceções legais. Por exemplo, quando o juiz rejeita o plano de recuperação judicial proposto pelo devedores e convola a recuperação judicial em falência: dessa "sentença caberá agravo de instrumento" (art. 58-A e parágrafo único da Lei nº 11.101/05).
65. Ex: não terá efeito suspensivo a apelação interposta contra a sentença proferida em a) ação civil pública (art. 14 da Lei nº 7.347/85); b) em ações de despejo, consignação em pagamento de aluguel e acessório da locação, revisionais de aluguel e renovatórias de locação (art. 58, V, da Lei nº 8.245/91), entre outros.
66. O que também se aplica ao recurso inominado (ex: art. 43 da Lei nº 9.099/95).
67. BARBORA MOREIRA, José Carlos. *O novo processo civil brasileiro*. 29. ed. Rio de Janeiro: Forense, 2012, p. 134.

a apelação devolverá ao tribunal o conhecimento dos demais" (art. 1.013, §§ 1º e 2º).[68]

Ou seja, o tribunal pode decidir questões não solucionadas pelo juiz referentes ao capítulo impugnado e enfrentar fundamentos não apreciados em primeiro grau.[69]

Além disso, o tribunal pode sanar eventuais inobservâncias judiciais (ex: juiz que sentencia o feito sem proferir a decisão de organização e saneamento do processo, em violação ao art. 357 do CPC/15), determinando o retorno dos autos ao primeiro grau para que o ato seja praticado.

Nada obstante, por força do art. 1.013, § 3º, I, do CPC/15, estando o processo maduro para julgamento, o tribunal deve decidir desde logo o mérito quando a) reformar sentença fundada no art. 485; b) decretar a nulidade da sentença por não ser ela congruente com os limites do pedido ou da causa de pedir; c) *constatar a omissão no exame de um dos pedidos, hipótese em que poderá julgá-lo*; e d) *decretar a nulidade de sentença por falta de fundamentação.* Registre-se, ainda, que, quando reformar sentença que reconheça a decadência ou a prescrição, o tribunal, se possível, julgará o mérito, examinando as demais questões, sem determinar o retorno do processo ao juízo de primeiro grau (§ 4º).

---

68. Enunciado 102 do FPPC: "O pedido subsidiário ou alternativo não apreciado pelo juiz é devolvido ao tribunal com a apelação". Registre-se que, na visão do STJ, "é admitido ao Tribunal de origem, no julgamento da apelação, utilizar, como razões de decidir, os fundamentos delineados na sentença (fundamentação *per relationem*), medida que não implica em negativa de prestação jurisdicional, não gerando nulidade do acórdão, seja por inexistência de omissão, seja por não caracterizar deficiência na fundamentação". STJ, AgInt no AREsp 1.467.013/RS, Rel. Min. Marco Aurélio Bellizze, Terceira Turma, DJe 12.09.2019.

69. "APELAÇÃO CÍVEL. AÇÃO DE BUSCA E APREENSÃO. JULGAMENTO CITRA PETITA. AUSÊNCIA DE EXAME DE GRATUIDADE JUDICIAL. OMISSÃO SUPRIDA EM SEGUNDO GRAU. POSSIBILIDADE. HIPOSSUFICIÊNCIA FINANCEIRA. COMPROVAÇÃO. BENESSE DEFERIDA. SENTENÇA PARCIALMENTE REFORMADA". TJ/MG, Apelação Cível 5000566-71.2020.8.13.0470, Rel. Des. Vicente de Oliveira Silva, Vigésima Câmara Cível, DJe 04.02.2021.

Ou seja, à luz da teoria da causa madura e da ideia de primazia de mérito, o tribunal pode suprir eventuais omissões do juiz de primeiro grau.

Discute-se se essa iniciativa seria um dever ou um poder do tribunal. Para Teresa Arruda Alvim, não seria um dever, "pelo menos não em todos os casos, notadamente no do art. 1.013, § 3º, IV" (nulidade da sentença por falta de fundamentação). Na visão da doutrinadora, "a aferição de a causa estar ou não em condições de julgamento imediato envolve inexoravelmente certa dose de subjetividade, que deverá, evidentemente, ser absorvida pela objetividade da fundamentação da decisão".[70]

Nesse particular, pensamos que dentro da noção de deveres-poderes e sobretudo para dar maior concretude às normas fundamentais do processo civil – até mesmo porque o legislador utilizou comandos claros ("deve decidir", art. 1.013, § 3º; e "julgará o mérito", art. 1.013, § 4º) –, o tribunal tem o dever de julgar desde logo o mérito, sempre que possível. Não se trata de uma opção judicial.

É óbvio que, se não for possível o julgamento de mérito, o tribunal deverá fundamentar a sua decisão (inclusive para permitir eventuais recursos das partes nesse ponto), determinando o retorno dos autos para a vara de origem.[71]

---

70. ARRUDA ALVIM, Teresa. *Embargos de Declaração* – como se motiva uma decisão judicial? 5. ed. São Paulo: Thomson Reuters Brasil, 2020, p. 162.

71. "Os autos foram remetidos à Contadoria Judicial restando apurado valor da execução divergente daquele apontado pelas partes. O acervo probatório evidencia que os cálculos do contador não foram elaborados em conformidade com o título judicial, não tendo o juízo se pronunciado sobre o erro material apontado, constituindo omissão de ponto relevante para a solução da controvérsia. A preliminar de nulidade do julgado por ausência de fundamentação deve ser acolhida, com a declaração de nulidade do julgado e retorno dos autos ao contador. Provimento ao recurso." TJ/RJ, Apelação Cível 0031122-67.2016.8.19.0001, Rel. Des. Edson Aguiar de Vasconcelos, Décima Sétima Câmara Cível, DJe 06.02.2020. No mesmo sentido: "A ação de execução de alimentos ajuizada pelo rito da prisão, na forma do artigo 528 do Código de Processo Civil pode ser convolada em execução para rito da penhora (art.

Por fim, vale lembrar que, após as contrarrazões do apelado, os autos devem ser remetidos pelo juiz ao tribunal, independentemente de juízo de admissibilidade. Nesse compasso, eventual inércia do juiz (demora injustificada em enviar os autos ao tribunal) pode ser controlada por meio de reclamação. A questão será desenvolvida no item 5.2.3.

Boa parte das considerações feitas para a apelação se aplicam ao recurso ordinário (arts. 102, II, e 105, II, da CF c/c arts. 1.027 e 1.028 do CPC/15). Aliás, o próprio CPC/15 estabelece que o disposto no art. 1.013, § 3º ("causa madura") se aplica ao recurso ordinário (art. 1.027, § 2º)[72].

Como destaca Alexandre Câmara, no recurso ordinário podem ser "suscitadas questões de fato e de direito, o qual exercerá função equivalente à da apelação, já que será capaz de

530 do CPC), caso a obrigação alimentar não seja cumprida após o decurso do prazo do decreto prisional. No caso, a defensoria pública requereu a intimação pessoal da alimentanda para se manifestar sobre a convolação, sem que o juízo apreciasse o pedido. Omissão judicial que constituiu evidente *error in procedendo*. Nulidade da sentença que se impõe. Provimento ao recurso." TJ/RJ, Apelação Cível 0044594-80.2013.8.19.0021, Rel. Des. Edson Aguiar de Vasconcelos, Décima Sétima Câmara Cível, DJe 07.05.2020.

72. Vale registrar, porém, que, mesmo em relação aos recursos ordinários julgados sob a égide do CPC/2015, mas interpostos à época de vigência do CPC/73, o STJ não aplica a teoria da causa madura: "Com efeito, encontra-se consolidado nesta Corte o entendimento de que não é possível aplicar a teoria da causa madura (art. 515, § 3º, do CPC/1973) em sede de recurso ordinário, sob pena de supressão indevida do juízo natural constitucionalmente estabelecido para a análise originária do mandado de segurança. Nesse sentido: AgInt no RMS 45.729/GO, Rel. Min. Gurgel de Faria, Primeira Turma, DJe 27/11/2020; RMS 49.972/PR, Rel. Min. Assusete Magalhães, Segunda Turma, DJe 9/6/2020; AgInt no RMS 48.321/MG, Rel. Min. Sérgio Kukina, Primeira Turma, DJe 2/4/2020. *Anote-se, por oportuno, que é descabida a aplicação dos artigos 1.013, § 3º, e 1.027, II, § 2º, do CPC/2015 ao caso em apreço, haja vista que o recurso em mandado de segurança foi protocolizado em 07/01/2016 (fl. 215) e, assim, ante o fenômeno da ultra-atividade e do Enunciado Administrativo n. 2 do Superior Tribunal de Justiça, o seu processamento deve observar as disposições do Código de Processo Civil de 1973*". AgInt no RMS 50749/SP, Rel. Min. Benedito Gonçalves, Primeira Turma, DJe 16.10.2021. Sobre o tema, vide Enunciado 357 do FPPC: "Aplicam-se ao recurso ordinário os arts. 1.013 e 1.014".

permitir o reexame integral da causa", viabilizando a realização do duplo grau de jurisdição em alguns processos de competência originária dos tribunais.[73]

Em linhas gerais, serão julgados em recurso ordinário, pelo Supremo Tribunal Federal, os mandados de segurança, os habeas data e os mandados de injunção decididos em única instância pelos tribunais superiores, quando denegatória a decisão. Por sua vez, serão julgados em recurso ordinário, pelo Superior Tribunal de Justiça, os mandados de segurança decididos em única instância pelos tribunais regionais federais ou pelos tribunais de justiça dos Estados e do Distrito Federal e Territórios, quando denegatória a decisão; bem como os processos em que forem partes, de um lado, Estado estrangeiro ou organismo internacional e, de outro, Município ou pessoa residente ou domiciliada no País.

Portanto, ao menos em tese, é possível que o STF ou STJ, em sede de recurso ordinário, sane omissões e questões não enfrentadas pelos tribunais, em caso de decisão denegatória, ou pelo juiz federal, na hipótese do art. 1.027, II, "b" (processos envolvendo Estado estrangeiro ou organismo internacional e Município/pessoa residente no Brasil, que tramitam perante a Justiça Federal – art. 109, II, da CF).

A propósito, vale mencionar que, salvo na hipótese do art. 1.027, II "b", o recurso ordinário deve ser interposto perante o tribunal de origem, cabendo ao seu presidente ou vice-presidente determinar a intimação do recorrido para, em 15 (quinze) dias,

---

73. CÂMARA, Alexandre Freitas. *Manual de Direito Processual Civil*. Barueri: Atlas, 2022, p. 954. "Nos casos envolvendo processos em que são partes, de um lado, Estado estrangeiro ou organismo internacional e, de outro, Município ou pessoa, natural ou jurídica (...) será admitido o recurso ordinário constitucional para o STJ (...) trata-se de uma 'apelação com outro nome', uma apelação constitucional, que só não é chamada de apelação por não ser submetida a julgamento pelo tribunal de segunda instância (que é, a rigor, o tribunal de apelações), mas ao Superior Tribunal de Justiça". Op. cit., p. 955.

apresentar as contrarrazões. Após esse prazo, os autos serão remetidos ao respectivo tribunal superior, independentemente de juízo de admissibilidade. Assim como na apelação, eventual recusa do tribunal em enviar os autos do recurso ordinário ao tribunal superior pode ser controlada pela reclamação.

5.3.3. Agravo de instrumento

O agravo de instrumento é o recurso cabível para atacar as decisões interlocutórias "agraváveis" proferidas na fase de conhecimento (rol do art. 1.015 do CPC/15[74] + tese da taxatividade mitigada[75]) e aquelas prolatadas na fase de liquidação de sentença ou no cumprimento de sentença, no processo de execução e no processo de inventário (art. 1.015, parágrafo único). Seu procedimento está disciplinado nos arts. 1.015 a 1.020 do CPC/15.

Em razão do objeto da pesquisa, não faz sentido analisar cada uma das hipóteses de cabimento do recurso e as múltiplas controvérsias inerentes ao tema. A pretensão aqui se limita a demonstrar que o agravo de instrumento pode ser manejado para impugnar o silêncio do juiz.

De um modo geral, o recurso pode ser manejado contra decisões interlocutórias que deixam de apreciar um pedido/requerimento ou não observam o dever de fundamentação, ou, ainda, quando ignoram norma processual cogente, causando prejuízos às partes.[76] Em alguns casos isolados, já se admitiu o

---

74. Que incluem as demais hipóteses expressamente previstas no CPC/15 e em leis especiais. Ex: todas as decisões proferidas em processos de recuperação extrajudicial/judicial e falência são agraváveis, "exceto nas hipóteses em que esta Lei previr de forma diversa" (art. 189, § 1º, II, da Lei 11.101/05).
75. STJ, Tema repetitivo 988. Tese firmada: "O rol do art. 1.015 do CPC é de taxatividade mitigada, por isso admite a interposição de agravo de instrumento quando verificada a urgência decorrente da inutilidade do julgamento da questão no recurso de apelação".
76. Vale lembrar que, nas situações do art. 356 do CPC, o juiz pode julgar parcialmente o mérito, decisão contra a qual caberá agravo de instrumento, que

agravo de instrumento em razão da inércia do juiz em apreciar a tutela provisória, posicionamento com o qual não concordamos.[77]

Um rápido parênteses: quando o juiz posterga o exame da tutela *inaudita altera parte* para após a defesa do réu (proferindo uma decisão), ele, na verdade, indefere o requerimento. Afinal, buscava-se a concessão da tutela antes da oitiva da parte contrária. Tanto é assim que a jurisprudência reconhece o cabimento do agravo de instrumento nessa hipótese[78], evitando a materialização de eventuais prejuízos ao requerente da medida. Convém salientar que, mesmo quando decide postergar o exame da tutela *inaudita altera parte*, o juiz deve fundamentar a sua decisão judicial[79], isto é, explicitar as razões para esse protraimento, sob pena de manifesta nulidade (como visto, de acordo com o art. 1.022, parágrafo único, II, do CPC/15, considera-se omissa

---

fará "as vezes" de uma apelação, independentemente de eventuais diferenças procedimentais (ex: ausência de sustentação oral).

77. (...) a postergação da análise da decisão pelo juízo singular de igual modo se equipara ao indeferimento tácito da medida, na medida em que de igual modo repercute concretamente sobre o direito processual da parte prejudicada, restando clara a lesão aos efeitos na relação processual, que pode ser corrigido pelo relator em sede de agravo". TJ/PI, AI 0756362-37.2022.8.18.0000, Des. Rel. José James Gomes Pereira, Segunda Câmara Especializada Cível, julgado em 17.02.23.

78. "Alegada a urgência para a imissão na posse e sendo proferida decisão postergando a medida requerida, há evidente indeferimento que pode ser discutido por Agravo de Instrumento, nos moldes do art. 1.015, I, do CPC/2015. Recurso Especial parcialmente conhecido e, nessa extensão, provido". STJ, REsp 1767313/MG, Rel. Min. Herman Benjamin, Segunda Turma DJ 18.06.2019. Vide Enunciado 29 do FPPC: "É agravável o pronunciamento judicial que postergar a análise do pedido de tutela provisória ou condicionar sua apreciação ao pagamento de custas ou a qualquer outra exigência".

79. Nesse sentido o Enunciado nº 30 do FPPC: "O juiz deve justificar a postergação da análise liminar da tutela provisória sempre que estabelecer a necessidade de contraditório prévio." Vide também: "(...) sempre que estabelecer a necessidade de contraditório prévio, o juiz deve justificar a postergação da análise do requerimento liminar". DIDIER JR., Fredie; BRAGA, Paula Sarno; OLIVEIRA, Rafael Alexandria. *Curso de Direito Processual Civil*. v. 2. 17. ed. Salvador: JusPodivm, 2022, p. 735.

a decisão que incorre em qualquer das hipóteses o art. 489, § 1º), situação que também justificaria o agravo de instrumento.

Da mesma forma, quando o juiz indefere parcialmente a petição inicial, sem intimar o autor para sanar eventuais vícios, o agravo de instrumento pode ser manejado para atacar essa inobservância.

Enfim, poder-se-ia dar vários exemplos, mas a finalidade é apenas confirmar a pertinência do agravo de instrumento como mecanismo de impugnação do silêncio do juiz.

5.3.4. Agravo interno

De acordo com o art. 1.021 do CPC/15, contra a decisão proferida pelo relator caberá agravo interno para o respectivo órgão colegiado, observadas – quanto ao processamento – as regras do regimento interno do tribunal.[80] Em alguns casos, a decisão monocrática pode ser do Presidente (ex: art. 15 da Lei nº 12.016/2009) ou do Vice-Presidente do tribunal (ex: art. 1.030, § 2º, do CPC/15). O recurso deve ser interposto no prazo de 15 (quinze) dias.[81]

---

80. No regimento interno do STJ, por exemplo, as disposições referentes ao agravo interno estão no artigo 259 (e seus parágrafos). O regimento interno do STJ também prevê o agravo regimental para algumas situações específicas. Já no regimento interno do STF, a única menção ao agravo interno está na Seção do agravo regimental (art. 317).

81. "É recurso cabível no prazo de quinze dias (art. 1.003, § 5º), mesmo naqueles casos em que houvesse disposição legal ou regimental estabelecendo prazo distinto, já que o art. 1.070 estabelece que é de 15 dias o prazo para a interposição de qualquer agravo, previsto em lei ou em regimento interno de tribunal, contra decisão de relator ou contra decisão unipessoal proferida em tribunal. Merece registro, porém, que, no caso previsto no art. 6º, parágrafo único, da Lei nº 13.300/2016 (agravo interno contra a decisão do relator que indefere a petição inicial de mandado de injução), o prazo será de cinco dias, já que essa disposição legal é posterior ao Código, não tendo sido alcançada pelo art. 1.070 do CPC, de modo que a lei posterior especial prevalece sobre a regra geral". CÂMARA, Alexandre Freitas. *Manual de Direito Processual Civil.* Barueri: Atlas, 2022, p. 946.

No recurso, o recorrente deverá impugnar especificadamente os fundamentos da decisão agravada, devendo o relator intimar o agravado para manifestar-se em 15 (quinze) dias. Ao relator é vedado "limitar-se à reprodução dos fundamentos da decisão agravada para julgar improcedente o agravo interno" (art. 1.021, § 3º). Em alguns processos de competência originária dos tribunais (ex: ação rescisória, mandado de segurança e reclamação), caberá sustentação oral no agravo interno interposto contra decisão de relator que os extinguir (art. 937, § 3º).[82]

Se o agravo interno for declarado manifestamente inadmissível ou improcedente em votação unânime, o órgão colegiado, em decisão fundamentada, condenará o agravante a pagar ao agravado multa de um a cinco por cento do valor atualizado da causa, sendo que a interposição de qualquer outro recurso ficará condicionada ao depósito prévio do valor da multa, à exceção da Fazenda Pública e do beneficiário de gratuidade da justiça, que farão o pagamento ao final (art. 1.021, §§ 4º e 5º).

Delineada, ainda que rapidamente, a moldura do agravo interno, não é difícil perceber que o recurso também pode ser utilizado para impugnar o silêncio do julgador.[83] Imagine-se, por exemplo, uma decisão monocrática proferida pelo relator

82. A Lei nº 14.365/2022 alterou o Estatuto da OAB para prever a possibilidade de sustentação oral contra a decisão monocrática de relator que julgar o mérito ou não conhecer dos seguintes recursos ou ações: I - recurso de apelação; II - recurso ordinário; III - recurso especial; IV - recurso extraordinário; V - embargos de divergência; VI - ação rescisória, mandado de segurança, reclamação, habeas corpus e outras ações de competência originária. (Art. 7º, §2º-B, da Lei nº 8.906/94).

83. Ressalve-se, apenas, que algumas decisões monocráticas proferidas pelo relator são irrecorríveis, não cabendo o agravo interno (ex: a decisão do relator que admite a intervenção de amicus curiae – art. 138 do CPC/15. Vide também o art. 1.031, § 2º do CPC/15: Na hipótese de interposição conjunta de recurso extraordinário e recurso especial, os autos serão remetidos ao Superior Tribunal de Justiça. § 2º Se o relator do recurso especial considerar prejudicial o recurso extraordinário, em decisão irrecorrível, sobrestará o julgamento e remeterá os autos ao Supremo Tribunal Federal).

no bojo de apelação cível ou de agravo de instrumento, em que o tema é examinado, mas sem o devido enfrentamento de um dos pedidos dos fundamentos suscitados pelo recorrente. Sem prejuízos de eventuais embargos de declaração, quando cabíveis, poderá o recorrente manejar agravo interno para sanar a omissão judicial.

Da mesma forma, quando o vice-presidente de um tribunal inferior nega seguimento a um recurso extraordinário ou especial, por entender que o acórdão está em conformidade com o entendimento exarado pelo STF ou pelo STJ no regimento de julgamento repetitivos, sem levar em consideração o pedido de distinção feito pela parte em seu recurso, caberá agravo interno, que será julgado pelo órgão indicado no regimento interno do respectivo tribunal.

5.3.5. Recurso especial

O art. 105, III, da CF estabelece a competência do Superior Tribunal de Justiça para julgar, em recurso especial, as causas decididas, em única ou última instância, pelos Tribunais Regionais Federais ou pelos tribunais dos Estados, do Distrito Federal e Territórios, quando a decisão recorrida: a) contrariar tratado ou lei federal, ou negar-lhes vigência; b) julgar válido ato de governo local contestado em face de lei federal; e c) der a lei federal interpretação divergente da que lhe haja atribuído outro tribunal.

O CPC/15 disciplina o processamento do recurso especial nos arts. 1029 a 1.035, tratando especificamente do recurso especial repetitivo nos arts. 1.036 a 1.041.

Recentemente, a Emenda Constitucional 125/22 trouxe o requisito da relevância, já prevendo algumas hipóteses (presunções absolutas) em que estará caracterizada a relevância da questão de direito infraconstitucional. Todavia, até que a matéria seja efetivamente regulamentada por lei (o texto constitucional fala "nos termos da lei" – art. 105, § 2º), o recorrente pode se escorar no que já foi disciplinado para o instituto da repercussão geral, demonstrando a existência de "questões relevantes do ponto de vista econômico, político, social ou jurídico que ultrapassem os interesses subjetivos do processo" (art. 1.035, § 1º, do CPC/15). É um norte seguro.[84]

Ainda no plano dos requisitos de admissibilidade, vale lembrar que o recorrente precisa demonstrar que a matéria está devidamente prequestionada, isto é, que foi suscitada e debatida no acórdão recorrido. Se houver omissão do tribunal local no ponto, a parte deve, antes de manejar o recurso especial, opor embargos de declaração para forçar o tribunal a se manifestar sobre o tema.

Vale lembrar que, no recurso especial, a discussão é essencialmente de direito, não comportando a revisão de matéria fática, sendo certo que o recurso – a ser interposto no prazo de 15 (quinze) dias – é só é admissível depois de esgotados os recursos cabíveis nas instâncias ordinárias.

Com esses breves comentários, cabe agora demonstrar como o recurso especial pode ser utilizado para impugnar o silêncio do juiz.

Uma situação relativamente frequente é quando o tribunal local, embora provocado por embargos de declaração para manifestar-se sobre a questão infraconstitucional (envolvendo, por exemplo, o não enfrentamento de determinado fundamento jurídico ou pedido, ou, ainda, a ausência de fundamentação adequada), se limita a dizer que não existe qualquer omissão a ser sanada. Nesses casos, cabe ao recorrente interpor o recurso especial alegando violação aos arts. 489, § 1º c/c 1.022, II, e parágrafo único, II, do CPC.

---

84. MAZZOLA, Marcelo. Ela, a Emenda Constitucional 125/2022, vista por um advogado. Disponível em https://www.migalhas.com.br/depeso/370855/ela-a-ec-125-22-vista-por-um-advogado. Acesso em: 10.03.2023.

Se o STJ entender ser possível julgar desde logo a matéria, superando a omissão, inclusive à luz do prequestionamento ficto (art. 1.025 do CPC/15), assim deve proceder, aplicando o direito à espécie (art. 1.034 do CPC/15).[85] Caso contrário, deverá anular o acórdão recorrido, determinando o retorno dos autos ao tribunal de origem, para que o órgão aprecie os temas não enfrentados.[86]

A propósito, em caso em que o tribunal local deixou de aplicar padrão decisório de observância obrigatória do STF sem fazer eventual distinção (art. 489, § 1º, VI, do CPC/15)[87], o STJ cassou o acórdão e determinou "o rejulgamento dos embargos de declaração, com atenção aos fundamentos aqui adotados".[88]

---

85. "Na hipótese examinada, realmente houve omissão do Tribunal de origem no exame das alegações sobre a aplicação da fungibilidade recursal, notadamente em decorrência de decisão do STJ sobre o assunto, v.g. REsp 1.746.337/RS, cujos motivos determinantes não foram adequadamente adotados pelo acórdão recorrido nem posteriormente afastados por ocasião do julgamento dos embargos de declaração. Assim, ausente o exame das aludidas questões de enfrentamento obrigatório, nos termos do art. 489, § 1º, VI, do CPC/2015, houve omissão do acórdão recorrido. Todavia, com base no art. 1.025 do CPC/2015, deixa-se de cassar a decisão recorrida, porquanto os embargos de declaração foram opostos contra decisão publicada em 22/1/2021, durante a vigência do CPC/2015 (18/3/2016), bem como por se tratar de questão de direito da qual o exame implica resolução do mérito em favor da parte recorrente então embargante". STJ, REsp 1.971.357/SP, Rel. Min. Raul Araújo, Quarta Turma, DJe 26.05.2022.
86. "(...) Portanto, sendo relevantes as questões aventadas na origem, impõe-se a acolhida do recurso especial para se reconhecer as omissões presente no julgado e determinar a devolução dos autos à origem para a apreciação dos temas omitidos, uma vez que se trata de matérias que envolvem elementos fáticos, insuscetíveis de serem objeto de prequestionamento ficto, nos moldes do art. 1.025 do CPC/2015, e, portanto, de serem, desde logo, julgadas por esta Corte Superior. STJ, REsp 1.930.990/PR, Rel. Min. Paulo de Tarso Sanseverino, Terceira Turma, DJe 09.12.2021.
87. Vale lembrar que o artigo 1.022, parágrafo único, II, do CPC/15 estabelece que se considera omissa a decisão que "incorra em qualquer das condutas descritas no art. 489, § 1º".
88. "Por fim, o acórdão é inapelavelmente nulo ao deixar de aplicar precedente vinculativo do Supremo Tribunal Federal que trata justamente da impossi-

Também em situações de inobservância judicial, o recurso especial pode ser utilizado. Se o STJ entender que a referida norma de natureza procedimental foi ignorada, poderá invalidar a decisão.

Por exemplo, o STJ já deu provimento a recurso especial interposto contra acórdão que havia confirmado a possibilidade de extinção do feito sem resolução de mérito, sem permitir a emenda da petição inicial pelo autor (violação ao art. 321 do CPC/15).[89]

Não é difícil perceber, portanto, que o recurso especial pode ser largamente utilizado para impugnar o silêncio do juiz.[90]

---

bilidade de o candidato permanecer investido em função pública por mera aplicação de medida liminar cuja confirmação, aliás, é fundada em absolutamente nenhum argumento fora o transcurso do tempo, no caso, de três anos, ou seja, o Tribunal deferiu o direito sem examinar absolutamente nada. Dito isso, dou provimento ao recurso especial para cassar o acórdão e determinar o rejulgamento dos embargos de declaração, com atenção aos fundamentos aqui adotados". REsp 1.999.967/AP, Rel. Min. Mauro Campbell Marques, Segunda Turma, DJe 31.08.2022.

89. "O indeferimento da petição inicial, quer por força do não-preenchimento dos requisitos exigidos nos arts. 319 e 320 do CPC/2015, quer pela verificação de defeitos e irregularidades capazes de dificultar o julgamento de mérito, reclama a concessão de prévia oportunidade de emenda pelo autor, nos termos do art. 321 do CPC/2015." STJ, REsp 2.013.351/PA, Rel. Min. Nancy Andrighi, Segunda Seção, DJe 19/09/2022.

90. Não abordaremos o recurso extraordinário porque o STF entende que "a questão da ofensa aos princípios do contraditório, da ampla defesa, do devido processo legal e dos limites à coisa julgada, tem natureza infraconstitucional, e a ela se atribuem os efeitos da ausência de repercussão geral, nos termos do precedente fixado no RE 584.608, rel. a Ministra Ellen Gracie" (tema 660). Ademais, o STF entende que "o art. 93, IX, da Constituição Federal exige que o acórdão ou decisão sejam fundamentados, ainda que sucintamente, sem determinar, contudo, o exame pormenorizado de cada uma das alegações ou provas" (tema 339). Como o dever de fundamentação se relaciona, de algum modo, com os princípios do contraditório, da ampla defesa e do devido processo legal, e o STF entende que a fundamentação pode ser sucinta, temos dificuldade em enxergar – diante dos óbices de admissibilidade – o recurso extraordinário como meio hábil de impugnação de atos judiciais omissivos. Eventualmente, quando se tratar de decisão sem nenhuma fundamentação,

5.4. RECLAMAÇÃO

Em linhas gerais, a reclamação é um processo de competência originária dos tribunais. A Constituição Federal prevê o cabimento de reclamação perante o STF (art. 102, I, e art. 103-A, § 3º)[91] e o STJ (art. 105, I, f)[92].

O CPC/15 alargou as hipóteses de cabimento (art. 988, I a IV) e, com isso, a reclamação pode ser processada e julgada por todos os tribunais (art. 988, § 1º).

Entre as hipóteses de cabimento, o código prevê que caberá reclamação da parte interessada ou do Ministério Público para a) preservar a competência do tribunal; b) garantir a autoridade das decisões do tribunal; c) garantir a observância de enunciado de súmula vinculante[93] e de decisão do Supremo Tribunal

---

poder-se-ia cogitar do recurso extraordinário como mecanismo de impugnação do silêncio do juiz, mas a hipótese afigura-se bastante incomum.

91. Art. 102, I - Compete ao Supremo Tribunal Federal, precipuamente, a guarda da Constituição, cabendo-lhe processar e julgar, originariamente: a reclamação para a preservação de sua competência e garantia da autoridade de suas decisões; Art. 103-A, § 3º - O Supremo Tribunal Federal poderá, de ofício ou por provocação, mediante decisão de dois terços dos seus membros, após reiteradas decisões sobre matéria constitucional, aprovar súmula que, a partir de sua publicação na imprensa oficial, terá efeito vinculante em relação aos demais órgãos do Poder Judiciário e à administração pública direta e indireta, nas esferas federal, estadual e municipal, bem como proceder à sua revisão ou cancelamento, na forma estabelecida em lei. Do ato administrativo ou decisão judicial que contrariar a súmula aplicável ou que indevidamente a aplicar, caberá reclamação ao Supremo Tribunal Federal que, julgando-a procedente, anulará o ato administrativo ou cassará a decisão judicial reclamada, e determinará que outra seja proferida com ou sem a aplicação da súmula, conforme o caso.
92. Art. 105, I, f - Compete ao Superior Tribunal de Justiça processar e julgar originariamente: reclamação para a preservação de sua competência e garantia da autoridade de suas decisões.
93. Vide, por exemplo, art. 7º, § 1º, da Lei nº 11.417/06 (que disciplina a edição, a revisão e o cancelamento de enunciado de súmula vinculante pelo Supremo Tribunal Federal): Art. 7º Da decisão judicial ou do ato administrativo que contrariar enunciado de súmula vinculante, negar-lhe vigência ou aplicá-lo indevidamente caberá reclamação ao Supremo Tribunal Federal, sem prejuízo

Federal em controle concentrado de constitucionalidade; e d) garantir a observância de acórdão proferido em julgamento de incidente de resolução de demandas repetitivas ou de incidente de assunção de competência.

O código prevê expressamente que as hipóteses dos incisos III e IV (garantir a observância de alguns padrões decisórios de observância obrigatória) compreendem a aplicação indevida da tese jurídica e sua "não aplicação aos casos que a ela correspondam" (art. 988, § 4º).

Já em relação aos acórdãos proferidos em recurso extraordinário com repercussão geral reconhecida ou em recursos extraordinários repetitivos, será inadmissível a reclamação para garantir a observância de tais decisões quando não esgotadas as instâncias ordinárias. Nesse particular, o STF entende que a norma contida no artigo 988, § 5º, II, do CPC/15 "merece interpretação restritiva quanto ao cabimento da reclamação para hipóteses em que se discute aplicação de tese em repercussão geral reconhecida". A jurisprudência daquela corte tem indicado dois critérios para o cabimento da reclamação, a saber "(i) o prévio esgotamento dos meios recursais; e (ii) a demonstração da teratologia da decisão reclamada".[94]

---

dos recursos ou outros meios admissíveis de impugnação. § 1º Contra omissão ou ato da administração pública, o uso da reclamação só será admitido após esgotamento das vias administrativas. Na doutrina: "Da decisão judicial ou ato administrativo que contrariar enunciado de súmula vinculante, negar-lhe vigência ou o aplicar indevidamente caberá reclamação ao STF (at. 7º da Lei nº 1.417/2006). A reclamação, aqui, é cabível não só contra atos jurisdicionais, mas também contra atos administrativos. Neste último caso, porém, exige-se, para admissão da reclamação, o prévio esgotamento das vias administrativas (art. 7º, § 1º, da Lei nº 11.417/2006)". CÂMARA, Alexandre Freitas. *Manual de Direito Processual Civil*. Barueri: Atlas, 2022, p. 884.

94. STF, Rcl 37.224/SP, Rel. Min. Luiz Fux, Primeira Turma, DJe 04.11.2019. "(...) Portanto, há que se exigir da parte reclamante o rigor na demonstração inequívoca da inaplicabilidade da tese ao caso concreto. Não bastam meras alegações genéricas quanto à inadequação da tese aplicada pelo Tribunal a quo ao caso concreto. É imprescindível que a parte reclamante realize o devido, e claro, cotejamento entre o precedente aplicado e o caso concreto, destacando e

Já o STJ, em que pese a expressa previsão legal (art. 988, § 5º, II), entende que não cabe a reclamação como mecanismo de controle da observância de acórdão proferido em julgamento de recursos especiais repetitivos[95], o que, na prática, nega vigência ao referido dispositivo legal.[96]

Registre-se que a reclamação não pode ser interposta depois do trânsito em julgado, sendo certo, ainda, que a inadmissibilidade ou o julgamento do recurso interposto contra a decisão

---

comprovando de plano os elementos fáticos e jurídicos que afastam a tese paradigmática do caso concreto (distinguishing) ou a superveniência de fatos e normas que tornem necessária a sua superação (*overruling*). É esse o conteúdo da teratologia que não pode subsistir no mundo jurídico: ou a aplicação categoricamente indevida do precedente ao caso, ou a clara necessidade de superação daquele por fatos supervenientes, tudo devidamente demonstrado pela parte reclamante em sua inicial". Do STF, vale citar ainda: "Nesse contexto, enfatizo, uma vez mais, ser imprescindível que o ato reclamado haja abordado expressamente e sob o ângulo trazido em sede reclamatória o tema versado na referência paradigmática. Dito de outra forma: não cabe reclamação por omissão". STF, AgRg na Rcl 48.399/SC, Rel. Min. Rosa Weber, Primeira Turma, DJe 15.03.2022.

95. "(...) Foi sob esse norte que o CPC/2015, após a reforma da Lei 13.256/2016, afastou a possibilidade de interposição de agravo em recurso especial contra a decisão do Tribunal a quo que nega seguimento ao recurso especial devido à conformidade entre o acórdão recorrido e a tese firmada no regime dos repetitivos. Referida decisão, pela regra do art. 1.030, § 2º, do CPC, somente é impugnável mediante agravo interno na própria Corte local. Ora, em tal contexto, não há lógica e coerência em admitir que se ajuíze reclamação após o julgamento do agravo interno no Tribunal local. Se assim se fizer, esse agravo interno na origem apenas terá sido uma etapa a mais no processo antes que este "desague" no STJ, o que se dará, ressalte-se, em nova relação processual, inaugurada pela reclamação. Fosse esse o desiderato, bastava autorizar a interposição de AREsp imediatamente à negativa de seguimento do REsp, como sói acontecer, com economia da atividade jurisdicional dos Tribunais locais e evitando os diversos inconvenientes da instauração de nova relação jurídica processual". STJ, Rcl 36.476/SP, Rel. Min. Nancy Andrighi, Corte Especial, DJe 06.03.2020.
96. Em prestígio ao entendimento do STJ, ver MITIDIERO, Daniel. *Cortes superiores e cortes supremas*: do controle à interpretação, da jurisprudência ao precedente. 3. ed. rev., atual. e ampl. São Paulo: Revista dos Tribunais, 2017.

proferida pelo órgão reclamado não prejudica a reclamação (art. 988, § 5º, I e 6º).

Apresentada, ainda que de forma sucinta, a moldura legal da reclamação, é possível indicar algumas situações em que ela é utilizada para combater o silêncio do juiz.

O STF, por exemplo, já julgou procedente reclamação contra ato do juiz trabalhista, que se recusava a apreciar a alegação de incompetência absoluta suscitada pelo réu, o que, na prática, contrariava a decisão proferida pelo STF na ADI 3.395/DF (em que se decidiu que compete à Justiça Comum o julgamento de causas instauradas entre o Poder Público e o servidor a ele vinculado por relação jurídico-administrativa).

De acordo com o ministro Gilmar Mendes, a autoridade reclamada, "a despeito do pedido expresso do Município, nada manifestou a respeito da competência para processamento e julgamento do feito, dando prosseguimento ao processo para a realização de perícia". Em vista disso, o ministro concluiu que, "ao deixar de apreciar matéria relativa à competência material, prorrogando a competência da Justiça do Trabalho para o feito, violou a decisão desta Corte proferida na ADI 3.395".

Nesse sentido, a reclamação foi julgada procedente, reconhecendo-se a incompetência da Justiça do Trabalho e determinando-se desde logo a remessa do processo à Justiça Comum.[97] Este é um exemplo de reclamação contra omissão judicial.[98] Não havia, a rigor, uma inércia judicial, eis que o magistrado chegou

97. STF, RCL 48.462/RS, Rel. Min. Gilmar Mendes, Segunda Turma, DJe 19.10.2021.

98. Parte da doutrina questiona o cabimento de reclamação por omissão: "Para que caiba a reclamação, é preciso, porém que o órgão jurisdicional deixe, expressamente, de seguir o precedente. Se o órgão julgador simplesmente não segue o precedente na decisão, se ele simplesmente silencia, omite-se, nada diz sobre o precedente, não cabe a reclamação. Em outras palavras, não cabe reclamação por omissão. (...) Não se trata de preclusão, mas de falta de subsunção à hipótese de cabimento da reclamação: não houve inobservância do precedente, justamente por ser omissa a decisão". DIDIER JR., Fredie; CUNHA, Leonardo Carneiro da. *Curso de Direito Processual Civil*. v. 3. Meios de

a determinar a realização de perícia (ou seja, não houve uma interrupção ilegítima na atividade judicante). A omissão no caso concreto consistia na não apreciação da questão da competência, à luz do padrão decisório de observância obrigatória.

É possível vislumbrar outras situações de cabimento da reclamação para impugnar o silêncio do juiz.

Por exemplo, imagine-se que um tribunal de segunda instância, ao dar provimento ao agravo de instrumento do autor e conceder a tutela provisória que havia sido negada em primeiro grau, determine que o juiz adote as medidas necessárias para implementação da decisão superior. Pode ocorrer, porém, de o juiz não tomar as providências cabíveis, resultando na completa paralisação do feito. Nessa hipótese, diante da inércia do juiz, poderia ser manejada a reclamação para garantir a autoridade da decisão do tribunal.[99]

Fredie Didier Jr. reconhece, ainda, o cabimento da reclamação "quando o órgão inferior demora excessiva ou injustificadamente na remessa do recurso para o tribunal destinatário. A demora no envio equivale a uma usurpação de competência, sendo cabível, portanto, a reclamação".[100]

---

impugnação às Decisões Judiciais e Processo nos Tribunais. 17. ed. Salvador: JusPodivm, 2020. p. 684.

99. "(...) o inciso II do art. 988 estabelece o cabimento da reclamação para 'garantir a autoridade das decisões do tribunal'. Nessa hipótese, para a propositura da reclamação, é necessário que haja o descumprimento de uma decisão judicial do Tribunal por parte de órgão jurisdicional ou administrativo. O descumprimento, diga-se, pode ocorrer por ato comissivo ou omissivo da autoridade reclamada". RODRIGUES, Marco Antonio; MELLO, Felipe Varela. A reclamação constitucional como mecanismo de controle de precedentes vinculantes: uma abordagem do instituto à luz do sistema de precedentes. *Revista de Processo*. São Paulo: Revista dos Tribunais, nº 327, maio/2022, p. 351-379.

100. DIDIER JR., Fredie; CUNHA, Leonardo Carneiro da. *Curso de Direito Processual Civil*. 17. ed. Salvador: Juspodivm, 2020, p. 667. A propósito, vale mencionar o enunciado de súmula 727 do STF: "Não pode o magistrado deixar de encaminhar ao Supremo Tribunal Federal o agravo de instrumento interposto da decisão que não admite recurso extraordinário, ainda que referente a causa

Nessa mesma linha, entende-se cabível a reclamação contra a recusa do juiz em i) "ordenar a remessa do incidente [de impedimento ou suspeição] ao tribunal (art. 146, § 1º, do CPC/15)[101]; ii) solicitar, quando cabível, a expedição de precatório ao presidente do tribunal[102], entre outras situações.

---

instaurada no âmbito dos juizados especiais". Tal enunciado segue em vigor, mas o STF já temperou o respectivo entendimento em razão da sistemática da repercussão geral e do advento do CPC/15: "Afirmei, portanto, que, com fundamento nesses dispositivos [arts. 543-A e 543-B], ainda sob a égide do CPC/1973, a jurisprudência do STF consubstanciada na Súmula 727/STF foi superada no tocante a agravos interpostos contra despachos com que a Corte de origem, aplicando entendimento do STF formado de acordo com a sistemática da repercussão geral, negava seguimento a recurso extraordinário, como no caso dos autos; ficando assentada a ausência de competência do STF para conhecer desses instrumentos, bem como a inadmissibilidade de reclamação com fundamento na usurpação da competência do STF (AI 760.358/SE-QO, Relator o Ministro Gilmar Mendes e Reclamações 7.569/SP e 7.547/SP, Relatora a Ministra Ellen Gracie), (...).(...) De todos os modos, reforço que o entendimento firmado no AI 760.358/SE-QO, Relator o Ministro Gilmar Mendes e Reclamações 7.569/SP e 7.547/SP, Relatora a Ministra Ellen Gracie (usado como fundamento para assentar a ausência de usurpação da competência do STF, no caso) não justifica o cancelamento da Súmula 727/STF, uma vez que retrata a flexibilização do enunciado em razão do instituto da repercussão geral, não importando na superação absoluta do comando sumular. O não cabimento da reclamação ou do agravo a esta Suprema Corte para questionar despacho com que a Corte de origem nega seguimento a recurso extraordinário com fundamento em tema de repercussão geral julgado pelo STF é corroborada pelo advento do CPC/2015, com as alterações implementadas pela Lei 13.256/2016, em especial os arts. 1.042, caput, parte final; 1.030, § 2º e 988, § 5º, II". STF, AgRg na Rcl 25.105/RJ, Rel. Min. Dias Toffoli, Segunda Turma, DJe 13.12.2016.

101 Art. 146. No prazo de 15 (quinze) dias, a contar do conhecimento do fato, a parte alegará o impedimento ou a suspeição, em petição específica dirigida ao juiz do processo, na qual indicará o fundamento da recusa, podendo instruí-la com documentos em que se fundar a alegação e com rol de testemunhas. § 1º Se reconhecer o impedimento ou a suspeição ao receber a petição, o juiz ordenará imediatamente a remessa dos autos a seu substituto legal, caso contrário, determinará a autuação em apartado da petição e, no prazo de 15 (quinze) dias, apresentará suas razões, acompanhadas de documentos e de rol de testemunhas, se houver, ordenando a remessa do incidente ao tribunal.

102. Sobre a gestão dos precatórios e respectivos procedimentos operacionais no âmbito do Poder Judiciário, vale conferir a Resolução nº303/2019 do CNJ.

5.5. MANDADO DE SEGURANÇA

De acordo com os arts. 5º, LXIX, da CF e 1º da Lei nº 12.016/2009, conceder-se-á mandado de segurança para proteger direito líquido e certo, não amparado por habeas corpus ou habeas data, sempre que, ilegalmente ou com abuso de poder, qualquer pessoa física ou jurídica sofrer violação ou houver justo receio de sofrê-la por parte de autoridade, seja de que categoria for e sejam quais forem as funções que exerça.

Note-se que não se concederá mandado de segurança quando se tratar de decisão judicial da qual caiba recurso com efeito suspensivo (art. 5º, II, da Lei n. 12.016/2009). A propósito, o enunciado de súmula 267 do STF determina que "não cabe mandado de segurança contra ato judicial passível de recurso ou correição".

Há muito, a corte especial do STJ consignou que, diante de situações teratológicas, abusivas, capazes de gerar lesão grave ou de difícil reparação, e nas quais o recurso legalmente previsto não tenha ou não se possa obter efeito suspensivo, admite-se, excepcionalmente, a via do mandado de segurança[103], sobretudo quando se está diante da violação de um dever do juiz[104].

Sob a égide do CPC/15 (que prevê a possibilidade de concessão de efeito suspensivo a qualquer recurso – art. 995, parágrafo único[105]) e sobretudo após a fixação da tese da taxatividade mitigada pelo STJ[106], pode-se dizer que o espectro de

103. AgRg no MS 15.720/DF, Rel. Min. Arnaldo Esteves Lima, Corte Especial, DJe de 28.4.2011.

104. AgInt no MS 27.283/DF, Rel. Min. Luis Felipe Salomão, Corte Especial, DJe 14.06.2021.

105. Art. 995. Os recursos não impedem a eficácia da decisão, salvo disposição legal ou decisão judicial em sentido diverso. Parágrafo único. A eficácia da decisão recorrida poderá ser suspensa por decisão do relator, se da imediata produção de seus efeitos houver risco de dano grave, de difícil ou impossível reparação, e ficar demonstrada a probabilidade de provimento do recurso.

106. Tema repetitivo 988. Tese firmada: "O rol do art. 1.015 do CPC é de taxatividade mitigada, por isso admite a interposição de agravo de instrumento quando

cabimento do mandado de segurança contra decisões interlocutórias foi restringido.

Mais do que isso, o STJ decidiu que o mandado de segurança não pode ser admitido em nenhuma hipótese (no caso de decisões interlocutórias). Nas palavras da Ministra Nancy Andrighi:

> conquanto seja excepcionalmente admissível a impugnação de decisões judiciais *lato sensu* por mandado de segurança, não é admissível, nem mesmo excepcionalmente, a impugnação de decisões interlocutórias por mandado de segurança após a tese firmada no tema repetitivo 988, que estabeleceu uma exceção ao posicionamento há muito adotado nesta Corte, especificamente no que tange à impugnabilidade das interlocutórias, de modo a vedar, em absoluto, a impugnação dessa espécie de decisão pelas partes mediante mandado de segurança, porque há via impugnativa recursal apropriada, o agravo de instrumento.[107]

No referido caso, após receber a petição inicial requerendo a designação da audiência de conciliação e mediação, o juiz postergou o ato processual para momento oportuno, à luz do art. 139, VI, do CPC. Ainda no prazo da contestação, o réu, em caráter de urgência, pediu a designação da audiência de mediação e conciliação. Ou seja, ambos os litigantes desejavam a audiência. Porém, o juiz indeferiu o requerimento sob a alegação de que haveria "dificuldade de pauta" e em razão "da própria matéria discutida nos autos". Na prática, deixou de designar o ato processual que a lei determina.

Em vista disso, o réu impetrou mandado de segurança, que, inicialmente, não foi conhecido pelo desembargador relator no tribunal local. Em sede de agravo interno, o tribunal negou-lhe provimento, consignando que deveria a parte impugnar a decisão interlocutória em preliminar de futura apelação.

---

verificada a urgência decorrente da inutilidade do julgamento da questão no recurso de apelação".

107. STJ, RMS nº 63.202/MG, Rel. Min. Marco Aurelio Bellizze, Rel. para acórdão Min. Nancy Andrighi, Terceira Turma, DJe 18.12.2020.

Contra a decisão o réu interpôs recurso ordinário. No STJ, o Ministro relator Marco Aurélio Bellizze votou no sentido de *conceder a ordem pretendida*, garantindo-se ao impetrante a realização da audiência do art. 334 do CPC/15 a ser designada pelo juiz de primeiro grau. Em linhas gerais, o relator entendeu que a impugnação da decisão em comento por meio de eventual e futuro recurso de apelação "mostra-se absolutamente inidônea a restaurar a situação processual anterior, sobretudo porque, quando de seu julgamento, a disposição das partes de conciliar, a qual a norma processual objetiva preservar, apresentar-se-á completamente esvaziada".

Ainda na visão do relator, o ato judicial em questão "subverteu o procedimento legal estabelecido pelo Código de Processo Civil de 2015", devendo ser admitido, ainda que de modo excepcional, o mandado de segurança contra ato judicial, "sempre que este se revestir de manifesta ilegalidade, teratologia ou flagrante abuso". Em arremate, o relator pontuou que a decisão questionada "subverte, à revelia da literalidade da lei, *o procedimento legal estabelecido*, com repercussão negativa na potencial solução consensual do litígio, de indiscutível carga de fundamentalidade, e no direito de defesa da parte demandada".

Todavia, a Ministra Nancy Andrighi inaugurou divergência sustentando que como a decisão judicial que indeferiu o requerimento do réu foi proferida após a publicação do acordão que fixou a tese da taxatividade mitigada, aquela somente seria "impugnável por agravo de instrumento e não por mandado de segurança".

Fora do plano das decisões interlocutórias, o mandado de segurança continua sendo uma via possível em algumas situações (ex: decisão judicial que afeta direitos de terceiros: "a impetração de segurança por terceiro, contra ato judicial, não se condiciona à interposição de recurso" – enunciado da súmula 202 do STJ).[108]

---

108. "(...) doutrina e jurisprudência admitem a impetração de mandado de segurança contra ato judicial, ao menos nas seguintes hipóteses excepcionais: a) decisão judicial manifestamente ilegal ou teratológica; b) decisão judicial

Quando se trata especificamente de combater o silêncio do juiz, parte da doutrina entende que o mandado de segurança pode ser admitido como meio de impugnação, quando não houver recurso cabível[109].

Já na esfera jurisprudencial, o mandado de segurança é admitido em situações excepcionais, sobretudo no âmbito de tribunais em que a correição parcial foi eliminada do respectivo regimento interno[110]. Embora entendamos que a ausência de previsão regimental da correição parcial não seja um pressuposto de admissibilidade do mandado de segurança, alguns tribunais se valem do argumento para negar a medida.[111]

Especificamente no contexto do STJ, há posicionamento no sentido de que "não cabe Mandado de Segurança para fixar ou controlar a conduta do magistrado, no exercício de suas funções judicantes, pois existem meios administrativos capazes

---

contra a qual não caiba recurso; c) para imprimir efeito suspensivo a recurso desprovido de tal atributo; e d) quando impetrado por terceiro prejudicado por decisão judicial". STJ, RMS 65.228/PR, Rel. Min. Raul Araújo, Quarta Turma, DJe 01.02.2022.

109. "(...) o efeito da inobservância da duração razoável do processo é configurar a *mora jurisdicional*, sujeitando o magistrado à posição de autoridade coatora, a merecer correção pela via mandamental. Evidentemente que, tanto quando a autoridade coatora for órgão administrativo, quanto em se tratando de órgão judicial, o mandado de segurança pode ser utilizado. Na inexistência de recurso cabível contra omissões do juiz em decidir, cabível o *writ* contra ato judicial". CABRAL, Antonio do Passo. A duração razoável do processo e a gestão do tempo no Projeto de novo Código de Processo Civil. In. FREIRE, Alexandre et al. (Coords). *Novas tendências do processo civil*. Salvador: JusPodivm, 2013, p. 73 e seguintes.

110. É o caso, por exemplo, do TJ/BA, cuja Emenda Regimental 08/2016, de 16 de março de 2016, revogou a possibilidade de manejo de correição parcial.

111. TJ/MT, Mandado de Segurança nº 1020579-03.2022.8.11.0000, Des. Rel. João Ferreira Filho, Primeira Turma de Câmaras Cíveis Reunidas de Direito Privado, julgamento em 13.10.2022: "Assim, não cabe a impetração de mandado de segurança em função de suposta paralisação injustificada de processo judicial, inércia que deve ser combatida por correição parcial e reclamação".

de aferi-la".[112] Alguns julgados dos tribunais locais caminham no mesmo sentido.[113]

De qualquer modo, é possível mencionar casos concretos em que o mandado de segurança foi admitido e a ordem concedida.

Em recurso ordinário (interposto contra a decisão do TRF-3 que havia indeferido liminarmente o mandado de segurança), o recorrente alegou que não questionava em seu mandado de segurança a ordem de bloqueio dos valores em contas bancárias, mas a "omissão da autoridade judicial em determinar a conversão da medida constritiva de bloqueio em depósito judicial para fins de garantia da execução fiscal".

No STJ, o relator entendeu que a situação fática justificava, excepcionalmente, o afastamento da Súmula 267/STF. Isso porque, "tendo sido cumprida a ordem judicial de bloqueio já há quase três anos, a demora na emissão da ordem judicial de transferência dos valores bloqueados para depósito judicial

---

112. AgRg no RMS 45.076/RJ, Rel. Ministro Herman Benjamin, Segunda Turma, DJe 08.09.2015.

113. "O ato contra o qual se volta o impetrante consiste na omissão da Magistrada em apreciar e decidir, em prazo razoável, o pedido de homologação das primeiras declarações na forma do artigo 620 do Código de Processo Civil, bem como o pedido de acesso aos documentos e bens das empresas controladas e dirigidas por Júlio José de Campos. Pois bem. É certo que, quando está a tratar de pronunciamento judicial, o prazo fixado para proferir decisão é de caráter impróprio (Código de Processo Civil, artigo 226, II), de modo que não se pode exigir observância absoluta. [...] Ainda que o art. 189 do CPC/1973 estabeleça lapso de 10 dias para que o julgador profira a decisão, a jurisprudência e a doutrina definem que, para magistrados e seus auxiliares, são impróprios os prazos, porquanto inexiste qualquer sanção processual para a hipótese de descumprimento. (...) A alegada demora na apreciação de requerimento da parte, por si só, não configura omissão ou desídia a autorizar a impetração do *mandamus*, nos termos do artigo 5º, LXIX, da Constituição da República Federativa do Brasil." TJ/MT, MS 10078459320178110000, Rel. Des. Luiz Carlos da Costa, Turma de Câmaras Cíveis Reunidas de Direito Público e Coletivo, DJ 14.08.2017.

configura, em tese, omissão judicial teratológica e enseja, por isso, o processamento da ação mandamental".[114]

Em outro caso, a discussão girava em torno da "omissão judicial, ilegal e abusiva" quanto à apreciação do requerimento de cumprimento de obrigação fixada na decisão judicial (envolvendo questão de saúde). A parte prejudicada impetrou mandado de segurança e o Tribunal de Justiça da Bahia, citando os arts. 5º, LXXVIII, da CF e 4º do CPC, reconheceu que a via era correta para "verificação da legalidade do ato omissivo do magistrado em não apreciar o que foi requerido no processo principal, não sendo possível analisar questões relativas à forma de execução do decisum proferido, competindo tal incumbência ao juiz do feito". Ao final, a segurança foi concedida.[115]

Do TJ/SP, vale mencionar mandado de segurança impetrado contra ato do juiz que se recusava a analisar o pedido de levantamento de valores incontroversos. Para o tribunal, além da "ilegalidade de omissão judicial", não havia motivo capaz de autorizar a "postergação indefinida do pedido de levantamento do montante já depositado nos autos", à luz dos arts. 5º, inciso LVIII, da CF/88, e 4º do CPC/15.[116]

Já o TJ/GO concedeu mandado de segurança diante da inércia do juiz em expedir o alvará requerido pela parte. De acordo com o tribunal, "é direito líquido e certo do impetrante a prestação jurisdicional eficaz, portanto, autorizada a liberação de dinheiro depositado em seu favor, faz jus a expedição de alvará como meio para alcançar o resultado pretendido".[117]

---

114. STJ, RMS 37.682/SP, Rel. Ministro Mauro Campbell Marques, Segunda Turma, DJe 26.09.2012.

115. TJBA, MS 0010885-05.2016.8.05.0000, Des. Rel. Baltazar Miranda Saraiva, DJ 08.02.2017.

116. TJ/SP, MSCIV 2189418-88.2021.8.26.0000, Des. Rel. Paulo Barcellos Gatti, Quarta Câmara de Direito Público, DJe 02.02.2022.

117. TJ/GO, MS 04116919520158090000, Des. Rel. Marcus da Costa Ferreira, Segunda Seção Cível, DJe 01.11.2016.

Na esfera criminal, embora raros, existem julgados reconhecendo a admissibilidade do mandado de segurança, especialmente para que a autoridade coatora se manifeste, por exemplo, sobre as seguintes questões envolvendo detentos: a) direito de receber visitas na unidade prisional em que se encontra custodiado, notadamente de seus sobrinhos e amigos; b) direito de seus parentes e amigos serem recadastrados, expedindo-se as respectivas carteiras de visitantes; c) direito de utilizar as vestimentas e calçados que lhe for possível; d) direito de manter contato com o mundo exterior ao presídio, através de jornais e revistas; e) direito à inviolabilidade de suas correspondências; entre outras.[118]

Um registro final: entendemos plenamente cabível o mandado de segurança quando o juiz de primeiro grau se furta a analisar o pedido de tutela de urgência (situação de inércia).[119]

Por exemplo, se houver um pedido de tutela provisória formulado na petição inicial e o caso ficar "dormindo" no cartório ou no gabinete, sem processamento ou qualquer pronunciamento judicial sobre o tema, a parte pode impetrar o mandado de segurança (art. 5º, XXXV, da CF). Perceba-se que, como não se está diante de um pronunciamento judicial, a parte não poderia opor embargos de declaração ou interpor agravo de instrumento (o ponto já foi desenvolvido no item 3.2.1).

Além disso, a urgência da situação pode não ser compatível com o procedimento do art. 235 do CPC/15 (que não prevê, ao menos expressamente, a possibilidade de tutela provisória)

---

118. Sobre o tema, ver TJRJ, MS 0038357-40.2006.8.19.0000, Rel. Des. Geraldo Prado, Sétima Câmara Criminal, DJ 19.07.2007.

119. O TRF-2, por exemplo, já admitiu mandado de segurança contra a inércia do juiz, que estava há mais de 1 mês para apreciar o pedido de tutela provisória. Na decisão, o Tribunal ordenou que o juiz apreciasse o requerimento no prazo de 10 (dez) dias, não analisando diretamente a tutela pleiteada, por entender que a sua análise diretamente em segundo grau configuraria supressão de instância. TRF2, MS 0107298-68.2014.4.02.000, Des. Rel. André Fontes, Segunda Turma Especializada, julgamento em 28.04.2015.

ou mesmo com a correição parcial (como visto, nem todos os tribunais preveem o procedimento em seus regimentos internos).

Note-se que o pedido do mandado de segurança não deve ser para o tribunal analisar desde logo a tutela provisória, o que poderia ensejar eventual supressão de instância, mas sim para ordenar que o juiz aprecie o requerimento no prazo a ser fixado. Claro que, em situações excepcionais e à luz das peculiaridades do caso concreto, poderá o tribunal analisar diretamente o pedido de tutela provisória.

Basta imaginar, por exemplo, um pedido de tutela provisória formulado pela mulher (em situação de risco) em face do marido, para que ele não se aproxime dela, em razão de seu comportamento agressivo. A situação justifica uma apreciação judicial imediata.

5.6. *HABEAS CORPUS*

Embora o foco deste trabalho seja o campo processual civil, vale uma rápida incursão na seara criminal, pois o habeas corpus é um importante instrumento de controle do silêncio do juiz naquela seara.

De acordo com o art. 5°, LXVIII, da Constituição, conceder-se-á habeas corpus sempre que alguém sofrer ou se achar ameaçado de sofrer violência ou coação em sua liberdade de locomoção, por ilegalidade ou abuso de poder. Na mesma linha, o art. 647 do Código de Processo Penal estabelece que pode ser concedido habeas corpus sempre que alguém sofrer ou se achar na iminência de sofrer violência ou coação ilegal na sua liberdade de ir e vir, salvo nos casos de punição disciplinar.

Com o tempo, o habeas corpus passou a ser utilizado para outras finalidades.[120] Não à toa o Ministro Luiz Fux, ainda na qualidade de membro do STJ, afirmou certa feita: "o habeas

120. Por exemplo, no HC 111.840/ES (Rel. Min. Dias Toffoli, Pleno, julgado em 27.06.2012), o STF declarou, incidentalmente, a inconstitucionalidade do

corpus também tem tido uma utilização muito vulgarizada, (...), era para ir e vir e agora é para tudo".

Na esfera criminal, a falta de pronunciamento acerca de determinada questão pode acarretar coação ilegal na liberdade de ir e vir do cidadão, autorizando a impetração de *habeas corpus* para remediar a situação. O caso mais comum de coação ilegal a autorizar a impetração de *habeas corpus* é o do juiz que, por inércia, mantem a prisão por mais tempo do que determina a lei (art. 648, II do CPP).[121]

Além disso, o *habeas corpus* é sistematicamente utilizado para combater eventual lentidão das Varas de Execução Penal na análise de pedidos de benefícios garantidos aos apenados, especialmente os de progressão de regime[122], livramento condicional e saídas temporárias.[123]

---

art. 2°, §1°, da Lei n° 8.072/90, que vedava a progressão de regime em crime hediondo e afins, por ofensa ao princípio da individualização da pena.

121. "HABEAS CORPUS" - FURTO QUALIFICADO - PRISÃO EM FLAGRANTE NÃO CONVERTIDA EM PRISÃO PREVENTIVA - PACIENTE PRESO HÁ 19 DIAS SEM MANIFESTAÇÃO JUDICIAL - RELAXAMENTO DA PRISÃO - POSSIBILIDADE. Considerando que o paciente permaneceu preso por mais 19 dias sem que houvesse manifestação em relação a sua prisão em flagrante, patente o constrangimento ilegal, a justificar a concessão da ordem". TJ/MG, Habeas Corpus Criminal 1.0000.19.046058-4/000, Des. Rel. Maria Luíza de Marilac, Terceira Câmara Criminal, julgamento em 02/07/2019. No mesmo sentido TJ/BA, HC 0022088-95.2015.8.05.0000, Des. Rel. José Alfredo Cerqueira da Silva, Segunda Camara Criminal, DJ 24.11.2015; TJ/TO, HC 1001550-69.2019.8.11.0000, Des. Rel. Orlando de Almeida Perri, Primeira Câmara Criminal, DJe 27.03.2019.

122. "É nula a dosimetria da pena que se omite quanto à imposição de regime inicial de cumprimento de pena, o qual, também, deveria ter sido motivadamente estabelecido pelo juízo sentenciante. 6. Ordem concedida tão-somente para, mantida a condenação, anular o acórdão e a sentença de 1º grau na parte relativa à dosimetria da pena, determinando-se o refazimento do cálculo do quantum da reprimenda e a imposição fundamentada do regime prisional, analisando-se, outrossim, a possibilidade do recurso em liberdade e da substituição da pena" STJ, HC 25.226/PR, Rel. Min. Laurita Vaz, Quinta Turma, DJ 06.06.2005.

123. "CRIMINAL. HABEAS CORPUS. EXECUÇÃO PENAL. EXCESSO DE PRAZO EM JULGAMENTO DE PEDIDO DE PROGRESSÃO DE REGIME. QUESTÃO NÃO ANALISADA PELO TRIBUNAL A QUO. SUPRESSÃO DE INSTÂNCIA. CONSTRANGIMENTO ILEGAL

Algumas vezes, ainda, o *habeas corpus* tem sido admitido para a) acelerar o julgamento de *habeas corpus* previamente impetrados; b) estipular prazo para a conclusão de investigações; c) e até mesmo para arquivar inquéritos que, por inércia estatal, permanecem parados por anos.[124]

EVIDENTE. ORDEM PARCIALMENTE CONHECIDA E CONCEDIDA. I. Evidenciado que a questão aventada em favor do paciente, repisada na presente impetração, não foi objeto de debate e decisão por Órgão Colegiado do Tribunal a quo, sobressai a incompetência desta Corte para o seu exame, sob pena de indevida supressão de instância. II. Mostra-se evidente o constrangimento ilegal, consubstanciado na negativa da prestação jurisdicional, em hipótese na qual pedido de progressão para regime semiaberto se estende por mais de um ano sem resposta. III. Deve a ordem ser concedida de ofício para determinar à Vara de Execuções Penais do Rio de Janeiro que proceda a imediata apreciação do pedido formulado pelo paciente. V. Ordem parcialmente conhecida e, nesta extensão, concedida, nos termos do voto do Relator". STJ, HC 169.945/RJ, Rel. Min. Gilson Dipp, Quinta Turma, DJe 14.02.2012. No mesmo sentido RHC 8.664/RJ, Rel. Min. José Arnaldo da Fonseca, Quinta Turma, DJ 06.09.1999. No âmbito dos tribunais, ver TJ/RJ, HC 0000134-32.2017.8.19.0000, Des. Rel. Antonio Carlos Nascimento Amado, Terceira Câmara Criminal, DJe 16.3.2017; HC 0045755-04.2007.8.19.0000, Des. Rel. Ricardo Silva Bustamante, Terceira Câmara Criminal, DJ 16.4.2007.

124. "HABEAS CORPUS. PROCESSUAL PENAL. ALEGAÇÃO DE DEMORA NO JULGAMENTO DO MÉRITO DE WRIT MANEJADO NO SUPERIOR TRIBUNAL DE JUSTIÇA. SITUAÇÃO CONFIGURADORA DE CONSTRANGIMENTO ILEGAL. ORDEM CONCEDIDA. I – A impetrante sustenta a demora para o julgamento do habeas corpus impetrado no Superior Tribunal de Justiça. II – O excesso de trabalho que assoberba o STJ permite a flexibilização, em alguma medida, do princípio constitucional da razoável duração do processo. Precedentes. III – Contudo, no caso dos autos, a situação caracteriza evidente constrangimento ilegal, uma vez que, passados quase dois anos do oferecimento do parecer pela Procuradoria Geral da República, o writ ainda não foi levado a julgamento. IV – A demora para o julgamento do feito naquela Corte Superior configura negativa de prestação jurisdicional e flagrante constrangimento ilegal sofrido pelo paciente, apto a justificar a concessão da ordem para determinar o imediato julgamento daquela ação. V – Habeas corpus conhecido, concedendo-se a ordem para determinar ao Superior Tribunal de Justiça que apresente o habeas corpus em mesa, para julgamento até a 10ª sessão subsequente à comunicação do decisum". STF, HC 111200, Min. Rel. Ricardo Lewandowski, Segunda Turma, julgado em 06/03/2012. Ver também STJ, HC 144.593/SP, Min. Rel. Jorge Mussi, Quinta Turma, DJe 27.09.2020; STJ, HC 480.079/SP, Min. Rel. Sebastião Reis Júnior, Sexta Turma, DJe 21.05.2019; TRF2, HC 5004739-98.2021.4.02.0000, Des. Rel. Paulo Espírito Santo, Primeira Turma Especializada, julgamento em 26.5.2021.

Conclusão

Na atual conjuntura do Estado Democrático de Direito, não se pode mais tolerar violações a garantias e direitos fundamentais. É obrigação do Estado dirimir proteger as situações jurídicas concretamente deduzidas, impedindo que qualquer lesão ou ameaça a direito fique sem o devido respaldo jurisdicional.

Como visto no capítulo 1, é por meio da jurisdição que o Estado, através de um terceiro imparcial (no caso, o juiz), resolve os conflitos sociais e as controvérsias que lhe são submetidas. E o instrumento de exercício da jurisdição é o processo, que deve funcionar como garantia contra desvios, abusos e toda sorte de excessos por parte do Estado. Dentre as muitas mazelas do processo, está o silêncio do juiz, capaz de causar prejuízos aos jurisdicionados e ao próprio sistema. O silêncio do juiz engloba diferentes situações, o não agir, o não decidir, o não observar.

No capítulo 2, foi demonstrada a simbiose entre o silêncio do juiz e as normas fundamentais do processo civil. Como visto, viola o acesso à justiça o juiz que a) deixa de examinar pedido de tutela cautelar, colocando em risco o direito ou o bem em discussão; b) ignora pedidos de desbloqueio de valores penhorados indevidamente, não garantindo ao prejudicado o devido respaldo jurisdicional, entre outras situações.

Por sua vez, viola o princípio do devido processo legal o juiz que a) não assegura o acesso à justiça (ex: deixa de apreciar o pedido de tutela de urgência) e não garante o contraditório (ex: decide com base em fundamento sobre o qual não deu a oportunidade para as partes se manifestarem a respeito); b) não vela pela duração razoável do processo (ex: juiz da execução que ordena a expedição de carta precatória sem necessidade – art. 845, § 1º, do CPC/15); c) não respeita os negócios jurídicos processuais (ex: juiz que determina o regular prosseguimento do feito ignorando o pedido de suspensão convencional da demanda – art. 313, II, do CPC/15); d) não garante a paridade de tratamento às partes (ex: juiz que deixa de examinar o pedido de gratuidade de justiça de uma das partes, só examinando o requerimento da outra); entre outras situações.

Na mesma toada, viola o contraditório o juiz que a) recebe o incidente de desconsideração da personalidade jurídica, mas deixa de determinar a citação do sócio ou a pessoa jurídica para manifestar-se e requerer as provas cabíveis no prazo de quinze dias (art. 135 do CPC/15); b) não intima a parte para se manifestar sobre os documentos acostados pela outra parte (art. 437, § 1º, do CPC/15); c) não determina a citação do réu para apresentar contrarrazões de apelação em caso de improcedência liminar do pedido (art. 332, § 4º, do CPC/15) etc.

Sob outro prisma, afronta a duração razoável do processo o juiz que a) posterga injustificadamente a designação de audiências, bem como a prolação de despachos e decisões; b) deixa de apreciar algum dos pedidos formulados pela parte em sua manifestação, acarretando a interposição de recursos, entre outras.

Em relação à eficiência, vulnera a respectiva norma fundamental o julgador que a) profere sentença de mérito sem apreciar todos os pedidos formulados pelas partes; b) retarda injustificadamente a apreciação de requerimentos; c) deixa de seguir os padrões decisões de observância obrigatória, sem fazer eventual distinção etc.

Nada obstante, infringe a ideia de incentivo à composição o juiz que, em ações de família – em que a audiência é obrigatória e deve ser realizada antes da contestação (art. 695 do

CPC/15) – determina a citação do réu, deixando de designar o ato processual.

Já em relação à cooperação, incorre em equívoco o juiz que, por exemplo, a) indefere a petição inicial, sem permitir que parte a emende a referida peça, de modo a sanar eventuais vícios (art. 321 do CPC/15); e b) não franqueia a manifestação das partes antes de decidir com base em fundamento inédito, ainda que se trate de matéria de ordem pública (art. 10 do CPC/15).

Quanto à primazia de mérito, viola tal princípio o juiz que, por exemplo, nega seguimento a agravo de instrumento por ausência de comprovação do recolhimento do preparo, sem intimar previamente o recorrente para sanar o vício (arts. 932, parágrafo único, e 1.007, § 4º, do CPC/15); e deixa de determinar o "suprimento de pressupostos processuais e o saneamento de outros vícios processuais" (art. 139, IX, do CPC/15), extinguindo o feito sem resolução de mérito.

Como esmiuçado no capítulo 3, o silêncio é o gênero, do qual são espécies a inércia, a omissão e a inobservância. A inércia judicial é uma inatividade, um não fazer, um não agir. Nela, não existem razões externadas ou explicitadas. A configuração da inércia exige, a rigor, uma atividade de certificação, que perpassa pela análise da natureza e da complexidade do ato não realizado pelo juiz, da existência de prazos legais definidos, do tempo de inatividade, do comportamento da parte etc. Ou seja, a inércia não é algo que se constata de modo automático. Tampouco pode-se atribuir aprioristicamente ao juiz a responsabilidade por eventual demora. Na inércia, há a paralisação injustificada do feito ou uma interrupção ilegítima na atividade judicante. São situações que estão inexoravelmente ligadas ao processamento e à condução do caso pelo juiz, e não ao conteúdo das decisões proferidas.

Já a omissão *stricto sensu* se materializa quando o pronunciamento judicial diz menos do que deveria. Diferentemente da inércia, a omissão judicial deve ser examinada no contexto de um pronunciamento judicial. Há, a rigor, um déficit apreciativo. É o que ocorre, por exemplo, quando o juiz não a) aprecia na sentença um dos pedidos formulados pela parte na petição inicial (sentença *citra petita* - arts. 141 e 492 do CPC/15); b) não fundamenta adequadamente a decisão (art. 489, §§ 1º e 2º, do CPC/15); c) deixa de apreciar questão sobre a qual deveria se pronunciar de ofício, como a prescrição e decadência (art. 1.022, II, do CPC/15), entre outras situações. Nesses casos, os embargos de declaração são o instrumento de excelência para compelir o julgador a suprir o vício.

Por sua vez, a inobservância está atrelada diretamente a um pronunciamento jurisdicional. Assim como a omissão, a inobservância se projeta em um ato material. Porém, diferentemente da omissão, não se trata da ausência de enfrentamento de um pedido ou da não apreciação de argumento/questão/fundamento (uma prestação jurisdicional incompleta), mas sim - como o próprio nome diz - da não observância, pelo juiz, de norma processual cogente ligada ao procedimento (um *error in procedendo*). Nas situações de inobservância, o comportamento omissivo está encapsulado no próprio pronunciamento jurisdicional. O juiz profere um despacho ou uma decisão, mas ignora solenemente a respectiva norma processual cogente ligada ao procedimento.

A inobservância se materializa, por exemplo, na conduta do juiz que a) recebe o incidente de desconsideração da personalidade jurídica, mas deixa de ordenar a citação do sócio ou da empresa (art. 135 do CPC/15), ou declara a fraude à execução sem intimar previamente o terceiro adquirente (art. 792, § 4º, do CPC/15 - em ambas as situações, viola-se dever de assegurar o contraditório); b) indefere automaticamente a petição inicial, sem franquear ao autor a oportunidade de emendá-la para corrigir os vícios sanáveis (art. 321 do CPC/15 - violação do dever de cooperação); c) determina a citação do réu em ação de família, deixando de designar a audiência de mediação (art. 695 do

CPC/15 – violação do dever de promover a autocomposição); d) manda citar o réu, mas sem determinar a citação de litisconsorte passivo necessário, quando o autor não o tiver incluído no feito (art. 115, parágrafo único, do CPC/15 – violação do dever de zelar pela duração razoável do processo); e) acolhe a alegação de incompetência absoluta, mas não determina remessa dos autos ao juízo competente, julgando, de forma equivocada, extinto o processo (art. 64, § 3º, do CPC/15 – violação do dever de agir com eficiência e de preservar a duração razoável do processo), entre outras situações.

Em todas essas situações, o silêncio do juiz pode gerar consequências para o magistrado na seara disciplinar (eventuais punições) e para o próprio processo (efeitos endoprocessuais, como, por exemplo, o reconhecimento da nulidade da decisão ou a sua reforma, bem como a necessidade de sua integração ou invalidação, e em alguns casos a respectiva ineficácia do comando).

Importante ressalvar, porém, que nem todo silêncio do juiz é juridicamente relevante e tem o condão de causar prejuízos às partes.

Sob outro prisma, investigou-se no capítulo 4 a interface existente entre o silêncio do juiz e alguns fenômenos processuais. Em linhas gerais, analisou-se as peculiaridades do prequestionamento, destacando-se a importância dos embargos de declaração, em caso de omissão judicial, para forçar o tribunal a enfrentar a matéria, obtendo pronunciamento expresso acerca do tema.

Também foram examinados aspectos da teoria da causa madura, cuja sistemática permite que, diante de omissões judiciais (ex: não apreciar um pedido formulado ou não fundamentar adequadamente a decisão), o tribunal possa desde logo examinar a questão e corrigir o vício da decisão, sem necessidade de retorno dos autos ao primeiro grau.

Nada obstante, demonstrou-se que o CPC/15, superando entendimento consagrado na vigência do CPC/73, consagrou a possibilidade de o advogado ajuizar uma ação autônoma (art. 85, § 18), quando houver omissão em relação ao direito e à fixação de seus honorários sucumbenciais, e sobrevier o trânsito em julgado da respectiva decisão.

Ademais, ressaltou-se a potencialidade do art. 940 do CPC/15, que busca evitar que um pedido de vista se transforme em um "perdido de vista". Na hipótese, caso o julgador que pediu vista dos autos não devolva o processo com o voto no prazo legal (10 dias + 10), será substituído, não podendo participar do julgamento. Ou seja, o próprio sistema prevê um mecanismo de controle para combater a inércia do julgador.

Ainda nessa interface com os fenômenos processuais, restou demonstrada a forma deliberativa da análise da repercussão geral, indicando-se que, no passado, a ausência de manifestação dos demais ministros sobre a repercussão geral significava a existência da repercussão geral, isto é, sua abstenção gerava um efeito afirmativo (acarretando a afetação quase que automática de muitos casos), o que não acontece mais hoje. Por outro lado, a ausência de manifestação dos demais ministros quando o relator declarava ser a matéria infraconstitucional significava a inexistência de repercussão geral

Em relação à preclusão, constatou-se que alguns atos judiciais omissivos ensejam uma preclusão para o próprio julgador. Ressalvou-se, porém, que quando o juiz não examina determinada questão na decisão de organização e saneamento do processo – que vem a se tornar estável –, não perde o poder de apreciar a matéria futuramente. Não concordamos com a tese de preclusão (seja ela temporal, lógica ou consumativa) quando o juiz deixa de apreciar alguma questão na decisão de organização e saneamento do processo. Isso porque, não pactuamos com a ideia de decisão implícita ou de efeitos preclusivos da decisão implícita.

Ainda no capítulo 4, foram examinadas outras duas questões relevantes. A primeira se refere ao entendimento do STJ quanto à possibilidade de se reconhecer o "deferimento tácito" do benefício da gratuidade de justiça, quando o requerimento formulado pela parte não é examinado pelas instâncias ordinárias. Como demonstrado, ainda que se admita a ideia de deferimento tácito nessa hipótese específica, premissa com a qual não concordamos, a dispersão jurisprudencial – ainda existente no âmbito do STJ – desnuda a insegurança jurídica causada por esse comportamento judicial, o que corrobora a necessidade de os interessados provocarem o julgador (através dos meios de impugnação), a fim de que o pleito seja efetivamente analisado quando do requerimento.

A segunda questão se relaciona à necessidade de interpretação da decisão conforme a boa-fé (art. 489, § 3º, do CPC/15). O alerta foi no sentido de que esse direcionamento interpretativo não afasta o ônus da parte de interpor os recursos cabíveis para forçar o julgador a se manifestar expressamente sobre determinada questão ou pedido, mas pode, em algumas situações, auxiliar na compreensão do que restou decidido. Algumas situações foram elencadas, demonstrando-se, por exemplo, que a ausência de enfrentamento de determinado pedido não significa, a rigor, o seu deferimento ou indeferimento. Em outras situações, porém, a não apreciação do pedido tal como requerido pode revelar o seu indeferimento.

Por fim, no último capítulo deste trabalho, foram inventariados alguns meios de impugnação do silêncio do juiz, analisando particularidades dos respectivos mecanismos de controle e sua aceitação pelos tribunais.

Nessa toada, analisou-se a representação do art. 235 do CPC/15, a correição parcial, bem como algumas ações judiciais (ação para a fixação e cobrança de honorários sucumbenciais – art. 85, § 18, do CPC/15; e ação rescisória – art. 966 do CPC/15).

Ademais, examinou-se como alguns recursos (embargos de declaração, apelação/recurso ordinário, agravo de instrumento/agravo interno e recurso especial) podem ser manejados como instrumentos de impugnação do silêncio do juiz.

Nada obstante, o trabalho detectou a utilização de outros mecanismos de impugnação, destacando-se a reclamação, o mandado de segurança e o *habeas corpus*.

Posfácio

Marcelo Mazzola é um craque. Disse isso em 2017, por ocasião do prefácio que escrevi quando do lançamento de seu primeiro livro, que tratava da colaboração no processo civil.

Quatro anos depois, escrevi o posfácio de seu segundo livro, acerca das sanções premiais. Agora, o autor apresenta à comunidade jurídica uma obra única acerca do silêncio do juiz e suas implicações.

A predileção do autor por temas e abordagens verdadeiramente inovadoras revela a relevância da pesquisa jurídica realizada na academia, especialmente nas Universidades Públicas. Mazzola fez seu mestrado, doutorado e pós-doutorado na UERJ, de forma que pude testemunhar e acompanhar toda a sua evolução.

São obras como esta, provocativas e criativas, que mantêm o necessário frescor da doutrina, mesmo em tempos de prevalência de precedentes qualificados.

De fato, nos tempos atuais, a academia precisa se reinventar. Os autores, salvo os manualistas, não podem se restringir ao papel de meros comentadores das decisões judiciais e, por outro lado, não podem "descolar" da realidade com teses delirantes que não sobrevivem a um mero teste de realidade, simplesmente para parecerem originais.

O livro de Mazzola é a expressão de um pensamento jurídico vigoroso, atual e controvertido, mas sempre leve, otimista e com viés crítico construtivo.

Rio de Janeiro, maio de 2023.

Humberto Dalla Bernardina de Pinho
Professor Titular de Processo Civil na UERJ e na Estácio
Desembargador do Tribunal de Justiça do Estado do Rio de Janeiro

Referências Bibliográficas

ABBOUD, Georges. *Discricionaridade administrativa e judicial*. São Paulo: Revista dos Tribunais, 2014.

AGUIAR JÚNIOR, Ruy Rosado de. A responsabilidade civil do Estado pelo exercício da função jurisdicional no Brasil. *Revista da AJURIS*, v. 20, nº 59, pp. 5-48, nov. 1993.

ANDRADE, Juliana Melazzi. *Justiciabilidade e não decisão*: Quando o Poder Judiciário não deve decidir. Dissertação apresentada ao Programa de Pós-graduação da Faculdade do Estado do Rio de Janeiro como requisito parcial para a obtenção do grau de Mestre em Direito. Área de concentração: Direito Processual Civil, 2023.

ARENHART, Sérgio Cruz. *A tutela coletiva dos direitos individuais*: para além da proteção dos interesses individuais homogêneos. 2. ed. São Paulo: Revista dos Tribunais, 2014.

ARENHART, Sérgio Cruz; OSNA, Gustavo; JOBIM, Marco Félix. *Curso de Processo Estrutural*. São Paulo: Thomson Reuters Brasil, 2021.

ARRUDA ALVIM, Teresa. A fundamentação das sentenças e dos acórdãos. Curitiba: Editora Direito Contemporâneo, 2023.

ARRUDA ALVIM, Teresa. *Embargos de Declaração* – como se motiva uma decisão judicial? 5. ed. São Paulo: Thomson Reuters Brasil, 2020.

ARRUDA ALVIM, Teresa. *Omissão judicial e embargos de declaração*. São Paulo: Revista dos Tribunais, 2005.

ARRUDA ALVIM, Teresa. Prefácio. In: TESHEINER, José Maria Rosa, THAMAY Rennan Faria Krüger. *Pressupostos Processuais e nulidades no novo processo civil*. Rio de Janeiro: Forense, 2015.

ATAÌDE JÚNIOR. Jaldemiro Rodrigues de. A fundamentação das decisões judiciais no NCPC e o resgate da categoria da incidência. In: DIDIER JR., Fredie (Coord.); MACÊDO, Lucas Buril de; PEIXOTO, Ravi; FREIRE, Alexandre (Orgs.). *Procedimento comum*. Salvador: JusPodivm, 2015.

ÁVILA, Humberto. *Teoria dos princípios*. Da definição à aplicação dos princípios jurídicos. 10. ed. atual. e ampl. São Paulo: Malheiros, 2009.

ÁVILA, Humberto. Prefácio. In: DIDIER JR., Fredie. *Sobre a Teoria Geral do Processo, essa desconhecida*. 5. ed. Salvador, JusPodivm, 2020.

BANDEIRA DE MELLO, Celso Antônio. *Curso de direito administrativo*. São Paulo: Malheiros, 2007.

BARBOSA, Rui. *Oração aos Moços*. Disponível em https://www2.senado.leg.br/bdsf/bitstream/handle/id/564558/Oracao_aos_mocos_Rui_Barbosa.pdf, p. 58. Acesso em: 10.03.2023.

BARBORA MOREIRA, José Carlos. *O novo processo civil brasileiro*. 29. ed. Rio de Janeiro: Forense, 2012.

BARBOSA MOREIRA, José Carlos. *Comentários ao Código de Processo Civil*. V. 5. 16. ed. Rio de Janeiro: Forense, 2011.

BARBOSA MOREIRA, José Carlos. *O Novo Processo Civil Brasileiro*. 25 ed., rev., atual. e ampl. Rio de Janeiro: Forense, 2007.

BARBOSA MOREIRA, José Carlos. O problema para a duração dos processos: premissas para uma discussão séria. In: BARBOSA MOREIRA, José Carlos. *Temas de Direito processual*: nona série. São Paulo: Saraiva, 2007.

BARBOSA MOREIRA, José Carlos. O futuro da Justiça: alguns mitos. In: BARBOSA MOREIRA, José Carlos. *Temas de Direito Processual Civil*: oitava série. São Paulo: Saraiva, 2004.

BARBOSA MOREIRA, José Carlos. Tendências na execução de sentenças e ordens judiciais. In: BARBORA MOREIRA, José Carlos. *Temas de direito processual*: quarta série. São Paulo: Saraiva, 1989.

BARBOSA MOREIRA, José Carlos. Item do pedido sobre o qual não houve decisão. *Temas de Direito Processual*: segunda série. São Paulo: Revista dos Tribunais, 1980.

BARBOSA MOREIRA, José Carlos. Anotações sobre o título 'da prova' no Novo Código Civil. In: DIDIER JR., Fredie; MAZZEI, Rodrigo (Orgs.). *Reflexos do novo Código Civil no Direito Processual*. 2. ed. Salvador: JusPodivm, 2007.

BARBORA MOREIRA, José Carlos. Ação civil pública e língua portuguesa. In: MILARÉ, Édis (coord.). *Ação civil pública*: Lei 7.347/1985 – 15 anos. São Paulo: Revista dos Tribunais, 2001.

BATISTA JÚNIOR, Onofre Alves. *Princípio constitucional da eficiência administrativa*. 2. ed. Belo Horizonte: Fórum, 2012.

BERALDO, Leonardo de Faria. *Curso de arbitragem*: nos termos da Lei nº 9.307/96. São Paulo: Atlas, 2014.

BOBBIO, Norberto. *Teoria general del Diritto*. Torino: G. Giappichelli, 1993.

BONDIOLI, Luis Guilherme Aidar. *Embargos de Declaração*: São Paulo: Saraiva, 2005.

BORBA, Isabela Souza; CADEMARTORI, Sérgio Urquhart; ROSA, Alexandre Morais da. O dilema da eficiência na democrática constitucional. In: DIDIER JR., Fredie; LEVY, Wilson; NALINI, José Renato; RAMOS, Glauco Gumerato (Coords.). *Ativismo judicial e Garantismo Processual*. Salvador: JusPodivm, 2013.

BRANDÃO, Antonio Augusto Pires. O reforço do dever de fundamentação das decisões como fator de legitimação da atividade judicial. *Revista de Processo*. São Paulo: Revista dos Tribunais, nº 258, ago./2016.

CABRAL, Antonio do Passo. *Jurisdição sem decisão: non liquet* e consulta jurisdicional no direito processual civil. 2.ed. São Paulo: JusPodivm, 2024.

CABRAL, Antonio do Passo. *Juiz natural e eficiência processual:* flexibilização, delegação e coordenação de competências no processo civil. Tese apresentada no concurso de provas e títulos para provimento do cargo de Professor Titular de Direito Processual Civil da Faculdade de Direito da Universidade do Estado do Rio de Janeiro, Rio de Janeiro, 2017.

CABRAL, Antonio do Passo. *Nulidades no processo moderno* – contraditório, proteção da confiança e validade *prima facie* dos atos processuais. Rio de Janeiro: Forense, 2009.

CABRAL, Antonio do Passo. *Convenções Processuais*. Salvador: JusPodivm, 2016.

CABRAL, Antonio do Passo. A duração razoável do processo e a gestão do tempo no Projeto de novo Código de Processo Civil. In. FREIRE, Alexandre et al. (Coords). *Novas tendências do processo civil*. Salvador: JusPodivm, 2013.

CABRAL, Antonio do Passo. Comentários aos arts. 276-283. In: CABRAL, Antonio do Passo; CRAMER, Ronaldo (Coords.). *Comentários ao novo Código de Processo Civil*. 2. ed. Rio de Janeiro: Forense, 2016.

CABRAL, Antonio do Passo. Teoria das nulidades processuais no Direito Contemporâneo. *Revista de Processo*. São Paulo: Revista dos Tribunais, nº 255, maio/2016.

CAHALI, Youssef. *Honorários advocatícios*. 4. ed. São Paulo: Revista dos Tribunais, 2011.

CALAMANDREI, Piero. *Processo e Democrazia*. Padova: Cedam, 1954.

CALMON DE PASSOS. José Joaquim. *Direito, poder, justiça e processo*: julgando os que nos julgam. Rio de Janeiro: Forense, 2000.

CALMON DE PASSOS, Jose Joaquim. *Comentários ao Código de Processo Civil*. 7. ed. Rio de Janeiro, Forense, 1994.

CÂMARA, Alexandre Freitas. *Manual de Direito Processual Civil*. Barueri: Atlas, 2022.

CÂMARA, Alexandre Freitas. *Levando os padrões decisórios a sério*: formação e aplicação de precedentes e enunciados de súmula. São Paulo: Atlas, 2018.

CÂMARA, Alexandre Freitas. *O novo processo civil brasileiro*. 7. ed. rev. e atual., São Paulo: Atlas, 2021.

CÂMARA, Alexandre Freitas. O direito à duração razoável do processo. *Revista de Processo*. São Paulo: Revista dos Tribunais, nº 223, set./2013.

CAMARGO, Luiz Henrique Volpe. O trânsito em julgado da decisão omissa em fixar honorários advocatícios: o que fazer? In: DIDIER JR., Fredie (Coord. geral); COÊLHO, Marcus Vinícius Furtado; CAMARGO, Luiz Henrique Volpe (Coords.). *Honorários Advocatícios* – coleção Grande Temas do Novo CPC. 3. ed. Salvador: JusPodivm, 2019.

CAMARGO, Luiz Henrique Volpe. Omissão judicial na fixação de honorários sucumbenciais. In: DIDIER JR., Fredie; NOGUEIRA, Pedro Henrique Pedrosa; GOUVEIA FILHO, Roberto Campos (Coords.). *Pontes de Miranda e o Direito Processual*. Salvador: JusPodivm, 2013.

CAMBI, Eduardo. Segurança jurídica e isonomia como vetores argumentativos para a aplicação dos precedentes judiciais. *Revista de Processo*. São Paulo: Revista dos Tribunais, nº 260, out./2016.

CAMBI, Eduardo. *Direito constitucional à prova no processo civil*. São Paulo: Revista dos Tribunais, 2001.

CAMBI, Eduardo; DOTTI, Rogéria; PINHEIRO, Paulo Eduardo d'Arce; MARTINS, Sandro Gilbert; KOZIKOSKI, Sandro Marcelo. *Curso de processo civil completo*. 1. ed. São Paulo: Revista dos Tribunais, 2017.

CAMPOS, Eduardo Luiz Cavalcanti. *O Princípio da Eficiência no Processo Civil Brasileiro*. 1.ed. Rio de Janeiro: Forense, 2018.

CAPPELLETTI, Mauro. *Dimensioni Della Giustizia Nelle Società Contemporanee: studio di diritto giudiziario comparato*. Bologna: Il Mulino, 1994.

CARNEIRO, Paulo Cezar Pinheiro. Acesso à justiça: Juizados Especiais Cíveis e ação civil pública. Tese de cátedra em Teoria Geral do Processo. Rio de Janeiro: Universidade do Estado do Rio de Janeiro, 1999.

CARNEIRO, Paulo Cezar Pinheiro. Comentários aos artigos 1 a 15. In: WAMBIER, Teresa Arruda Alvim; DIDIER JR., Fredie; TALAMINI, Eduardo; DANTAS, Bruno (Coords.). *Breves comentários ao novo código de processo civil*. São Paulo: Revista dos Tribunais, 2015.

CARNELUTTI, Francesco. *Teoria generale del diritto*. Terza edizione emendata e ampliata. Roma: Foro Italiano, 1951.

CARNELUTTI, Francesco. *Diritto e Processo*. Nápoles: Morano, 1958.

CASAGRANDE, Érico Vinicius Prado. Efetividade do direito e eficiência do Judiciário. In: TAVARES, Fernando Horta (Coord.). *Urgência de tutela*. Curitiba: Juruá, 2008.

CASTANHEIRA NEVES, António. *Curso de introdução ao estudo do direito* – O Sentido do Direito. Coimbra: Coimbra, 1976.

CASTRO, Cassio Benvenutti de. *Ação anulatória* – art. 966, § 4º, CPC. Salvador: Juspodivm, 2019.

CASTRO JR., Roberto Apolinário de. *Eficiência jurisdicional*: a razoável duração dos procedimentos frente às garantias constitucionais. Belo Horizonte: Arraes, 2012.

CIPRIANI, Franco. *I problemi del processo di cognizione tra passato e presente*. In: *Il processo civile nello stato democratico - saggi*. Napoli: Edizione Scientifiche Italiane, 2006.

CÔRTES, Osmar Mendes Paixão. *Recursos para os Tribunais Superiores* – recurso extraordinário, recurso especial, embargos de divergência e agravos. 4. ed. Brasília: Gazeta Jurídica, 2017.

COUTURE, Eduardo. *Interpretação das leis processuais*. São Paulo: Max Limonad, 1956.

CRUZ E TUCCI, José Rogério. *A motivação da sentença no processo civil*. São Paulo: Saraiva, 1987.

CRUZ E TUCCI, José Rogério. *Tempo e processo*. São Paulo: Revista dos Tribunais, 1997.

CUNHA, Leonardo Carneiro da. A previsão do princípio da eficiência no projeto de novo Código de Processo Civil Brasileiro. *Revista de Processo*. São Paulo, Revista dos tribunais, nº 233, jul./2014.

CUNHA, Leonardo Carneiro da. O princípio da eficiência no novo Código de Processo Civil. In: DIDIER JR., Fredie; NUNES, Dierle; FREIRE, Alexandre (Coords.). *Normas fundamentais*. Salvador: JusPodivm, 2016.

DANTAS, Marcelo Navarro Ribeiro. "Correição parcial não é recurso (portanto, não deve ser usada como tal". In: NERY JR., Nelson; WAMBIER, Teresa Arruda Alvim (Coords). *Aspectos polêmicos e atuais dos recursos cíveis e de outras formas de impugnação às decisões judiciais*. São Paulo: RT, 2001.

DIDIER JR., Fredie. *Curso de Direito Processual Civil*. v. I. 24. ed. Salvador: JusPodivm, 2022.

DIDIER JR., Fredie. *Cooperação Judiciária Nacional* – esboço de uma teoria para o Direito brasileiro (arts. 67-69, CPC). Salvador: JusPodivm, 2020.

DIDIER JR., Fredie. *Sobre a teoria geral do processo* – essa desconhecida. 5. ed. Salvador: JusPodivm, 2020.

DIDIER JR., Fredie. *Sobre academia, memória e imaginação* – uma vida em processo. Memorial apresentado como pressuposto para a promoção, da classe "D" (Professor Associado), nível IV, à classe "E", Professor Titular da Faculdade de Direito da Universidade Federal da Bahia, 2021, p. 102-104. Disponível em file:///C:/Users/MSM/Downloads/Sobre_academia_memoria_e_imaginacao_uma.pdf. Acesso em: 10.03.2023.

DIDIER JR., Fredie; BOMFIM, Daniela. Exercício tardio de situações jurídicas ativas. O silêncio como fato jurídico extintivo: renúncia tácita e *suppressio*. *Revista Brasileira de Direito Processual – RBDPro*, ano 18, nº 71, jul./set./2010.

DIDIER JR., Fredie; BRAGA, Paula Sarno; OLIVEIRA, Rafael de Alexandria. *Curso de Direito Processual Civil*. v. 2. 17. ed. São Paulo: JusPodivm, 2022.

DIDIER JR., Fredie; CUNHA, Leonardo Carneiro da. *Curso de Direito Processual Civil*. v. 3. Meios de impugnação às Decisões Judiciais e Processo nos Tribunais. 17. ed. Salvador: JusPodivm, 2020.

DIDIER JR., Fredie; OLIVEIRA, Rafael de Alexandria. Dever judicial de considerar as consequências práticas da decisão: interpretando o art. 20 da Lei de Introdução às Normas do Direito Brasileiro. *Revista de Direito Administrativo e Constitucional*. Belo Horizonte: Fórum, ano 19, jan./mar. 2019, p. 143-160.

DINAMARCO, Cândido Rangel. *Instituições de direito processual civil*. v. II. 6. ed. São Paulo: Malheiros, 2009.

DINAMARCO, Cândido Rangel. A reclamação no processo civil brasileiro. In: NERY JUNIOR, Nelson; ARRUDA ALVIM WAMBIER, Teresa (Coords.). *Aspectos polêmicos e atuais dos recursos e de outros meios de impugnação às decisões judiciais*. v. 6. São Paulo: RT, 2002.

DONOSO, Denis. Decisão transitada em julgado omissa quanto ao direito aos honorários ou ao seu valor e os instrumentos para sua fixação: uma visão do art. 85, § 18, após dois anos de vigência do CPC/15. In: DIDIER JR., Fredie

(Coord. geral); COÊLHO, Marcus Vinícius Furtado; CAMARGO, Luiz Henrique Volpe (Coords.). *Honorários Advocatícios* – coleção Grande Temas do Novo CPC. 3. ed. Salvador: JusPodivm, 2019.

DUARTE, Ricardo Quass. *O tempo inimigo no processo civil brasileiro*. Dissertação de mestrado, Faculdade de Direito da Universidade de São Paulo, 2008.

ECO, Umberto. *Como se faz uma tese*. Trad. Gilson Cesar Cardoso. 24. ed. São Paulo: Perspectiva, 2012.

EID, Elie Pierre. *Impugnação das decisões judiciais* – reconstrução da relação entre recursos e ações autônomas de impugnação. São Paulo: JusPodivm, 2022.

FARIA, Márcio Carvalho. *A lealdade processual na prestação jurisdicional*: em busca de um modelo de juiz legal. São Paulo: Revista dos Tribunais, 2017.

FASSIO, Rafael Carvalho de. Arguição de Descumprimento de Preceito Fundamental: parâmetro, objeto e subsidiariedade. *Revista Jurídica da Procuradoria-Geral do Distrito Federal*, Brasília, v. 40, nº 1, jan./jun./2015.

FAZZALARI, Elio. *Istituzioni di diritto processuale*. Padova: CEDAM, 1994.

FONTANA, Tiago Streit; TRIGUEIRO, Victor Guedes. O custo da omissão: uma análise empírica sobre o atraso na análise da modulação dos efeitos no julgamento do RE 870.947/SE. *Revista de Processo*. São Paulo: Revista dos Tribunais, nº 331, set./2022.

FREITAS, José Lebre. *Introdução ao Processo Civil*: conceito e princípios gerais. 2. ed. Coimbra: Coimbra Editora, 2008.

FRANCO, Fernão Borba. *Processo Administrativo*. São Paulo: Atlas, 2008.

FUX, Luiz. *Curso de Direito Processual Civil*. 5. ed. Rio de Janeiro: Forense, 2022.

FUX, Luiz; BODART, Bruno. Notas sobre o princípio da motivação e a uniformização da jurisprudência no novo Código de Processo Civil à luz da análise econômica do Direito. *Revista de Processo*. São Paulo: Revista dos Tribunais, nº 269, jun./2017.

GAJARDONI, Fernando da Fonseca. *Técnicas de aceleração do processo (uma análise crítica à luz de dados estatísticos)*. Dissertação de Mestrado, Faculdade de Direito da Universidade de São Paulo, 2002.

GAJARDONI, Fernando da Fonseca; DELLORE, Luiz; ROQUE, Andre Vasconcelos; OLIVEIRA JR., Zulmar Duarte de. *Comentários ao Código de Processo Civil*. 4. ed. Rio de Janeiro, Forense, 2021.

GODINHO, Robson Renault. Reflexões sobre os poderes instrutórios do juiz: o processo não cabe no "Leito de Procusto". *Revista de Processo*. São Paulo: Revista dos Tribunais, nº 235, 2014.

GODINHO, Robson Renault. Comentários ao art. 298. In: CABRAL, Antonio do Passo; CRAMER, Ronaldo (coord.). *Comentários ao novo código de processo civil*, 2. ed. rev., atual. e ampl., Rio de Janeiro: Forense, 2016.

GOLDSCHMIDT, James Paul. Zivilprozessrecht. Neudruck der 2 Auflage. Berlin: Scientia Verlag Aalen, 1969.

GOLDSCHMIDT, James. *Direito Processual Civil*. t. 1. Trad. Lisa Pary Scarpa. Campinas: Bookseller, 2003.

GONÇALVES, Marcelo Barbi. *Teoria Geral da Jurisdição*. Salvador: JusPodivm, 2020.

GONÇALVES, Tiago Figueiredo. Implicações da ação rescisória no capítulo de sentença que fixados os honorários de sucumbência. In: MAZZEI, Rodrigo; POLASTRI, Marcellus (Coords.). *Honorários de advogado:* aspectos materiais e processuais (ensaios atualizados com a redação do projeto no novo Código de Processo Civil. Rio de Janeiro: Lumen Juris, 2014.

GRECO, Leonardo. *O processo de execução*. v. I. Rio de Janeiro: Renovar, 1999.

GRECO, Leonardo. A prova no Processo Civil: do Código de 1973 até o novo Código Civil. *Revista Forense*. Rio de Janeiro: Forense, v. 374, 2004.

GRECO, Leonardo. Publicismo e Privatismo no Processo Civil. *Revista de Processo*. São Paulo: Revista dos Tribunais, nº 164, out./2008.

GRECO, Leonardo. O Acesso ao Direito e à Justiça. In: *Estudos de Direito Processual*. Col. Jose do Patrocínio. Ed. Faculdade de Direito de Campos, 2005.

GRECO, Leonardo. O princípio do contraditório. *Revista Dialética de Direito Processual*. São Paulo, Oliveira Rocha, 2005.

GRECO, Leonardo. Novas Perspectivas da efetividade e do garantismo processual. In: MITIDIERO, Daniel; AMARAL, Guilherme Rizzo (Coords.); FEIJÓ, Maria Angélica Echer Ferreira (Org.). *Processo Civil - Estudos em Homenagem ao Professor Doutor Carlos Alberto Alvaro de Oliveira*. São Paulo: Atlas, 2012.

GUERRA, Marcelo Lima. *Direitos fundamentais e a proteção do credor na execução civil*. São Paulo: Revista dos Tribunais, 2003.

GUERRA FILHO, Willis Santiago. *Teoria processual da constituição*. 3. ed., São Paulo: RCS, 2007.

JOBIM, Marco Félix. *Direito à duração razoável do processo*: responsabilidade civil do Estado em decorrência da intempestividade processual. 2. ed. rev. e. ampl. Porto Alegre: Livraria do Advogado, 2012.

JOBIM, Marco Félix. *As funções da eficiência no processo civil brasileiro*. São Paulo: Revista dos Tribunais, 2018.

KOEHLER, Frederico Augusto Leopoldino. *A razoável duração do processo*. 2. ed. Salvador: JusPodivm, 2013.

LARCEDA, Galeno. *Despacho saneador*. Porto Alegre: Sulina, 1953.

LAMY, Eduardo de Avelar. *Aproveitamento de meios no processo civil*. 2. ed. Salvador: JusPodivm, 2021, p. 72

LEITÃO, Cristina Bichels. Repercussão geral e autocontenção na Suprema Corte Brasileira. *Revista de Processo*. São Paulo: Revista dos Tribunais, nº 323, jan./2022.

LEMES, Selma. Os "Embargos Arbitrais" e a Revitalização da Sentença Arbitral. Disponível em http://selmalemes.adv.br/artigos/artigo_juri22.pdf. Acesso em: 10.03.2023.

LEMOS, Vinícius Silva. A concessão de medidas atípicas de efetividade de ordem judicial e o necessário diálogo com as normas fundamentais do CPC/15. In:

DIDIER JR., Fredie (Coord. geral); TALAMINI, Eduardo; MINAMI, Marcos Youji (Coords.). *Medidas Executivas Atípicas* – coleção Grandes temas do Novo CPC. Salvador: JusPodivm, 2018.

LIMA, Maria Rosinete Oliveira. *Devido processo legal*. Porto Alegre: Sérgio Antônio Fabris, 1999.

LUCON, Paulo Henrique dos Santos. Honorários advocatícios no novo Código de Processo Civil e o Superior Tribunal de Justiça. In: DIDIER JR., Fredie (Coord. geral); COÊLHO, Marcus Vinícius Furtado; CAMARGO, Luiz Henrique Volpe (Coords.). *Honorários Advocatícios* – coleção Grande Temas do Novo CPC. 3. ed. Salvador: JusPodivm, 2019.

MACEDO, Elaine Harzheim; DUARTE, Liza Bastos. Correição parcial e sua (in)constitucionalidade. *Revista dos Tribunais*, São Paulo, v. 859, p. 38-58, mai. 2007.

MANCUSO, Rodolfo de Camargo. *Incidente de resolução de demandas repetitivas*: a luta contra dispersão da jurisprudência excessiva. São Paulo: Revista dos Tribunais, 2016.

MARCATO, Antonio Carlos. Algumas considerações sobre a crise da justiça. In: ZULEFATO, Camilo; YARSCHELL, Flávio Luiz (Orgs.). *40 anos da Teoria Geral do Processo no Brasil*. São Paulo: Malheiros, 2013.

MARINONI, Luiz Guilherme. *Comentários ao Código de Processo Civil*: artigos 1º ao 69. 1. ed. São Paulo: Revista dos Tribunais, 2016.

MARINONI, Luiz Guilherme. A não decisão como opção democrática. *Revista de Processo*. São Paulo: Revista dos Tribunais, nº 324, fev./2022.

MARINONI, Luiz Guilheme; ARENHART, Sérgio Cruz; MITIDIERO, Daniel. *Novo curso de processo civil*: tutela dos direitos mediante procedimento comum. v. 2. São Paulo: Revista dos Tribunais, 2015.

MARINONI, Luiz Guilherme; ARENHART, Sérgio Cruz; MITIDIERO, Daniel. *O novo processo civil*. 2. ed. São Paulo: Revista dos Tribunais, 2016.

MARINONI, Luiz Guilherme; ARENHART, Sergio; MITIDIERO, Daniel. *Novo Código de Processo Civil comentado*. 3. ed. São Paulo: Revista dos Tribunais, 2017.

MARQUES, José Frederico. *Manual de Direito Processual Civil*. v. 2. São Paulo: Saraiva, 1974.

MARQUES, Jose Frederico. *Manual de Direito Processual Civil*. Campinas: Bookseller, 1997.

MARTTA, Camila Victorazzi. *Saneamento do processo*: a decisão de saneamento e sua funcionalidade no processo civil brasileiro. Londrina: Thoth, 2020.

MAZZEI, Rodrigo. *Embargos de Declaração* – recurso de saneamento com função constitucional. Londrina: Thoth, 2021.

MAZZEI, Rodrigo. Honorários de advogado judiciais: alguns problemas de fixação sem fundamentação (omissão de motivação decisória) na perspectiva do CPC/15. In: DIDIER JR., Fredie (Coord. geral); COÊLHO, Marcus Vinícius Furtado; CAMARGO, Luiz Henrique Volpe (Coords.). *Honorários Advocatícios* – coleção Grande Temas do Novo CPC. 3. ed. Salvador: JusPodivm, 2019.

MAZZEI, Rodrigo; ROSADO, Marcelo da Rocha. A cláusula geral de efetivação e as medidas indutivas no CPC/15. In: DIDIER JR., Fredie (Coord. geral); TALAMINI, Eduardo; MINAMI, Marcos (Coords.). *Medidas Executivas Atípicas* – coleção Grandes temas do Novo CPC. Salvador: JusPodivm, 2018.

MAZZOLA, Marcelo. *Sanções premiais no processo civil*: previsão legal, estipulação convencional e proposta de sistematização (standards) para sua fixação judicial. São Paulo: JusPodivm, 2022.

MAZZOLA, Marcelo. *Tutela Jurisdicional Colaborativa*: a cooperação como fundamento autônomo de impugnação: Curitiba: CRV, 2017.

MAZZOLA, Marcelo. Ela, a Emenda Constitucional 125/2022, vista por um advogado. Disponível em https://www.migalhas.com.br/depeso/370855/ela-a-ec-125--22-vista-por-um-advogado. Acesso em: 10.03.2023.

MAZZOLA, Marcelo. Mediação e Direito Intertemporal: duas leis em vacância e um convite à compatibilização. *Revista de Arbitragem e Mediação – RArb*. São Paulo: Revista dos Tribunais, nº 46, jul./set./2015.

MAZZOLA, Marcelo. É possível a realização de atos concertados entre o Judiciário e o Juízo Arbitral? Disponível em https://www.migalhas.com.br/depeso/293183/e--possivel-a-realizacao-de-atos-concertados-entre-o-judiciario-e-o-juizo--arbitral. Acesso em: 10.03.2023.

MAZZOLA, Marcelo; RIBEIRO, Nathalia. Comentários ao art. 46. In: FUGA, Bruno Augusto Sampaio; PEIXOTO, Ravi. *Comentários à Recomendação nº 134 do CNJ*. Londrina: Thoth, 2023.

MEDEIROS NETO, Elias Marques de. O artigo 139, IV, do novo Código de Processo Civil: a atipicidade dos meios executivos. In: JATAHY, Carlos Roberto; ALMEIDA, Diogo Assumpção Rezende de; AYOUB, Luiz Roberto (Coords.). *Reflexões sobre o novo Código de Processo Civil*. Rio de Janeiro: FGV, 2016.

MIRANDA, Pontes de. *Comentários ao Código de Processo Civil*. v. 7. Rio de Janeiro: Forense, 1975.

MITIDIERO, Daniel. *Processo Civil*. 1. ed. São Paulo: Thomson Reuters Brasil, 2021.

MITIDIERO, Daniel. *Cortes superiores e cortes supremas*: do controle à interpretação, da jurisprudência ao precedente. 3. ed. rev., atual. e ampl. São Paulo: Revista dos Tribunais, 2017.

MITIDIERO, Daniel. *Colaboração no Processo Civil* – Pressupostos sociais, lógicos e éticos. 3. ed. São Paulo: Revista dos Tribunais, 2015.

NERY JR., Nelson. *Teoria Geral dos Recursos*. 6. ed. São Paulo: Revista dos Tribunais, 2004.

NUNES, Dierle. *Processo jurisdicional democrático*: uma análise crítica das reformas processuais. Curitiba: Juruá, 2008.

NUNES, Dierle; BAHIA, Alexandre. Processo constitucional: uma abordagem a partir dos desafios do Estado Democrático de Direito. *Revista Eletrônica de Direito Processual*, v. 4, p. 252-253, jul./dez. 2009.

NUNES, Dierle; BAHIA, Alexandre; CÂMARA, Bernardo; SOARES, Carlos Henrique. *Curso de direito processual civil*: fundamentação e aplicação. Belo Horizonte: Fórum, 2001.

NUNES, Dierle; DUTRA, Victor Barbosa; OLIVEIRA JÚNIOR, Délio Mota de. Honorários no recurso de apelação e questões correlatas. In: DIDIER JR., Fredie (Coord. geral); COÊLHO, Marcus Vinícius Furtado; CAMARGO, Luiz Henrique Volpe (Coords.). *Honorários Advocatícios* – coleção Grande Temas do Novo CPC. 3. ed. Salvador: JusPodivm, 2019.

NUNES, Gustavo Henrique Schneider. A tutela antecipada às voltas com a sentença. Disponível em https://jus.com.br/artigos/24768/a-tutela-antecipada-as-voltas--com-a-sentenca. Acesso em: 10.03.2023.

NUNES, Luiz Antônio Rizzato. *Manual da monografia jurídica*. Como se faz: uma monografia, uma dissertação, uma tese. São Paulo: Saraiva, 1997.

OLIVEIRA, Carlos Alberto Alvaro de. *Teoria e prática da tutela jurisdicional*. Rio de Janeiro: Forense, 2008.

OLIVEIRA, Humberto Santarosa de. *Motivação e discricionariedade*: as razões de decidir e o contraditório como elementos legitimadores da atuação judicial. Rio de Janeiro: Lumen Juris, 2020.

OLIVEIRA, Pedro Miranda de. O novo CPC e o princípio da primazia do julgamento do mérito recursal. *Revista Dialética de Direito Processual*. São Paulo: Dialética, nº 147, jun./2015.

OLIVEIRA, Pedro Miranda de; RIGOMI, Joana Baptista. Aspectos destacados da correição parcial. *Revista de Processo*. São Paulo: Revista dos Tribunais, nº 331, set./2022.

OLIVEIRA, Vallisney de Souza. *Nulidade da sentença e o princípio da congruência*. São Paulo: Saraiva, 2004.

PASSONI, Marcos Paulo. A continuada inação judicial equivale a ato omissivo recorrível. *Revista de Processo*, vol. 184, jun./2010.

PEGINI, Adriana Regina Barcellos. Reflexões acerca do processo como garantia das garantias e dos seus papéis fundamentais de preservação das liberdades e contenção do arbítrio judicial. In: PEGINI, Adriana Regina Barcellos et. al. (Orgs.). *Processo e Liberdade* – estudos em homenagem a Eduardo José da Fonseca Costa. Londrina: Thoth, 2019.

PEIXOTO, Ravi. O trânsito em julgado da decisão omissa em relação aos honorários advocatícios: soluções possíveis, a adotada pelo CPC/15 e as suas consequências. In: DIDIER JR., Fredie (Coord. geral); COÊLHO, Marcus Vinícius Furtado; CAMARGO, Luiz Henrique Volpe (Coords.). *Honorários Advocatícios* – coleção Grande Temas do Novo CPC. 3. ed. Salvador: JusPodivm, 2019.

PICARDI, Nicola. *Audiatur et altera pars*: as matrizes histórico-culturais do contraditório. In: OLIVEIRA, Carlos Alberto Alvaro de (Org.). *Jurisdição e processo* – Nicola Picardi. Rio de Janeiro: Forense, 2008.

PICÓ I JUNOY, Joan. El debido proceso legal: reflexiones en torno al fundamento constitucional del principio de la buena fe procesal. *Revista Peruana de Derecho Procesal*. Lima, v. 9, 2006.

PINHO, Humberto Dalla Bernardina de. *Manual de Direito Processual Civil Contemporâneo*. 5. ed. São Paulo: Saraivajur, 2023.

PINHO, Humberto Dalla Bernardina de; MAZZOLA, Marcelo. *Manual de Mediação e Arbitragem*. São Paulo: Saraiva Educação, 2019.

PINHO, Humberto Dalla Bernardina de; MAZZOLA, Marcelo. Ação de complementação da sentença arbitral: alguns aspectos controvertidos. Disponível em https://www.migalhas.com.br/coluna/observatorio-da-arbitragem/380451/acao-de-complementacao-de-sentenca-arbitra. Acesso em: 10.03.2023.

PORTO, Mário Moacyr. Responsabilidade do Estado pelos atos dos seus juízes. *Doutrinas Essenciais de Processo Civil*. Revista dos Tribunais, v. 1, out/2011.

PRIEBE, Victor Saldanha. Tempo social e do direito como instrumentos de razoável duração do processo. *Revista de Processo*. São Paulo: Revista dos Tribunais, nº 282, ago./2018.

RAATZ, Igor; ANCHIETA, Natascha. O garantismo processual como condição de possibilidade para uma teoria unitária do processo. In: PEGINI, Adriana Regina Barcellos et. al. (Orgs.). *Processo e Liberdade* – estudos em homenagem a Eduardo José da Fonseca Costa. Londrina: Thoth, 2019.

RAMOS, Glauco Gumerato. Crítica macroscópica ao fetiche da celeridade processual. Perspectiva do CPC de hoje e de amanhã. *Revista de Processo*. São Paulo: Revista dos Tribunais, nº 239, jan.2015.

REDONDO, Bruno Garcia. *Negócios jurídicos processuais atípicos*. Salvador: JusPodivm, 2020.

REICHELT, Luis Alberto. Colaboração, Solidariedade Social e Efetividade da Tutela Executiva *Stricto Sensu*. *Cadernos do PPG em Direito UFRGS*, Porto Alegre, v. 6, n. 7 e 8, p. 341-361, 2007. Disponível em file:///C:/Users/MSM/Downloads/51952-Texto%20do%20artigo-211650-1-10-20141128.pdf. Acesso em: 10.03.2023

REICHELT, Luís Alberto. O direito fundamental à inafastabilidade do controle jurisdicional e sua densificação no novo CPC. *Revista de Processo*. São Paulo: Revista dos Tribunais, nº. 258, ago./2016.

RIBEIRO, Darci Guimarães. *Da Tutela jurisdicional às formas de tutela*. Porto Alegre: Livraria do Advogado, 2010.

RIBEIRO, Marcelo. Levando a sério as normas fundamentais. In: MAZZOLA, Marcelo; RIBEIRO, Nathalia. *Impactos do Código de Processo Civil de 2015 na advocacia*. Londrina: Thoth, 2021.

RODRIGUES, Marco Antonio. *A Fazenda Pública no Processo Civil*. 2. ed. São Paulo: Atlas, 2016.

RODRIGUES, Marco Antonio; MELLO, Felipe Varela. A reclamação constitucional como mecanismo de controle de precedentes vinculantes: uma abordagem do instituto à luz do sistema de precedentes. *Revista de Processo*. São Paulo: Revista dos Tribunais, nº 327, maio/2022.

ROSA, Alexandre Morais. É preciso fugir dos dribles retóricos da decisão judicial. Disponível em http://www.conjur.com.br/2016-set-09/limite-penal-preciso--fugir-dribles-retoricos-decisao-judicial. Acesso em: 10.03.2023

ROSSONI, Igor Bimkowski. *Recursos Extraordinários e Ação Rescisória por ofensa à norma jurídica*. Salvador: JusPodivm, 2019.

SCHENK, Leonardo Faria. *Cognição Sumária* – limites impostos pelo contraditório no processo civil. São Paulo: Saraiva, 2013.

SCHMITZ, Leonardo Ziesemer. *Fundamentação das decisões judiciais*: a crise na construção de respostas no processo civil. São Paulo: Revista dos Tribunais, 2015.

SERPA LOPES, Miguel Maria de. *O silêncio como manifestação de vontade*. 3. ed. rev. e aum. Rio de Janeiro: Freitas Bastos, 1961.

SICA, Heitor Vitor Mendonça. *Preclusão processual civil*. 2. ed. São Paulo: Atlas, 2008.

SILVA, Geocarlos Augusto Cavalcante da. Fundamentação como forma democrática de controle das decisões judiciais. *Revista de Processo*. São Paulo: Revista dos Tribunais, nº 276, fev./2018.

SILVA, José Afonso. *Curso de Direito Constitucional Positivo*. 18. ed. Malheiros, 2000, p. 435; GRECO, Leonardo. Garantias Fundamentais do Processo: o processo justo. In: *Estudos de direito processual*. Campo dos Goytacazes: Faculdade de Direito de Campos, 2005.

SILVA, Paulo Eduardo Alves da. *Gerenciamento de processos judiciais*. São Paulo: Saraiva, 2010.

SILVA, Ticiano Alves e. O devido processo convencional: levando a sério os direitos humanos processuais. *Revista de Processo*. São Paulo: Revista dos Tribunais, nº. 259, set./2016.

SOUSA, Diego Crevelin de; SILVEIRA, Marcelo Pichioli da. Entre alma e corpo: o que diz o garantismo processual sobre as competências legislativas dos arts. 22, I, e 24, XI, da CRFB. In: PEGINI, Adriana Regina Barcellos et. al. (Orgs.). *Processo e Liberdade* – estudos em homenagem a Eduardo José da Fonseca Costa. Londrina: Thoth, 2019.

SOUZA, Ivan Campos de. *O problema da função processual dos embargos de declaração*. Recife: Imprensa Industrial, 1956.

STRECK, Lenio Luiz. O que é isto – decidido conforme a minha consciência? 4. ed. Porto Alegre: Livraria do Advogado, 2013.

TAKAHASHI, Bruno. Entre a liberdade e a autoridade: os meios consensuais no novo Código de Processo Civil. *Revista de Processo*. São Paulo: Revista dos Tribunais, nº 264, fev./2017.

TARUFFO, Michele. *La motivazione della sentenza civile*. Madri: Trotta, 2011.

TARUFFO, Michele. Orality and writing as factors of efficiency in civil litigation. In: CARPI, Federico; ORTELLS, Manuel (Coords.). *Oralidad y escritura en un proceso civil eficiente*. Valencia: Universidad de Valencia, 2008.

TARUFFO, Michele. Abuso dos direitos processuais: padrões comparativos de lealdade processual – relatório geral. *Revista de Processo*. São Paulo: Revista dos Tribunais, nº 177, nov./2009.

THEODORO JR., Humberto. *Novo curso de processo civil*: teoria do processo civil. v. 1. São Paulo: Revista dos Tribunais, 2015.

VALE, Luís Manoel Borges do. *Precedentes Vinculantes no Processo Civil Brasileiro*. Rio de Janeiro: LMJ Mundo Jurídico, 2019.

VINCENZI, Brunela Vieira de. *A boa-fé no processo civil*. São Paulo: Atlas, 2003.

VITORELLI, Edilson; OSNA, Gustavo. *Introdução ao Processo Civil e à Resolução de Conflitos*. São Paulo: JusPodivm, 2022.

EDITORA JusPODIVM
www.editorajuspodivm.com.br

RENOVA GRAF
www.renovagraf.com.br

JUS4254